Wolfgang Langer

Mehrebenenanalyse

Studienskripten zur Soziologie

Herausgeber:
Prof. Dr. Heinz Sahner,
Dr. Michael Bayer und
Prof. Dr. Reinhold Sackmann
begründet von Prof. Dr. Erwin K. Scheuch †

Die Bände „Studienskripten zur Soziologie" sind als in sich abgeschlossene Bausteine für das Grund- und Hauptstudium konzipiert. Sie umfassen sowohl Bände zu den Methoden der empirischen Sozialforschung, Darstellung der Grundlagen der Soziologie als auch Arbeiten zu so genannten Bindestrich-Soziologien, in denen verschiedene theoretische Ansätze, die Entwicklung eines Themas und wichtige empirische Studien und Ergebnisse dargestellt und diskutiert werden. Diese Studienskripten sind in erster Linie für Anfangssemester gedacht, sollen aber auch dem Examenskandidaten und dem Praktiker eine rasch zugängliche Informationsquelle sein.

Wolfgang Langer

Mehrebenen-
analyse

Eine Einführung
für Forschung und Praxis

2. Auflage

VS VERLAG FÜR SOZIALWISSENSCHAFTEN

Bibliografische Information der Deutschen Nationalbibliothek
Die Deutsche Nationalbibliothek verzeichnet diese Publikation in der
Deutschen Nationalbibliografie; detaillierte bibliografische Daten sind im Internet über
<http://dnb.d-nb.de> abrufbar.

1. Auflage 2004
2. Auflage 2009

Lektorat: Frank Engelhardt

VS Verlag für Sozialwissenschaften ist Teil der Fachverlagsgruppe
Springer Science+Business Media.
www.vs-verlag.de

Umschlaggestaltung: KünkelLopka Medienentwicklung, Heidelberg
Druck und buchbinderische Verarbeitung: Krips b.v., Meppel
Gedruckt auf säurefreiem und chlorfrei gebleichtem Papier
Printed in the Netherlands

ISBN 978-3-531-15685-9

Inhaltsverzeichnis

1. Einleitung

Dieses Lehrbuch zu modernen Verfahren der Mehrebenenanalyse (engl. Multi-level-Analysis, MLA abgekürzt) richtet sich an Studenten und Lehrende der Bachelor- und Masterstudiengänge in der quantitativen Sozialforschung. Es knüpft ausdrücklich an das in dieser Reihe erschienene Lehrbuch von Hummell (1972) an. Der Schwerpunkt dieses neuen Lehrbuchs liegt auf der Vermittlung der theoretischen Grundlagen moderner Mehrebenenmodelle und deren Schätzung. Hierzu gehört ebenfalls die detaillierte Planung der für die Datenanalyse benötigten Arbeitsschritte. Bezug nehmend auf die deutsche Diskussion zur PISA-2000-Studie steht die empirische Schulforschung im Mittelpunkt der praktischen Beispiele, die auf amerikanischen und englischen Datensätzen basieren.[1]

Das Buch setzt grundlegende Kenntnisse des multiplen linearen Regressionsmodells und seiner Schätzung mit SPSS voraus, wie sie Küchler (1979) sowie Urban (1982) vermitteln. Auf dem linearen Regressionsmodell bauen sowohl die klassische Kontextanalyse als auch die modernen Hierarchisch-Linearen Modelle (HLM) auf, deren Grundlagen und Anwendung ausführlich vermittelt werden. Nach einem kurzen Überblick über die historische Entwicklung der Kontextanalyse in Kapitel 2 werden deren Basismodelle in Kapitel 3 vorgestellt und mit SPSS am Beispiel von zehn Schulen praktisch vorgeführt. Hieran schließt sich in Kapitel 4 die Präsentation der statistischen Grundlagen des Mehrebenenmodells an, welches anschließend mit dem Freeware-Programm MLA jeweils in den einzelnen Modellklassen geschätzt wird. Nach der Entwicklung des zugehörigen Auswertungsdesigns für eine empirische Großstudie erfolgt in Kapitel 5 dessen praktische Umsetzung in einzelne Arbeitsschritte. In Kapitel 6 bildet die Analyse von Längsschnittsdaten einen weiteren Schwerpunkt dieses Buches, wobei Mehrebenenmodelle für individuelle Wachstumsprozesse und Einstellungsänderungen formuliert und geschätzt werden. Letztere spielen in der Evaluationsforschung eine bedeutende Rolle und werden daher am Beispiel eines Modellprojekts zur gesund-

---

[1] Zur internationalen PISA-2000-Studie: S. Baumert et al. 2001

heitlichen Aufklärung von Schülern über die Gefahren des Rauchens vorgestellt, welches den kausalen Effekt unterschiedlicher Aufklärungsmethoden untersucht. Abschließend gibt der Verfasser in Kapitel 7 einen kurzen Überblick über die sich seit der Jahrtausendwende abzeichnenden neuesten Entwicklungen und präsentiert eine Übersicht der gängigen Mehrebenensoftware, um dem Leser die Auswahl des für ihn geeignetsten Programms zu erleichtern. Darüber hinaus informiert er den geneigten Leser, unter welcher Internetadresse der Verfasser die zur Nachvollziehung der empirischen Beispiele benötigten Freeware-Programme und Datensätze zur Verfügung gestellt hat. Außerdem findet der Leser dort nützliche Internetadressen, wo er/sie sich über neueste Entwicklungen im Bereich der Mehrebenenanalyse informieren kann.

Leser, die bereits mit der Realisierung von Varianz- und Kovarianzmodellen im Rahmen der multiplen linearen Regression vertraut sind, können das Kapitel 3 überspringen, da es für sie lediglich die Grundlagen der ANOVA und ANCOVA im Rahmen des Allgemeinen-Linearen Modells wiederholt. Im Bereich der AN-COVA geht es aber ausdrücklich auf die Berücksichtigung von kontextspezifischen Interaktionseffekten ein, welche die Grundlage der in den folgenden Kapiteln vorgestellten Mehrebenenmodelle bilden.

Danksagung

Für die Überlassung von Programmen sowie Datensätzen danke ich ausdrücklich Frank Busing, Harvey Goldstein, Don Hedeker, Joop Hox, Gudmund Iversen, Ita Kreft, Jan de Leeuw, Steve Raudenbush, Tom Snijders, Pieter van den Eeden sowie der Multilevel Project Group. Mein herzlicher Dank gilt ebenfalls Roland Unger und Heinz Sahner für ihre großzügige Unterstützung bei der Entstehung und Verbreitung dieses Buches. Für Verbesserungsvorschläge seitens des interessierten Lesers ist der Autor ebenfalls dankbar, um die Aktualität dieses Lehrbuchs auch in der Zukunft zu gewährleisten.

Halle (Saale) im August 2004   Wolfgang Langer

2. Die Entwicklung der Kontextanalyse

Bereits Durkheim beschäftigte sich im Rahmen seiner Untersuchungen zu den sozialen Ursachen des Selbstmordes intensiv mit dem Kontexteffekt oder dem Mehrebenenphänomen, wie wir jetzt sagen. Gestützt auf die Arbeiten der Moralstatistiker Wagner, Morselli und Prinzing stellte er bei seiner Analyse der konfessionsspezifischen Selbstmordraten der Jahre 1852 bis 1890 fest, dass der Einfluss der Konfession über alle anderen dominiere.

> „So stellen also überall ohne jede Ausnahme die Protestanten viel mehr Selbstmörder als die Gläubigen anderer Religionen. Der Unterschied schwankt zwischen einem Minimum von 20 bis 30 % und einem Maximum von 300 %." (Durkheim 1983: 164)

Durkheim führte dies darauf zurück, dass die protestantisch-lutherische Kirche ihre Mitglieder in geringerem Maße integrierte als die katholische Kirche dies tat. Diese Schwächung ihrer Integrationsfunktion resultierte seines Erachtens daraus, dass der Protestantismus seinen Gläubigen seine Interpretation der Evangelien nicht dogmatisch aufzwang, sondern sie zur eigenen Glaubenserfahrung ermutigte.

> „In weit höherem Grade ist der Protestant Schöpfer seines eigenen Glaubens. Man gibt ihm die Bibel in die Hand, und es wird ihm keine bestimmte Auslegung aufgezwungen. Dieser religiöse Individualismus erklärt sich aus der Eigenart des reformierten Glaubens. ... Wir kommen also zu dem ersten Ergebnis, daß die Anfälligkeit des Protestantismus gegenüber dem Selbstmord mit dem diese Religion bestimmenden Geist der freien Forschung zusammenhängt. ... Wir kommen also zu dem Schluß, daß der Grund für die größere Selbstmordanfälligkeit des Protestantismus darin zu suchen ist, daß er als Kirche weniger stark integriert als die katholische." (Durkheim 1983: 169 f.)

Durkheim untersuchte neben dieser generellen Integrationsfunktion der Religionsgemeinschaft ebenfalls deren Abhängigkeit von der Mehrheiten- oder Minderheitenrolle der jeweiligen Konfession in Preußen, Bayern sowie Österreich. Hierbei stellte er als Kontexteffekt fest, dass in denjenigen Staaten, in denen die Katholiken bzw. Protestanten in der Minderheit waren, ihre Selbstmordraten im Vergleich zu den von ihnen dominierten Staaten deutlich sanken.

„In Preußen ist der Minderheitenstatus der Katholiken sehr ausgeprägt, denn sie stellen nur etwa ein Drittel der Bevölkerung. Dabei bringen sie sich dreimal weniger selbst um als die Protestanten. Diese Spanne vermindert sich in Bayern, wo zwei Drittel der Bevölkerung katholisch sind. Die Anzahl ihrer Selbstmorde verhält sich zu der der Protestanten wie 100:275 oder auch wie 100:238, je nach der geprüften Periode. Dieses Verhältnis sinkt schließlich im katholischen Österreich auf 155 protestantische Selbstmorde gegenüber 100 katholischen ab. Es scheint also, daß die Selbstmordanfälligkeit der Protestanten abnimmt, wenn sie zur Minderheit werden." (A.a.O.: 67)

Durkheim führte diese Zunahme der Schutzfunktion der protestantischen Kirchen darauf zurück, dass in der Diaspora sich die evangelischen Gemeinden aufgrund ihrer Minderheitenrolle in einer ihnen feindlichen Umwelt befänden und daher ihr Zusammenhalt und damit ihre Integration nach innen steige.

Einen ähnlichen Kontexteffekt beobachtete Durkheim bei seiner Analyse zum „anomischen Selbstmord". Hierbei untersuchte Durkheim den Einfluss der familiären Desintegration auf die nationalen Selbstmordraten. Ihn interessierte, inwieweit die Scheidung oder Trennung von „Bett und Tisch" zu einer Erhöhung der Selbstmordrate führte. Er stellte bei seinem Vergleich der Scheidungs- und Selbstmordraten der Schweizer Kantone und französischen Departments seiner Zeit fest, dass je höher die Scheidungsrate war, desto höher die jeweilige Selbstmordrate ausfiel. Für einzelne Länder des deutschen Kaiserreichs wies er nach, dass die Selbstmordrate der Geschiedenen vereinzelt die doppelte Höhe derjenigen der Verwitweten erreichte. Im Vergleich zu den Verheirateten lag die Selbstmordrate der Geschiedenen drei- bis viermal so hoch. Des Weiteren stellte Durkheim fest, dass mit der zunehmenden Verbreitung der Scheidung die Integrationsfunktion der Familie abnahm und die Selbstmordraten der Verheirateten im Vergleich zu den Ledigen deutlich anstiegen und diese sogar übertrafen. Weltz (1974: 182) fasst diesen Kontexteffekt in der folgenden Grafik zusammen, wobei er die Geschiedenen mit X und die Verheirateten mit $\bar{x}$ kennzeichnet. Hummel (1972: 60) charakterisiert ihn folgendermaßen:

„1.   Ein individuelles Merkmal Y als abhängige Variable (Durkheim-Beispiel: Selbstmordwahrscheinlichkeit bzw. Dichotomie „Begeht Selbstmord / Begeht nicht Selbstmord")

2.   Ein individuelles Merkmal X als explikative [unabhängige, W.L.] Variable („Geschieden/Nicht geschieden"). (Es sei darauf hingewiesen, dass weder X noch Y notwendigerweise Dichotomien sein müssen; insbesondere können sie auch von metrischer Struktur sein.)

3.   Eine weitere explikative Variable P als kollektives Merkmal, welches definitorisch eine mathematisch-analytische Funktion der Verteilung von X in den einzelnen Kollektiven ist (Prozentsatz der Geschiedenen)." (A.a.O.)

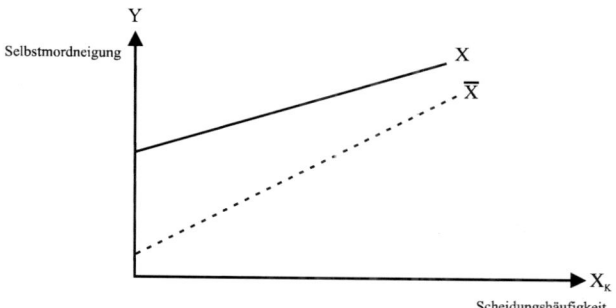

Abb. 1: *Das Mehrebenenmodells des anomischen Selbstmords bei Durkheim (nach Weltz 1974: 182)*

Beide Autoren gehen davon aus, dass im Falle einer Gruppenkompositionshypothese dieselbe Eigenschaft sowohl als Individual- als auch als Kollektivmerkmal einen unterschiedlichen Effekt auf die abhängige Variable auf der Individual- und Kollektivebene ausüben kann.

Der strukturelle Effekt eines exogenen, unabhängigen Merkmals auf der Kollektivebene tritt nach Blau (1961: 161) folgendermaßen in Erscheinung:

„The essential principle is that the relationship between the distribution of a given characteristic in various collectivities and an effect criterion is ascertained, while this characteristic is held constant for individuals. This procedure differentiates the effect of social structures upon patterns of action from the influences exerted by the characteristics of the acting individuals or their inter-personal relationships." (A.a.O.)

Blau differenziert zwischen zwei Eigenschaften sozialer Kollektive, die sich grundlegend von den individuellen unterscheiden und einen eigenen strukturellen Einfluss auf das individuelle Handeln ausüben. Hierzu gehören zu einem die Werte und Normen einer Subkultur bzw. Kultur und zum anderen die Netzwerke sozialer Beziehungen, in denen sich seines Erachtens die Prozesse der sozialen Interaktion organisieren und sich soziale Positionen und Subgruppen herausbilden.[2]

Blau veranschaulicht die unabhängige Wirkung struktureller Effekte im Sinne kollektiver Normen und Werte am folgenden Beispiel. In einer Anzahl von Gemeinden erhob ein Forscher mit Hilfe der von Adorno et al. (1950) entwickelten F-

---

2   S. Blau (1961: 178)

Skala das Ausmaß der „autoritären Unterwürfigkeit" der Bürger.[3] Gleichzeitig maß er ihre Vorurteile gegenüber ethnischen Minitäten. Um die Dominanz autoritärer Werte zu bestimmen, aggregierte er die individuellen Messwerte durch eine Mittelwertsbildung auf der Gemeindeebene. Anschließend stellte er einen starken Zusammenhang zwischen einem autoritär geprägten Wertklima der Gemeinde und den Vorurteilen ihrer Bürger fest. Dieser Zusammenhang zwischen bestimmten sozialen Werten bzw. Normen und der individuellen Einstellung lässt sich auf zweierlei Arten erklären: Zum einen prägen die autoritären Werte der Gemeinde die ethnischen Vorurteile ihrer Bürger. Zum anderen sind gerade Gemeinden mit autoritären Werten dadurch gekennzeichnet, dass in ihnen ein besonders hoher Anteil von Personen mit autoritären Wertvorstellungen wohnt. Letztere tendieren aufgrund ihrer autoritären Persönlichkeitsstruktur zu besonders ausgeprägten Vorurteilen gegenüber ethnischen Minoritäten.

Für das Zusammenwirken des Individual- und Kollektiveffekts eines exogenen Merkmals haben Davis, Spaeth und Huson (1961) eine analytische Klassifikation entwickelt, die Van den Eeden (1988: 184) in Abbildung 2 zusammenfasst hat. Sie enthält fünf analytische Typen, die jeweils von linearen Effekten ausgehen. Hierbei differenzieren die Autoren zwischen dem Individual-, dem Kollektiv- sowie dem Interaktionseffekt zwischen den beiden Ebenen. Idealtypisch unterscheidet Davis beim Individualmerkmal X lediglich zwei Gruppen von Befragten, die Träger des Merkmals X sind (X) und denjenigen, die es nicht sind ($\bar{x}$).

Typ 0

Weder das individuelle Merkmal X noch der Prozentsatz der Mitglieder einer Gruppe, die das Merkmal X aufweisen, übt einen Einfluss auf die individuelle Kriteriumsvariable Y aus.

Typ I

Nur der Besitz oder das Vorliegen des Individualmerkmals X übt einen Effekt auf Y aus, nicht aber das Kollektivmerkmal des Prozentsatzes der Personen, die das Merkmal X aufweisen.

---

3   Zur Entwicklung des Sozialisationstypus der autoritären Persönlichkeit: S. Lederer (1995). Zur Messung der autoritären Persönlichkeit von Adorno et al. (1950) entwickelten F-Skala: S. Zuma-Informationssystem (ZIS) Version 8. Stichwort: California F-Scale (Form 78), (Glöckner-Rist 2004)

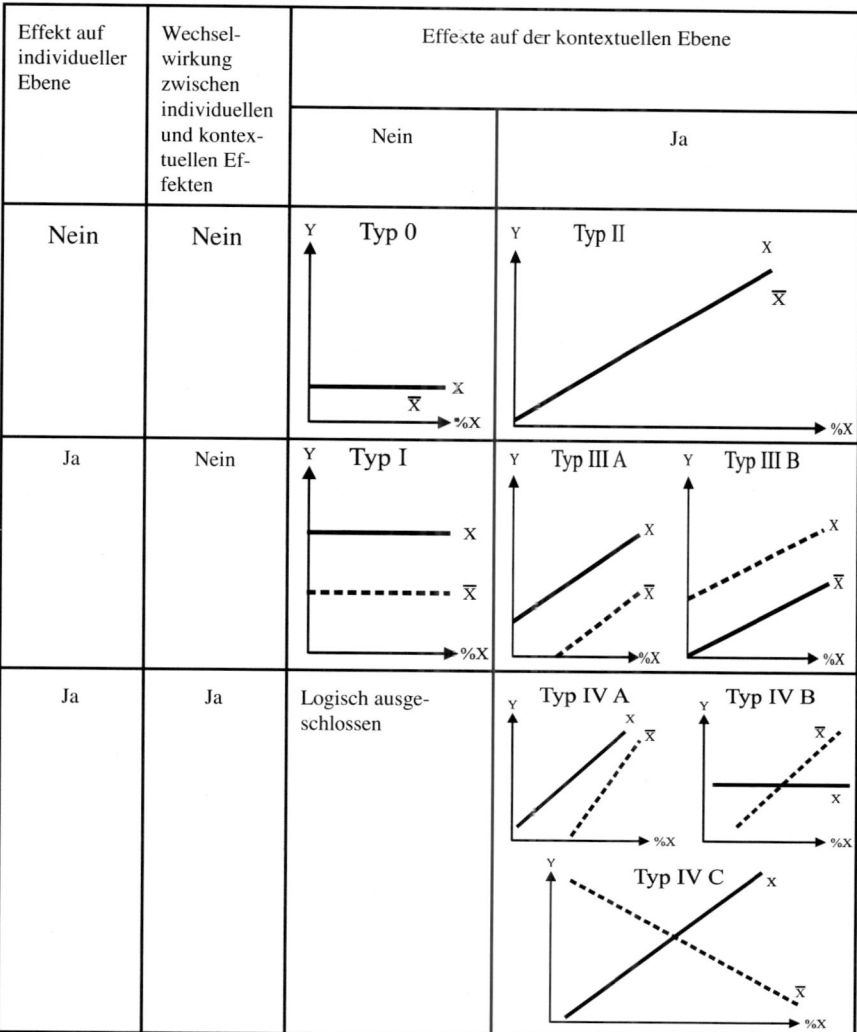

Effekt auf individueller Ebene	Wechsel-wirkung zwischen individuellen und kontex-tuellen Ef-fekten	Effekte auf der kontextuellen Ebene	
		Nein	Ja
Nein	Nein	Typ 0	Typ II
Ja	Nein	Typ I	Typ III A Typ III B
Ja	Ja	Logisch ausge-schlossen	Typ IV A Typ IV B Typ IV C

Abb. 2:   *Typologie der Kombinationen von individuellen und kollektiven Effekten auf eine individuelle Kriteriumsvariable (nach Van den Eeden 1988: 184)*

Typ II

Das Individualmerkmal X übt keinen Einfluss auf Y aus. Ein Effekt ist nur auf der Ebene des Kollektivmerkmals X – seinen Prozentsatz in der Gruppe – zu beobachten.

Typ III

Sowohl das Individualmerkmal X als auch das Kollektivmerkmal X üben unabhängig voneinander einen linearen Effekt auf die Kriteriumsvariable Y aus. Ihre gemeinsame Wirkung resultiert aus der Summe der Einzeleffekte.

Typ IV

Neben dem Individudal- und Kompositionaleffekt liegt ein Interaktionseffekt beider Einflussarten vor. Bei dieser speziellen Interaktion unterscheiden Davis, Spaeth und Huson zwei Varianten, erstens das „differential susceptibility"-Modell, bei dem sie annehmen, dass der Gruppeneffekt von der jeweiligen Ausprägung des Individualmerkmals abhängt, und zweitens das „conditional individual differences"-Modell, das von gruppenspezifischen Individualeffekten ausgeht. Bei letzterem hängt das Ausmaß und die Richtung des Individualeffekts vom Niveau der Kontextvariablen ab.

Ein reiner Kontexteffekt im Sinne des Typs II liegt dann vor, wenn ein Merkmal auf der individuellen Ebene zwar keinen Einfluss auf die abhängige Variable ausübt, aber dies auf dem Wege der Gruppenzusammensetzung erfolgt. Graphisch gesehen, ergibt sich dann eine für das Individual- und Kollektivmerkmal identische Gerade, deren Lage allein vom Kollektivmerkmal, gemessen über den Mittel- oder Anteilswert von X, abhängt. Hummell (1972: 6) veranschaulicht den Typ II am Beispiel der Blauschen Gemeindestudie.

> „So könnte man im ersten Beispiel von Blau annehmen, daß die Neigung zu antisemitischen Verhalten (Y) mit der Häufigkeit P der in einer Gemeinde befindlichen autoritären Personen steigt. Dies gilt für nicht-autoritäre Personen ... in gleichem Maß wie für autoritäre ... Zu erklären wäre dieses Phänomen dadurch, daß der Anteil der autoritären Personen das Gemeinde,klima' bestimmt und dieses wiederum in normatives Weise auch Nicht-Autoritäre zu antisemitischen Aktivitäten zwingt."

Beim Typ III unterscheiden Davis et al. zwei Varianten, wobei ersterer von der Gleichgerichtetheit der Einflüsse des Individual- und Kollektivmerkmals ausgeht. Bei der zweiten Variante wirkt dasselbe Merkmal auf der Ebene des Individuums genau umgekehrt wie auf derjenigen des Kollektivs Zu dieser paradox erscheinenden Erkenntnis gelangten die Sozialwissenschaftler des Forschungsverbunds „American Soldier" während des zweiten Weltkriegs. Sie untersuchten, inwieweit Beförderungen die subjektive Zufriedenheit der Soldaten erhöhen.

> „Innerhalb jeder Kampfeinheit waren die Beförderten mit dem Beförderungssystem weniger unzufrieden als die Nicht-Beförderten. Verglich man die jedoch die Unzufriedenheit (Y) über verschiedene Kampfeinheiten, so stellt man fest, daß mit dem Anteil der Beförderten (P) in einer Einheit sowohl die Unzufriedenheit der Nicht-Beförderten ... als auch der Beförderten ... anstiegt und nicht absank." (Hummell 1972: 67)

Den Typ IV, der von einer Interaktion zwischen dem Individual- und Kollektivmerkmal ausgeht, erläutert Hummell (1972: 68) für die Variante C am folgenden Beispiel:

> „Der Antisemitismus steigt mit dem Anteil der Juden (P) in bestimmten Gemeinden. Dies gilt aber nur für die Kategorie der Nicht-Juden ... . Hier wirkt wiederum das kollektive Merkmal genau umgekehrt wie das individuelle; weiterhin ist jedoch die Art der Wirkung variabel: in Gemeinden mit wenig Juden ist der Unterschied des Antisemitismus von Juden und Nicht-Juden gering, in Gemeinden mit relativ viel Juden ist der Unterschied im Antisemitismus relativ groß."

Dieser Interaktionseffekt lässt sich aufgrund seiner Symmetrieeigenschaft alternativ interpretieren. Beim ersten Erklärungsansatz beeinflusst der Anteil P der exogenen Variablen X in der Gruppe G die Kriteriumsvariable Y, aber dieser Einfluss fällt unterschiedlich aus, je nachdem, ob die Befragten das Merkmal X aufweisen oder nicht. Im Blauschen Sinne weisen beide Kategorien von Personen eine unterschiedliche Sensitivität gegenüber dem Kontextmerkmal auf („differential susceptibility"). Personen, die Merkmalsträger sind, reagieren anders als diejenigen, die es nicht sind. Alternativ hierzu lässt sich dieses Phänomen im Sinne der „conditional individual differences"-Perspektive folgendermaßen erklären: Das Individualmerkmal übt einen Einfluss auf Y aus, aber seine Größe bzw. Richtung kovariiert mit dem Kollektivmerkmal P. D.h., dass die individuellen Unterschiede zwischen Merkmalsträgern und Nichtträgern abhängig sind von der jeweiligen Gruppenzusammensetzung.

Die Typen II, III und IV, bei denen das Kontextmerkmal allein, additiv oder interaktiv mit dem Individualmerkmal X auf die Kriteriumsvariable Y wirkt, stellen Snijders & Bosker (1999: 1) jeweils als Pfaddiagramm dar:

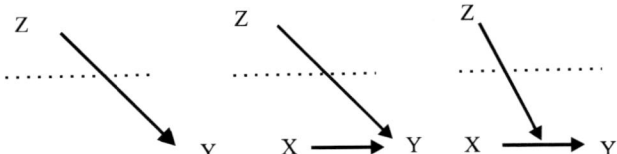

Abb. 3:   *Die Struktur der Makro-Mikro-Beziehungen im Zweiebenen-*
            modell

Zur terminologischen Abgrenzung der unterschiedlichen Erhebungs- und Analyseinheiten im Zweiebenenmodell haben Snijders & Bosker (1999: 8) die folgenden Tabellen 1 und 2 zusammengestellt:

Tabelle 1: Begriffsübersicht zur Beschreibung der jeweiligen Einheiten im Zweiebenenmodell	
Einheiten der Makroebene	Einheiten der Mikroebene
Makroeinheiten	Mikroeinheiten
Primäre Einheiten	Sekundäre Einheiten
Cluster oder Klumpen	Elementareinheiten
Einheiten der 2. Ebene	Einheiten der 1. Ebene

Tabelle 2: Beispiele für die Analyseeinheiten auf der Makro- und Mikroebene	
Makroebene	Mikroebene
Schulen	Lehrer
Klassen	Schüler
Nachbarschaften	Familien
Firmen	Arbeitnehmer
Kiefer	Zähne
Familien	Kinder
Würfe	Tiere
Ärzte	Patienten
Versuchspersonen	Messzeitpunkte
Interviewer	Befragte
Richter	Verdächtige /Angeklagte

In Tabelle 2 haben sie einige Beispiele für die Makro-Mikro-Ebene hierarchischer Datenstrukturen aufgeführt, für welche die idealtypische Datenmatrix in Tabelle 3 charakteristisch ist. Hierfür sind zunächst alle Beobachtungen nach der Gruppen-/Kontextzugehörigkeit ihrer Befragten sortiert worden. Anschließend wurde das Kontextmerkmal Z an die Datenmatrix der Individualvariablen X und Y angehängt. Das Kontextmerkmal Z selbst variiert nur zwischen und nicht innerhalb der Gruppen. Van der Eeden (1988: 181) zeigt dies am Beispiel eines fiktiven Datensatz:

Tabelle 3: Mehrebenendatenstruktur mit Gruppen- und Individualmerkmalen				
Einheiten		Variablen		
Gruppe	Individuum	X	Y	Z
1	1	4	5	4
1	2	7	2	4
1	3	8	7	4
2	1	2	1	7
2	2	3	2	7
2	3	4	8	7
•	•	•	•	•
•	•	•	•	•
n	1	5	4	2
n	2	3	2	2
n	3	7	5	2

Dieser hierarchischen Variablenstruktur entspricht eine Typologie von Variablenarten, die Lazarsfeld & Menzel (1961) entwickelt haben. Bei der Mehrebenenanalyse lassen sich Variablen auf jeder Ebene der Hierarchie definieren. Einige dieser Merkmale können hierbei direkt auf ihrer natürlichen Ebene erhoben werden. Beispielsweise lässt sich die Größe und die Trägerschaft direkt auf der Schulebene messen. Hingegen erfolgt die Erhebung des Intelligenzquotienten und des Schulerfolgs direkt auf der Ebene des Schülers in seiner Schule. Zusätzlich lassen sich Merkmale durch Aggregation oder Disaggregation von einer Ebene zur anderen verschieben. Aggregation bedeutet hierbei, dass die auf der unteren Ebene gemessenen Variablen durch die Mittelwert- oder Anteilswertbildung auf die höhere Ebene transferiert werden. Beispielsweise lässt sich das Anspruchsniveau einer Schule dadurch bestimmen, dass der Mittelwert der Intelligenzquotienten der ihr angehörenden Schüler berechnet und an die Individualdaten angehängt wird. Bei der Disaggregierung werden die Kontextmerkmale der Schule wie ihre Trägerschaft oder Größe an die Individualdaten angefügt. Hox (2002: 2) hat diese Arbeitsschritte, wie in der folgenden Tabelle 4 dargestellt, idealtypisch beschrieben.

Tabelle 4: Lazarsfeld-Menzel-Typologie der Individual- und Kollektivmerkmale in der Mehrebenenanalyse (nach Hox 2002: 2)				
Ebene:	1	2	3	et.ceterea
Variablen-typ	absolut →	analytisch		
	relational →	strukturell		
	kontextuell ←	global →	analytisch	
		relational →	strukturell	
		kontextuell ←	global →	
			relational →	
			kontextuell ←	

Die unterste Ebene bilden normalerweise die befragten Individuen. Im Rahmen von Längsschnittsanalysen mit Messwiederholungen definiert Goldstein (1999: Kapitel 6) die Messzeitpunkte als unterste Ebene, wobei der Befragte selbst die zweite Ebene darstellt. Auf jeder dieser Ebenen existieren unterschiedliche Merkmalstypen. Globale oder absolute Variablen beziehen sich nur auf die Ebene, für die sie definiert worden sind. Sie beziehen sich auf keine der anderen Ebenen. Als absolute Variablen werden lediglich Merkmale bezeichnet, die auf der untersten Ebene erhoben worden sind. Beim Intelligenzquotienten des Schülers handelt es sich um eine solche globale oder absolute Variable. Relationale Variablen beziehen sich ebenfalls nur auf eine Ebene. Sie erfassen die sozialen Relationen der auf dieser Ebene angesiedelten Befragungseinheiten untereinander. Soziometrische Indizes wie der Reziprozitäts- oder der Popularitätsindex sind solche relationale Variablen. Analytische oder strukturelle Variablen beziehen sich auf die Verteilung von Merkmalen in untergeordneten Einheiten. Sie charakterisieren die Verteilung eines absoluten Merkmals auf der unteren Ebene in Form seines Mittel- oder Anteilswerts. Hingegen basieren strukturelle Variablen auf der Verteilung relationaler Variablen auf der untergeordneten Ebene. Viele Netzwerkindizes gehören diesem Typ an. Die Konstruktion von analytischen oder strukturellen Variablen erfordert stets eine Datenaggregation, die in Tabelle 4 durch den Pfeil nach rechts (→) gekennzeichnet ist. Die auf der unteren Ebene erhobenen Daten werden auf eine kleinere Anzahl von Einheiten der höheren Ebene transformiert.

Hingegen beziehen sich kontextuelle Variablen nur auf die übergeordnete Einheiten wie Schulklassen oder Nachbarschaften. Alle Einheiten der Mikroebene erhalten dieselben Werte wie die ihnen übergeordnete Superunit, zu der sie auf der Makroebene gehören. Dieser Schritt wird als Disaggregation bezeichnet und durch einen Pfeil nach links (←) gekennzeichnet. Der Vorteil dieser Klassifikation besteht darin, dass der Forscher allen Variablentypen ihren jeweiligen Ebenen eindeutig zu ordnen kann. Hieran anknüpfend definiert Hox (2002: 4) das Ziel der Mehrebenenanalyse folgendermaßen:

> „The goal of the analysis is to determine the direct effect of individual and group level explanatory variables [on the outcome varialbe, W.L.], and to determine if the explanatory variables at the group level serve as moderators of individual-level relationships. If group level variables moderate lower level relationships, this shows up as a statistical interaction between explanatory variables from different levels." (A.a.O.)

Ein weiterer Vorteil der Mehrebenenanalyse besteht darin, dass sie im Gegensatz zu rein ökologischen Analysen gegen den von Robinson (1950) entdeckten ökologischen Fehlschluss gefeit ist. In seinem bahnbrechenden Aufsatz untersuchte Robinson die Stärke des Zusammenhanges zwischen dem Anteil der Farbigen und der Analphabetenrate auf unterschiedlichen regionalen Ebenen mit Hilfe der amerikanischen Volkszählungsdaten von 1930. Hierbei stellte er auf der Ebene der Bundesstaaten eine Korrelation von +0,95 fest. Hingegen erreichte die Korrelation auf der Ebene der befragten Bürger nur noch einen Wert von +0,20. Robinson schloss hieraus, dass die üblicherweise auf der ökologischen Ebene, der Makroebene, berechneten Korrelationen nicht mit denjenigen der Mikroebene identisch seien. Schlussfolgerungen dieser Art führen seines Erachtens stets zu einem ökologischen Fehlschluss (Ecological-Fallacy). Umgekehrt kann die Verallgemeinerung einer auf der Mikroebene beobachteten Korrelation in Richtung höherer Ebenen ebenfalls zu einem individualistischen Fehlschluss, dem so genannten Atomistic-Fallacy, führen. Beispielsweise zeigen Wählerbefragungen stets, dass Arbeiter eher als Angehörige höhere Schichten sozialdemokratische oder sozialistische Parteien wählen. Hieraus könnte man auf der Länderebene ableiten, dass je höher der Arbeiteranteil eines Landes liegt, desto eher führt dort eine linke Regierung die Geschäfte. De facto zeigt sich aber, dass gerade in Industrienationen mit hohem Arbeiteranteil konservative Regierungen vorherrschen.

Alkers (1969) hat in Abbildung 4 eine Typologie von Fehlschlüssen entwickelt, die neben den bereits genannten zusätzlich den kontextuellen sowie den Fehlschluss über die Ebenen (Cross-Level Fallacy) enthält.

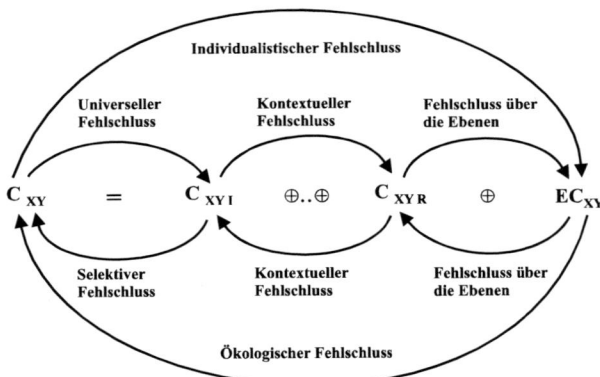

Abb. 4:   Typologie ökologischer Fehlschlüsse (nach Alkers 1969: 79)

Der kontextuelle Fehlschluss bezieht sich auf die irrtümliche Verallgemeinerung eines Befundes, der in einem selektiven Kontext erhoben worden ist, auf benachbarte Kontexte. Beispielsweise lässt sich aus den Wahlergebnissen eines Stimmbezirkes, der sich seit Jahrzehnten in SPD-Hand befindet, nicht schließen, dass die SPD in allen benachbarten Bezirken die Wahl gewinnt. Beim Cross-Level-Fehlschluss erlag der Forscher der Versuchung, aus der Bundestagswahl 1998, die Rot-Grün mit absoluter Mehrheit gewannen, die Wahlsiege von Rot-Grün bei den folgenden Landtagswahlen vorherzusagen. Die hessische Landtagswahl im Herbst 1999, in der das CDU-FDP-Wahlbündnis siegte, offenbart diesen Fehlschluss.

Da die Mehrebenenanalyse voraussetzt, dass die Erhebung der zugehörigen Daten in Stichprobenclustern wie Stadtteilen, Nachbarschaften oder Schulklassen erfolgt, erfasst sie zum einen adäquat die Variabilität der untersuchten Zusammenhänge zwischen den genannten Kontexteinheiten. Hierdurch beugt sie speziell dem kontextuellen Fehlschluss vor. Zum anderen vermeidet sie den Fehlschluss zwischen den Ebenen, da die Schätzung ihrer Populationsparameter auf der Basis der Substichproben erfolgt, wobei größere Cluster ein höheres Gewicht als kleinere erhalten. Darüber hinaus bietet sie die Möglichkeit, die Wechselwirkung der Effekte exogener Individual- und Kollektivmerkmale adäquat zu berücksichtigen, wodurch eine Fehlspezifikation in diesem Bereich bei der Modellbildung vermeidbar ist. Die Mehrebenenanalyse ist ebenfalls gegen den ökologischen Fehlschluss gefeit, da sie ihre Daten nicht auf der höchsten sondern auf der niedrigsten Aggregationsebene erhebt und die Variabilität der kontextabhängigen Effekte durch die Merkmale des Kontextes selbst erklärt. Anstatt vom Aggregat auf das Individuum zu schließen, stellt der Mehrebenenansatz hierdurch die analytische Perspektive wieder vom Kopf auf die Füße. Durch diese Veränderung des Blickwinkels vermeidet sie ebenfalls den individualistischen Fehlschluss, indem sie die Kontextabhängigkeit der Effekte ausdrücklich im zu schätzenden Modell berücksichtigt.

3. Die klassischen Verfahren der Kontextanalyse

Die wichtigsten Ansätze der „klassischen Mehrebenen- /Kontextanalyse" werden im Folgenden anhand eines Beispieldatensatzes aus der Schulforschung dargestellt, den Kreft und de Leeuw in ihrem 1998 erschienenen Lehrbuch verwenden und unter der unten genannten Internetadresse dem interessierten Leser zur Verfügung stellen.[4]

Zu diesen Verfahren der klassischen Kontextanalyse gehören die Realisierungen der Varianzanalyse (ANOVA), der Kovarianzanalyse (ANCOVA) ohne und mit kontextspezifischen Interaktionseffekten im multiplen linearen Regressionsmodell sowie die Ansätze von Cronbach & Webb (1975) und Boyd & Iversen (1979). Alle Analysen werden mit der Standardsoftware SPSS für Windows durchgeführt und als Befehls- /Syntaxdateien dokumentiert.[5]

3.1 Die ANOVA als lineares Regressionsmodell

Im Rahmen der National Education Longitudinal Study ließ das amerikanische Erziehungsministerium im Frühjahr 1988 in einer landsweiten Studie die Mathematikleistungen von 21.580 Schüler der achten Klasse in 1.003 Schulen untersuchen. 80 % der Schulen wurden von den Kommunen und 20 % von privaten Trägern finanziert. Bei dieser Stichprobe handelt es sich um eine repräsentative Auswahl der Grundgesamtheit von rd. 3 Millionen Schülern in 38.000 Schulen. Kreft und De Leeuw (1998) stellen zu den Beispielen ihres Einführungsbuchs „Introducing Multilevel Modeling" drei Datensätze im Internet zur freien Verfü-

---

4   Internetadresse für den Bezug der Daten: http://www.stat.ucla.edu/~deleeuw/sagebook/

5   Alle Beispiele wurden mit der SPSS Version 11.5 gerechnet. Sie sind aber auch in allen früheren und späteren Programmversionen schätzbar, da die zugehörigen Befehlsdateien dokumentiert sind.

gung, die jeweils 10, 23 oder alle 1003 Schulen umfassen. Ihr primäres For-
schungsinteresse gilt hierbei der Frage, inwieweit die Kontextmerkmale der Schule
die Leistungsergebnisse der Schüler in einem standardisierten Mathematiktest
beeinflussen. Hierbei gehen sie davon aus, dass einerseits auf der Mikroebene die
Testergebnisse der Schüler wesentlich davon abhängen, wie viel Zeit sie mit dem
Lösen von Mathematikhausaufgaben verbringen. Anderseits erwarten sie auf der
Makro- oder Schulebene einen deutlichen Leistungsunterschied zwischen Schülern, die private anstatt kommunale Schulen besuchen. Ihre Forschungshypothesen
liegen dem folgenden Pfaddiagramm in Abbildung 5 zugrunde, das einer einfachen
Kovarianzanalyse (Analysis of Covariance) entspricht:

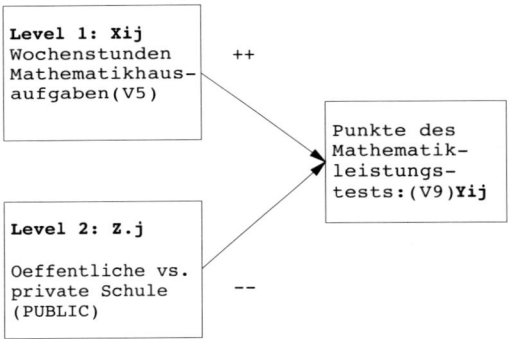

Abb. 5:   Kovarianzmodell (ANCOVA) zur Erklärung der
            Leistungsunterschiede in Mathematik

Um die Kontextabhängigkeit der endogenen und exogenen Merkmale V9 und V4
zu untersuchen, bieten sich zwei Möglichkeiten an. Erstens können wir mit Hilfe
der von Tukey (1977) entwickelten Box-&-Wiskers-Plots (kurz Box-Plots) prüfen,
ob sich die Mediane der Mathematiktestergebnisse und des wöchentlichen Zeitaufwands für Hausaufgaben über die Schulen hinweg unterscheiden. Gleichzeitig
bilden diese Box-Plots sehr genau die Binnenvarianz innerhalb der Schulen ab,
wobei im jeweiligen „Kasten" die beiden mittleren Quartile (25 %-75 %) der Fälle
der jeweiligen Schule liegen. Bedauerlicherweise bietet selbst die Version 11.5
von SPSS nicht die Möglichkeit, sich zusätzlich die Konfidenzintervalle der

Mediane einzeichnen zu lassen. Für die Exploration des 10er Schulendatensatzes benötigen wir die folgende SPSS-Befehlssequenz:[6]

```
GET
    FILE='D:\multilev\spss\nels10.sav'.

* Rekodierung der Variablen V6: Public vs. Private school.

RECODE v6 (1=1) (2 THRU 4=0) INTO public.
VARIABLE LABELS public 'Kommunale vs. pr vate Schulträger'.
VALUE LABELS public 1 'Kommunaler Träger  0 ' Privater Träger'.

FREQUENCIES /VARIABLES=public /ORDER=  ANALYSIS .

* Graphische Exploration der Kontextabhängigkeit der Variablen V9 und V5.

EXAMINE
    VARIABLES=v9 BY v1 BY PUBLIC /PLOT=BOXPLOT /STATISTICS=NONE
/NOTOTAL /MISSING=REPORT.

EXAMINE
    VARIABLES=v5 BY v1 BY PUBLIC /PLOT=BOXPLOT /STATISTICS=NONE
/NOTOTAL /MISSING=REPORT.
```

Für die beiden Variablen V9 und V5 erhalten wir die beiden Box-Plots in Abbildung 6 und 7, die als Zusatzinformation die Unterscheidung zwischen öffentlichen und privaten Schulträgern enthalten. Des Weiteren dokumentieren sie unterhalb der X-Achse die Anzahl der pro Schule jeweils getesteten Schüler. In den beiden Box-Plots ist zweierlei erkennbar. Zum einen zeichnen sich deutlich Kontexteffekte sowohl bei den Mathematiktestergebnissen als auch beim wöchentlichen Arbeitsaufwand für Mathematikhausaufgaben ab. Zum anderen verfügen beide Variablen über eine erhebliche innerschulische Varianz, wie die Größenunterschiede der „Kästchen" für den Interquartilsabstand belegen. Sowohl bei den Testergebnissen als auch bei den Hausaufgaben nimmt die Schule G, die sich in privater Trägerschaft befindet, eine Spitzenstellung ein.

---

6   Bitte passen Sie die Pfadangaben ihren lokalen Bedingungen an.

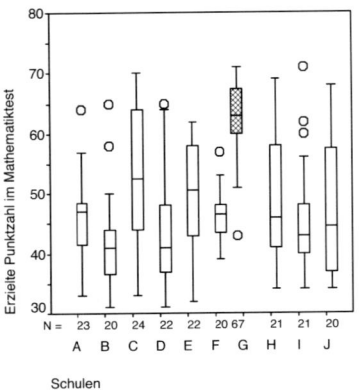

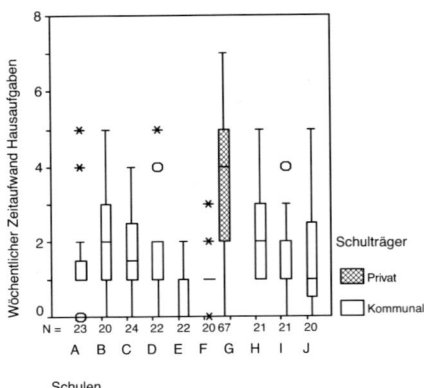

Abb. 6:   *Mittlere Punktzahl im Mathema-*   *Abb. 7:*   *Mittlerer Zeitaufwand für Mathematik-*
            tikleistungstest der 10 Schulen   *hausaufgaben der 10 Schulen*

Um die Stärke des jeweiligen Kontexteffektes zu bestimmen, bieten sich uns zwei unterschiedliche Wege an. Entweder berechnen wir das Kontingenzmaß η^2 oder wir schätzen ein lineares Regressionsmodell, das neun Schuldummies als Prädiktoren enthält. Als Vergleichskategorie bietet sich die Schule G an, die sich privat finanziert. Hierzu zerlegen wir zunächst die Schulidentifikationsvariable V1 in 10 Dummy-Variablen. Anschließend schätzen wir dann für die Variablen V9 und V5 das entsprechende ANOVA-Modell. Dem Determinationskoeffizienten R^2 entspricht dann exakt das η^2 der Kreuztabellenanalyse. Dieser Varianzanalyse (ANOVA) entspricht das folgende Regressionsmodell:

(1)   *Regressionsmodell zur Vorhersage des Mathematikergebnisses durch den Schulkontext*

$$Mathescore_{ij} = \begin{aligned} &b_0 + b_1 * DSCHOOLA + b_2 * DSCHOOLB + b_3 * DSCHOOLC \\ &+ b_4 * DSCHOOLD + b_5 * DSCHOOLE + b_6 * DSCHOOLF \\ &+ b_7 * DSCHOOLH + b_8 * DSCHOOLI + b_9 * DSCHOOLJ + e_{ij} \end{aligned}$$

Vergleichskategorie: SCHOOL G (Privat)

Legende:
  i: Index des Schülers i
  j: Index der Schule j
  ij: Schüler i in Schule j

Für seine Schätzung benötigen wir die folgenden SPSS-Befehle:

```
RECODE v1 (7472=1) (ELSE=0) INTO dschocla.
RECODE v1 (7829=1) (ELSE=0) INTO dschoclb.
RECODE v1 (7930=1) (ELSE=0) INTO dschoclc.
RECODE v1 (24725=1) (ELSE=0) INTO dschcold.
RECODE v1 (25456=1) (ELSE=0) INTO dschcole.
RECODE v1 (25642=1) (ELSE=0) INTO dschcolf.
RECODE v1 (62821=1) (ELSE=0) INTO dschcolg.
RECODE v1 (68448=1) (ELSE=0) INTO dschcolh.
RECODE v1 (68493=1) (ELSE=0) INTO dschcoli.
RECODE v1 (72292=1) (ELSE=0) INTO dschcolj.

REGRESSION
 /MISSING LISTWISE
 /STATISTICS COEFF OUTS R ANOVA
 /CRITERIA=PIN(.05) POUT(.10)
 /NOORIGIN
 /DEPENDENT v9
 /METHOD=ENTER dschoola dschoolb dschoolc dschoold dschoole dschoolf
 dschoolh dschooli dschoolj .

REGRESSION
 /MISSING LISTWISE
 /STATISTICS COEFF OUTS R ANOVA
 /CRITERIA=PIN(.05) POUT(.10)
 /NOORIGIN
 /DEPENDENT v5
 /METHOD=ENTER dschoola dschoolb dschoolc dschoold dschoole dschoolf
 dschoolh dschooli dschoolj .
```

Für die Kriteriumsvariable V9 erhalten wir das folgende Ausgabeprotokoll mit der Modellanpassung, der Zerlegung der Abweichungsquadrate sowie den Regressionskoeffizienten:

Modellzusammenfassung

Modell	R	R-Quadrat	Korrigiertes R-Quadrat	Standard-fehler des Schätzers
1	,661(a)	,437	,417	8,5055

a) Einflussvariablen : (Konstante), DSCHOOLJ, DSCHOOLF, DSCHOOLB,DSCHOOLI, DSCHOOLH, DSCHOOLE, DSCHOOLD, DSCHOOLA,DSCHOOLC

ANOVA(b)

Modell		Quadrat-summe	df	Mittel der Quadrate	F	Signifikanz
1	Regression	14030,536	9	1558,948	21,549	,000(a)
	Residuen	18086,064	250	72,344		
	Gesamt	32116,600	259			

a)   Einflussvariablen : (Konstante), DSCHOOLJ, DSCHOOLF, DSCHOOLB, DSCHOOLI, DSCHOOLH, DSCHOOLE, DSCHOOLD, DSCHOOLA, DSCHOOLC
b)   Abhängige Variable: math score

Koeffizienten(a)[7]

Modell		Nicht standardisierte Koeffizienten		Standardisierte Koeffizienten	T	Signifikanz
		B	Standardfehler	Beta		
1	(Konstante)	62,821	1,039		60,456	,000
	DSCHOOLA	-17,082	2,056	-,436	-8,310	,000
	DSCHOOLB	-20,671	2,167	-,496	-9,538	,000
	DSCHOOLC	-9,571	2,023	-,249	-4,730	,000
	DSCHOOLD	-19,275	2,090	-,483	-9,223	,000
	DSCHOOLE	-12,957	2,090	-,324	-6,200	,000
	DSCHOOLF	-16,421	2,167	-,394	-7,577	,000
	DSCHOOLH	-13,154	2,127	-,322	-6,184	,000
	DSCHOOLI	-16,488	2,127	-,404	-7,751	,000
	DSCHOOLJ	-14,971	2,167	-,359	-6,908	,000

a) Abhängige Variable: math score[8]

Die Zugehörigkeit zu einem spezifischen Schulkontext erklärt für sich allein genommen bereits rd. 43,7 % der Varianz des Mathematiktestergebnisses. Die Schüler der Privatschule G erreichen im Durchschnitt ein Testergebnis von 62,8

---

7   Da die nicht standardisierten und die standardisierten Regressionskoeffizienten mit B bzw. Beta eindeutig gekennzeichnet werden, wird im weiteren Verlauf aus Platzgründen auf ihre zusätzliche Nennung im Spaltenkopf verzichtet.

8   Da die Fußnoten der Pivottabellen lediglich die im Modell enthaltenen Variablen wiederholt dokumentieren, wird im weiteren Verlauf des Buches auf sie aus Platzgründen verzichtet.

Punkten. Hingegen weichen die Schüler aller öffentlichen Schulen signifikant nach unten von diesem Mittelwert ab. Die Bancbreite ihrer Mittelwertsabweichungen liegt zwischen 9,6 und 20,7 Punkten im Durchschnitt. Sowohl der F-Test als auch die T-Tests der einzelnen Steigungskoeffizienten erweisen sich als statistisch signifikant. Da beide Tests aber voraussetzen, dass die Residuen nicht seriell korreliert sind, muss bei dieser hierarchischen Datenstruktur der Form Schüler in ihrer jeweiligen Schule auf eine inferenzstatistische Interpretation der Ergebnisse verzichtet werden.

Für den Wochenaufwand für Mathematikhausaufgaben (V5) schätzen wir ebenfalls ein Regressionsmodell mit den neun Schuldummyvariablen. Der Schulkontext erklärt hierbei für sich genommen rd. 29,4 % der Varianz des Zeitaufwandes der einzelnen Schüler. Dieser Konstexteffekt fällt aber deutlich geringer aus als bei den Mathematiktestergebnissen aus.

Modellzusammenfassung

Modell	R	R-Quadrat	Korrigiertes R-Quadrat	Standard-fehler des Schätzers
1	,542	,294	,269	1,3250

ANOVA

Modell		Quadrat-summe	df	Mittel der Quadrate	F	Signifikanz
1	Regression	182,962	9	20,329	11,580	,000
	Residuen	438,899	250	1,756		
	Gesamt	621,862	259			

Wie die nachfolgende Koeffiziententabelle zeigt, widmen sich die Schüler der Privatschule G im Durchschnitt rd. 3,3 Stunden pro Woche ihren Mathematikhausaufgaben. Hingegen verbringen die Schüler der neun öffentlichen Schulen signifikant weniger Zeit mit den Hausaufgaben. Sie unterschreiten diesen Mittelwert um bis zu 2 Stunden. Aufgrund der bereits genannten Überlegungen empfiehlt es sich, auf eine detaillierte Interpretation der T- und F-Tests zu verzichten.

Koeffizienten

Modell	B	Standard-fehler	Beta	T	Signifikanz
1 (Konstante)	3,299	,162		20,377	,000
DSCHOOLA	-1,907	,320	-,350	-5,956	,000
DSCHOOLB	-,949	,338	-,163	-2,809	,005
DSCHOOLC	-1,465	,315	-,274	-4,648	,000
DSCHOOLD	-1,662	,326	-,299	-5,105	,000
DSCHOOLE	-2,435	,326	-,438	-7,479	,000
DSCHOOLF	-2,149	,338	-,370	-6,364	,000
DSCHOOLH	-1,203	,331	-,212	-3,631	,000
DSCHOOLI	-1,965	,331	-,346	-5,931	,000
DSCHOOLJ	-1,699	,338	-,293	-5,031	,000

3.2 Das „gepoolte" Regressionsmodell

Anschließend überprüfen wir, ob ein linearer Zusammenhang zwischen der Anzahl der Wochenstunden, die ein Schüler ij mit den Mathematikhausaufgaben verbracht hat, und seinem Testergebnis in diesem Fach besteht. Dies lässt sich mit Hilfe eines einfachen linearen Regressionsmodells ermitteln, wobei unberücksichtigt bleibt, dass jeder Schüler einer bestimmten Schule angehört. Hierfür benötigen wir die folgenden SPSS-Befehle:

```
REGRESSION
  /MISSING LISTWISE
  /STATISTICS COEFF OUTS R ANOVA
  /CRITERIA=PIN(.05) POUT(.10)
  /NOORIGIN
  /DEPENDENT v9
  /METHOD=ENTER v5
  /SAVE PRED(PYREG1).
GRAPH
  /SCATTERPLOT(BIVAR)=v5 WITH pyreg1
  /MISSING=LISTWISE .
```

Für die gepoolte Stichprobe der 260 Schüler erhalten wir die folgende Modellanpassung und die zugehörigen Regressionskoeffizienten:

Modellzusammenfassung

Modell	R	R-Quadrat	Korrigiertes R-Quadrat	Standardfehler des Schätzers
1	,497	,247	,244	9,6815

ANOVA

Modell		Quadrat-summe	df	Mittel der Quadrate	F	Signifikanz
1	Regression	7933,807	1	7933,807	84,644	,000
	Residuen	24182,793	258	93,732		
	Gesamt	32116,600	259			

Koeffizienten

Modell		B	Standard-fehler	Beta	T	Signifikanz
1	(Konstante)	44,074	,989		44,580	,000
	time spent on math homework	3,572	,388	,497	9,200	,000

Diesem einfachen bivariaten Regressionsmodell entspricht das folgende Streudiagramm in Abbildung 8. Über alle 10 Schulen hinweg ist zu erwarten, dass für jede zusätzliche Stunde, die sich ein Schüler der Lösung von Mathematikhausaufgaben widmet, sich sein Testergebnis im Durchschnitt um 3,57 Punkte verbessert. Erspart er oder sie sich die Hausaufgaben völlig, so erwarten wir im Durchschnitt ein Testergebnis von rd. 44,1 Punkten. Mit einem Anteil von 24,7 % „erklärter" Varianz der abhängigen Variablen verfügt das Modell über eine recht gute Anpassung.

Um den Einfluss der Kontext-(Level 2)-Variablen Art des Schulträgers zu überprüfen, erstellen wir mit dem folgenden SPSS-Befehl einen Box-Plot, in dem wir die mittleren Testergebnisse der Schüler privater und öffentlicher Schulen mit einander vergleichen:

```
EXAMINE
VARIABLES=v9 BY PUBLIC /PLOT=BOXPLOT /STATISTICS=NONE /NOTOTAL
/MISSING=REPORT.
```

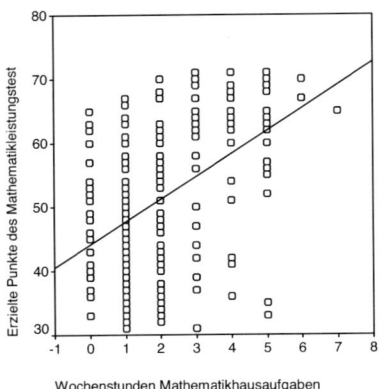

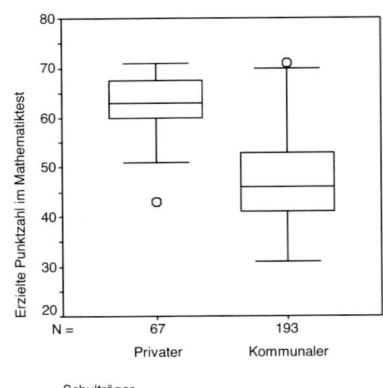

Abb. 8:   Mathematiktestergebnisse auf Stun-   Abb. 9:   Vergleich der mittleren Testergeb-
denzahl für Hausaufgaben pro Wo-   nisse von öffentlichen und privaten
che (n=260; R² = 24,7 %)   Schulen (n=260)

Im Vergleich zu den öffentlichen Schulen erzielen die Schüler privater Träger mit einem Median von 63,0 vs. 46,0 ein deutlich besseres Testergebnis in Mathematik. Dieser Niveauunterschied zeigt sich ebenfalls bei den Mittelwerten mit 62,8 vs. 47,3 Punkten. Bei letzteren ist aber zu beachten, dass die Standardabweichung des Testergebnisses der öffentlichen Schulen fast doppelt so hoch ist wie bei den privaten Trägern (9,69 vs. 5,68). Dies weist auf erhebliche Unterschiede innerhalb der öffentlichen Schulen hin.

3.3   Das klassische Kovarianzmodell der Regressionsanalyse

Um die Effekt der beiden exogenen Variablen zu ermitteln, schätzen wir zunächst ein einfaches Kovarianzmodell, mit Hilfe dessen wir den Niveauunterschied zwischen öffentlichen und privaten Schulen unter Kontrolle des Zeitaufwands der Schüler für Mathematikhausaufgaben ermitteln. Diesem im Englischen als ANCO-VA bezeichneten Regressionsmodell entspricht die folgende Gleichung, wobei der Index i die einzelnen Schüler und der Index j die untersuchten Schulen bezeichnet. Da das absolute Kontextmerkmal PUBLIC nur auf Schulebene erhoben worden ist, ersetzen wir seinen Schülerindex i durch einen Punkt.

(2) *Kovarianzmodell zur Bestimmung des Testunterschieds zwischen öffentlichen und privaten Schulen unter Kontrolle des Hausaufgabenaufwands (ANCOVA)*

$$Mathescore_{ij} = b_0 + b_1 * PUBLIC_j + b_2 * HOMEWORK_{ij} + e_{ij}$$

Legende:
  i: *Index des Schülers i*
  j: *Index der Schule j*
  ij: *Schüler i in Schule j*

Mit Hilfe von SPSS schätzen wir die Koeffizienten dieses multiplen linearen Regressionsmodells, für das wir die folgenden Steuerbefehle benötigen:

```
REGRESSION
 /MISSING LISTWISE
 /STATISTICS COEFF OUTS R ANOVA
 /CRITERIA=PIN(.05) POUT(.10)
 /NOORIGIN
 /DEPENDENT v9
 /METHOD=ENTER public v5
 /SAVE PRED(PYREG2).

GRAPH
 /SCATTERPLOT(BIVAR)=v5 WITH pyreg2
 /MISSING=LISTWISE .
```

Wir erhalten die folgende Modellanpassung, Zerlegung der Abweichungsquadrate sowie die zugehörigen Regressionskoeffizienten:

Modellzusammenfassung

Modell	R	R-Quadrat	Korrigiertes R-Quadrat	Standardfehler des Schätzers
1	,652	,426	,421	8,4730

ANOVA

Modell	Quadrat-summe	df	Mittel der Quadrate	F	Signifi-kanz
1 Regression	13666,137	2	6833,069	95,179	,000
Residuen	18450,463	257	71,792		
Gesamt	32116,600	259			

Koeffizienten

Modell	B	Standard-fehler	Beta	T	Signifi-kanz
1 (Konstante)	56,607	1,648		34,349	,000
time spent on math homework	1,884	,389	,262	4,846	,000
Kommunale vs. private Schule	-12,283	1,375	-,483	-8,936	,000

Mit einem Anteil von 42,6 % „erklärter" Varianz verfügt das Kovarianzmodell über eine sehr gute Anpassung, die sich dem F-Test zufolge als statistisch signifikant erweist. Hierbei ist aber zu beachten, dass der F-Test von der Annahme ausgeht, dass die Residuen der Schüler i in der Klasse j nicht miteinander korreliert sind. Da der Residualterm e_{ij} alle Mess- und Vorhersagefehler erfasst, die auf nicht erhobenen exogene Merkmale wie das Leistungsniveau der Klasse oder der Einfluss der Bezugsgruppe (Peers) zurückzuführen sind, ist diese Annahme des F-Tests auf der Klassenebene (Level 2) eindeutig verletzt. Daher ist der F-Test im klassischen Sinne bei hierarchischen Datenstrukturen nicht anwendbar. Der Anteil „erklärter Varianz" des Kovarianzmodell fällt geringfügig niedriger aus als derjenige des reinen ANOVA-Modell mit den Dummyvariablen der Schulen.

Unter Kontrolle ihres wöchentlichen Aufwandes für Mathematikhausaufgaben erzielen die Schüler öffentlicher Schulen im Durchschnitt ein um 12,27 Punkte schlechteres Testergebnis als die Schüler privater Schulträger. Für beide Schüler-gruppen verbessert sich im Durchschnitt ihr Testergebnis um 1,88 Punkte pro zusätzlicher Übungsstunde. Beide Effekte erweisen sich als statistisch signifikant, wobei der T-Test ebenfalls unterstellt, dass die Residuen auf der Schulebene nicht korreliert sind. Diese Annahme erweist sich aufgrund der hierarchischen Daten-struktur ebenfalls als trügerisch. Das Ergebnis der Schätzung des Kovarianzmo-dells stellt das Streudiagramm in Abbildung 10 dar.

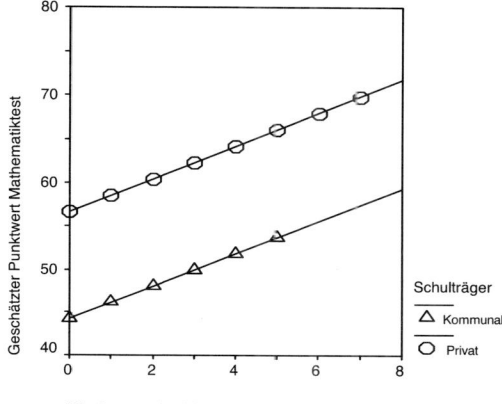

Abb. 10:   Geschätzte Regressionsgeraden für die Schüler
           kommunaler und privater Schulen
           (n=260; R²=42,6 %)

Bei diesem Kovarianzmodell haben wir stillschweigend unterstellt, dass erstens der Übungseffekt der Hausaufgaben für alle 10 Schulen identisch ist. Zweitens gehen wir davon aus, dass es bis auf die Unterscheidung zwischen den privaten und öffentlichen Schulen keine weiteren Niveauunterschiede innerhalb dieser Gruppe gibt.

3.4   Die Within-Regressionsmodelle der einzelnen Schulen

Beide Annahmen überprüfen wir, indem wir ein separates Regressionsmodell für jede einzelne der zehn Schulen schätzen. Die Abbildungen 11 bis 20 enthalten die zugehörigen Streudiagramme einschließlich der geschätzten Geraden dieser Binnen- oder Within-Regressionen. Tabelle 5 dokumentiert die geschätzten Regressionskoeffizienten und die zugehörige Modellanpassung.

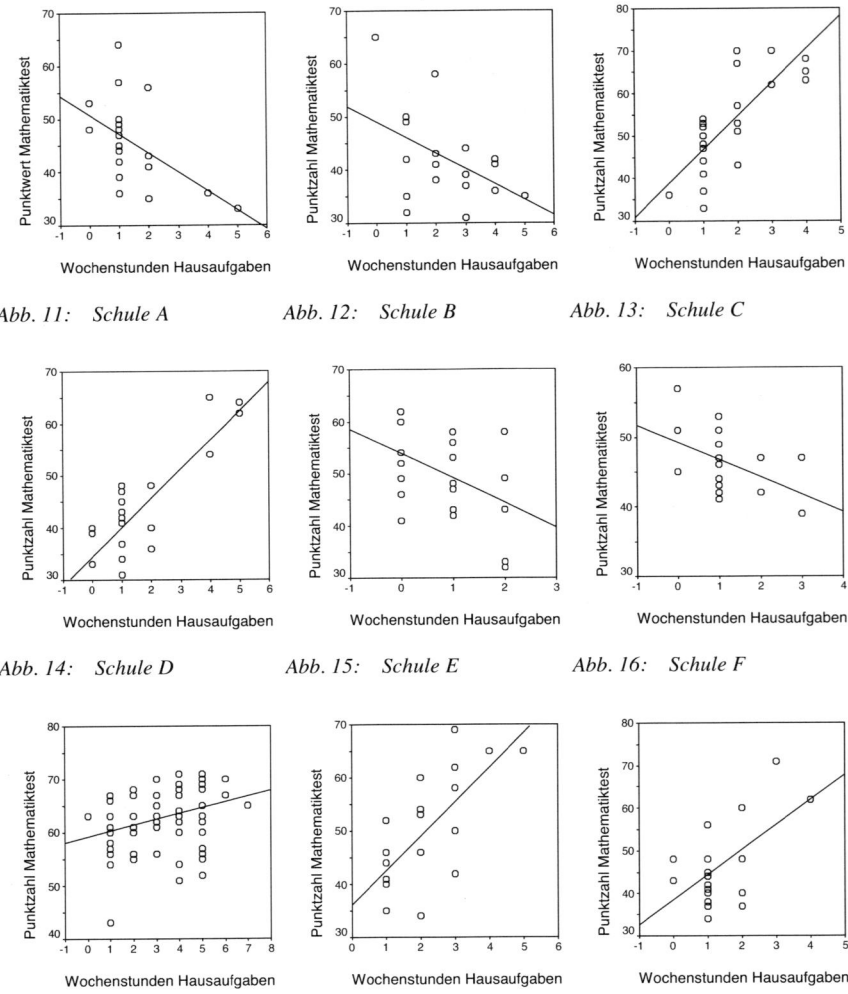

Abb. 11:   Schule A   Abb. 12:   Schule B   Abb. 13:   Schule C

Abb. 14:   Schule D   Abb. 15:   Schule E   Abb. 16:   Schule F

Abb. 17:   Private Schule G   Abb. 18:   Schule H   Abb. 19:   Schule I

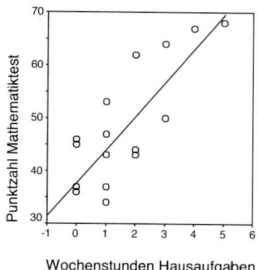

Abb. 20:   Schule J

In den Abbildungen 11 bis 20 zeichnet sich deutlich ab, dass die beiden Grund-
annahmen des gepoolten Kovarianzmodells nicht haltbar sind. Sowohl die Y-
Achsenabschnitte als auch die Steigungskoeffizienten unterscheiden sich deutlich
zwischen den betrachteten Schulen, wobei letztere sowohl der Stärke als auch der
Richtung nach variieren. Dies belegt ebenfalls Tabelle 5, welche die Regressionskonstante, den unstandardisierten Steigungskoeffizienten, die Korrelation sowie
den Determinationskoeffizienten für die einzelnen Schulen enthält.

Die Korrelationen r zwischen den Testergebnissen und der Wochenstunden-
zahl reichen von $-0,53$ in Schule A bis zu $+0,84$ in Schule D. Diese Tendenz
zeichnet sich ebenfalls bei den Unterschieden der Regressionskonstanten b_0 und
Steigungskoeffizienten b_1 ab. Erstere geben uns das im Durchschnitt zu erwartende
Testergebnis für diejenigen Schüler an, die keine Hausaufgaben gemacht haben.
Letzterer misst den Fleißertrag pro Wochenstunde Mathematikhausaufgaben. Die
negativen Lerneffekte der Schulen A, B, E und F gehen mit überdurchschnittlichen
Testergebnissen ihrer „faulen" Schüler einher. Vice versa korrelieren die positiven
Lerneffekte der übrigen Schulen mit unterdurchschnittlichen Testergebnissen ihrer
„faulen" Schüler. Im Hinblick auf diese negative Korrelation bildet die Privatschule G eine Ausnahme, da sie trotz höchstem Testniveau einen positiven Lerneffekt aufweist. Die erklärte Varianz der Within-Regressionsmodelle schwankt
zwischen 21,1 % im schlechtesten und 70,0 % im besten Fall. Hingegen erreicht
das gepoolte Regressionsmodell lediglich eine Varianzaufklärung 24,7 %.

Tabelle 5: Übersicht der separaten, Within-Regressionen der Testergebenisse auf den
wöchentlichen Zeitaufwand für Mathematikhausaufgaben (NELS 1988)

Schule:	Regressions- konstante b_0	Regressions- koeffizient b_1	Pearson's r	Determinations- koeffizient R^2 in %
A	50,68	-3,55	-0,53	27,8
B	49,01	-2,92	-0,46	21,1
C	38,75	7,91	0,76	60,1
D	34,39	5,59	0,84	70,0
E	53,94	-4,72	-0,43	18,7
F	49,26	-2,49	-0,47	21,9
G	59,21	1,10	0,33	11,0
H	36,06	6,50	0,71	51,0
I	38,52	5,86	0,56	31,4
J	37,71	6,34	0,81	64,2
Pooled: alle 10 Schulen	44,07	3,57	0,50	24,7

3.5   Das Kovarianzmodell mit schulspezifischen Dummyvariablen

Um die in den separaten Within-Regressionen beobachteten Unterschiede der
Regressionskonstanten b_0 und der Steigungen b_1 bei einer gemeinsamen (gepoolten) Schätzung zu berücksichtigen, erweitern wir das Kovarianzmodell in zwei
Schritten. Wir nehmen zunächst einen kontextunspezifischen Lerneffekt an und
ersetzen die Variable PUBLIC durch die neun Dummyvariablen der Schulen.
Hierdurch erfassen wir ihre unterschiedlichen Leistungsniveaus unter Kontrolle
des Lerneffekts. Anschließend führen wir zusätzlich in Form von Interaktionseffekten einen schulspezifischen Lerneffekt ein.

(3) *Kovarianzmodell mit Schuldummy-Variablen und Wochenstunden Mathematikhausaufgaben (ANCOVA)*

$$Mathescore_{ij} = \begin{aligned} &b_0 + b_1 * DSCHOOLA + b_2 * DSCHOOLB + b_3 * DSCHOOLC \\ &+ b_4 * DSCHOOLD + b_5 * DSCHOOLE + b_6 * DSCHOOLF \\ &+ b_7 * DSCHOOLH + b_8 * DSCHOOLI + b_9 * DSCHOOLJ \\ &+ b_{10} * HOMEWORK_{ij} + e_{ij} \end{aligned}$$

Vergleichskategorie: *SCHOOL G (Privat)*

Legende:
  i: *Index des Schülers i*
  j: *Index der Schule j*
  ij: *Schüler i in Schule j*

Für die Schätzung der entsprechenden Regressionskoeffizienten der Haupt- und Interaktionseffekte müssen wir zunächst unsere Schulvariable in (K-1)-Dummy-Variablen zerlegen, wobei sich die in privater Trägerschaft befindende Schule G als auszulassende Vergleichskategorie anbietet. Wir benötigen hierzu die folgenden beiden SPSS-Befehle:

```
REGRESSION
 /MISSING LISTWISE
 /STATISTICS COEFF OUTS R ANOVA
 /CRITERIA=PIN(.05) POUT(.10)
 /NOORIGIN
 /DEPENDENT v9
 /METHOD=ENTER v5 dschoola dschoolb dschoolc dschoold dschoole dschoolf
                dschoolh dschooli dschoolj
 /SAVE PRED(PYREG3) .
GRAPH
 /SCATTERPLOT(BIVAR)=v5 WITH pyreg3 BY v1
 /MISSING=LISTWISE .
```

Für das geschätzte Kovarianzmodell erhalten wir die folgenden Angaben zur Modellanpassung und den Regressionskoeffizienten:

Modellzusammenfassung

Modell	R	R-Quadrat	Korrigiertes R-Quadrat	Standard-fehler des Schätzers
1	,707	,499	,479	8,0367

ANOVA

Modell		Quadrat-summe	df	Mittel der Quadrate	F	Signifikanz
1	Regression	16034,203	10	1603,420	24,825	,000
	Residuen	16082,397	249	64,588		
	Gesamt	32116,600	259			

Koeffizienten

Modell		B	Standard-fehler	Beta	T	Signi-fikanz
1	(Konstante)	55,773	1,602		34,824	,000
	DSCHOOLA	-13,007	2,075	-,332	-6,267	,000
	DSCHOOLB	-18,644	2,080	-,447	-8,964	,000
	DSCHOOLC	-6,440	1,993	-,168	-3,232	,001
	DSCHOOLD	-15,724	2,075	-,394	-7,577	,000
	DSCHOOLE	-7,755	2,185	-,194	-3,550	,000
	DSCHOOLF	-11,830	2,207	-,284	-5,359	,000
	DSCHOOLH	-10,583	2,062	-,259	-5,132	,000
	DSCHOOLI	-12,289	2,147	-,301	-5,725	,000
	DSCHOOLJ	-11,342	2,149	-,272	-5,278	,000
	time spent on math homework	2,137	,384	,297	5,570	,000

Mit einem Anteil von rd. 49,9 % erklärter oder gebundener Varianz verfügt unser Modell über eine hervorragende Anpassung. Für die Schüler der Privatschule G erwarten wir im Durchschnitt ein Testergebnis von 55,77 Punkten, wenn sie sich die Hausaufgaben völlig ersparen. Für die Schüler der anderen Schulen führt dies zu einer deutlichen Verschlechterung ihres Testergebnisse, das im Durchschnitt zwischen 7,76 und 18,64 Punkten schlechter als dasjenige der Privatschüler ausfällt. Für jede Stunde, die der Schüler zusätzlich mit Mathematikhausaufgaben verbringt, erwarten wir eine durchschnittliche Verbesserung des Testergebnisse um rd. 2,14 Punkte unabhängig davon, welche Schule er oder sie besucht hat.

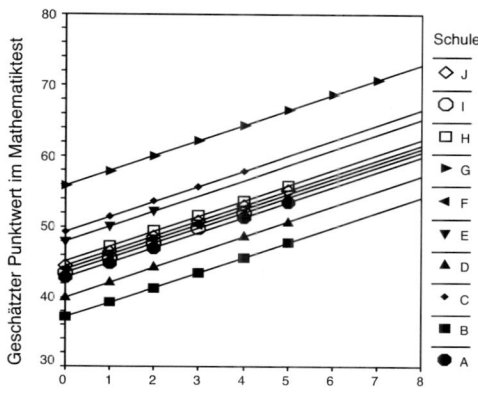

Abb. 21:   Kovarianzmodell mit schulspezifischen
Leistungsniveaus (n=260; R²=49,9 %)

3.6   Das Kovarianzmodell mit schulspezifischen Interaktionseffekten

Um die sich in den separaten Within-Analysen abzeichnenden schulspezifischen Lerneffekte ebenfalls im Kovarianzmodell zu berücksichtigen, bilden wir zunächst schulspezifische Interaktionsterme. Wir multiplizieren hierzu die Variable V5 jeweils mit dem zugehörigen Schuldummy. Mit Hilfe des DO REPEAT-END REPEAT-Befehls von SPSS bilden wir die schulspezifischen Interaktionsterme auf arbeitssparende Weise, wobei wir mit Hilfe der Variablenlisten „#dummy" und „#interak" die Schuldummies bzw. die Variablennamen der Interaktionsterme angeben. Letztere bilden wir anschließend mit Hilfe der COMPUTE-Anweisung.

```
DO REPEAT
#dummy=dschoola,dschoolb,dschoolc,dschoold,dschoole,dschoolf,dschoolg,dschoolh,
        dschooli,dschoolj
/#interak=ischav5,ischbv5,ischcv5,ischdv5,ischev5,ischfv5,ischgv5,ischhv5,ischiv5,
        ischjv5.
+ COMPUTE  #interak= #dummy*v5.
END REPEAT.

FREQUENCIES /VARIABLES=ischav5 to ischjv5.
```

Für das Kovarianzmodell mit schulspezifischen Leistungsniveaus und Lerneffekten benötigen wir die folgende Schätzgleichung:

(4) *Kovarianzmodell mit schulspezifischen Leistungsniveaus und Lerneffekten*

$$
\begin{aligned}
Mathescore_{ij} = {} & b_0 + b_1 * HOMEWORK_{ij} \\
& + b_2 * DSCHOOLA + b_3 * DSCHOOLB + b_4 * DSCHOOLC \\
& + b_5 * DSCHOOLD + b_6 * DSCHOOLE + b_7 * DSCHOOLF \\
& + b_8 * DSCHOOLH + b_9 * DSCHOOLI + b_{10} * DSCHOOLJ \\
& + b_{11} * (DSCHOOLA * HOMEWORK_{ij}) \\
& + b_{12} * (DSCHOOLB * HOMEWORK_{ij}) \\
& + b_{13} * (DSCHOOLC * HOMEWORK_{ij}) \\
& + b_{14} * (DSCHOOLD * HOMEWORK_{ij}) \\
& + b_{15} * (DSCHOOLE * HOMEWORK_{ij}) \\
& + b_{16} * (DSCHOOLF * HOMEWORK_{ij}) \\
& + b_{17} * (DSCHOOLH * HOMEWORK_{ij}) \\
& + b_{18} * (DSCHOOLI * HOMEWORK_{ij}) \\
& + b_{19} * (DSCHOOLJ * HOMEWORK_{ij}) + e_{ij}
\end{aligned}
$$

Legende:
- i: *Index des Schülers i*
- j: *Index der Schule j*
- ij: *Schüler i in Schule j*

Für die Vergleichschule G bilden wir keinen Interaktionsterm, da ihr Effekt direkt von der Variablen V5 erfasst wird. Bei ihrem Schätzer handelt es sich um einen bedingten oder konditionalen Effekt, der den Einfluss des Zeitaufwandes unter der Bedingung misst, dass alle anderen Dummyvariablen Null sind. Der Interaktionseffekt zwischen der Schule K und dem Zeitaufwand ihrer Schüler für Mathematikhausaufgaben erfasst jeweils unmittelbar die Abweichung des Lerneffektes in der Schule K von demjenigen der Vergleichsschule G.

Für die Schätzung dieses Regressionsmodells mit schulspezifischen Interaktionseffekten und Niveauunterschieden benötigen wir die folgenden SPSS-Befehle:

```
REGRESSION
 /MISSING LISTWISE
 /STATISTICS COEFF OUTS R ANOVA
 /CRITERIA=PIN(.05) POUT(.10)
 /NOORIGIN
 /DEPENDENT v9
 /METHOD=ENTER dschoola dschoolb dschoolc dschoold dschoole dschoolf
        dschoolh dschooli dschoolj v5
        ischav5,ischbv5,ischcv5,ischdv5,ischev5,ischfv5,ischhv5,ischiv5,ischjv5
 /SAVE PRED (PYREG4).

GRAPH
 /SCATTERPLOT(BIVAR)=v5 WITH pyreg4 BY V1
 /MISSING=LISTWISE.
```

Zu dem geschätzten Regressionsmodell mit schulspezifischen Effekten erhalten wir folgendes SPSS-Ausgabeprotokoll:

Modellzusammenfassung

Modell	R	R-Quadrat	Korrigiertes R-Quadrat	Standardfehler des Schätzers
1	,823	,678	,652	6,5645

ANOVA

Modell		Quadrat-summe	df	Mittel der Quadrate	F	Signifi-kanz
1	Regression	21774,411	19	1146,022	26,594	,000
	Residuen	10342,189	240	43,092		
	Gesamt	32116,600	259			

Mit einem Anteil von 67,8 % erklärter Varianz verfügt das Regressionsmodell über eine hervorragende Anpassung. Es erfasst adäquat die Variabilität der Leistungsniveaus und Lerneffekte über die zehn Schulen hinweg. Bei den so genannten Haupteffekten der folgenden Koeffizientabelle handelt es sich um konditionale Effekte, die den Einfluss der jeweiligen Variablen messen unter der Bedingung, dass die anderen im Modell enthaltenen exogenen Merkmale jeweils den Wert Null aufweisen.

Koeffizienten

Modell		B	Standard-fehler	Beta	T	Signifi-kanz
1	(Konstante)	59,210	1,742		33,988	,000
	DSCHOOLA	-8,527	2,819	-,218	-3,025	,003
	DSCHOOLB	-10,198	3,536	-,245	-2,884	,004
	DSCHOOLC	-20,460	3,125	-,533	-6,546	,000
	DSCHOOLD	-24,816	2,728	-,621	-9,096	,000
	DSCHOOLE	-5,272	2,747	-,132	-1,919	,056
	DSCHOOLF	-9,951	3,119	-,239	-3,190	,002
	DSCHOOLH	-23,155	3,524	-,568	-6,571	,000
	DSCHOOLI	-20,690	3,112	-,507	-6,649	,000
	DSCHOOLJ	-21,496	2,834	-,515	-7,585	,000
	time spent on math homework	1,095	,469	,152	2,335	,020
	ISCHAV5	-4,648	1,337	-,214	-3,476	,001
	ISCHBV5	-4,015	1,242	-,260	-3,231	,001
	ISCHCV5	6,814	1,300	,385	5,244	,000
	ISCHDV5	4,498	1,065	,252	4,222	,000
	ISCHEV5	-5,813	1,908	-,170	-3,046	,003
	ISCHFV5	-3,581	1,911	-,121	-1,873	,062
	ISCHHV5	5,402	1,375	,317	3,930	,000
	ISCHIV5	4,765	1,675	,190	2,845	,005
	ISCHJV5	5,240	1,153	,271	4,543	,000

Die Regressionskonstante ermittelt wiederum das Leistungsniveau der Schule G unter der Bedingung, dass ihre Schüler keine Mathematikhausaufgaben machen. Für sie erwarten wir im Durchschnitt ein Testergebnis von rd. 59,2 Punkten. Die Dummyvariablen der anderen Schulen erfassen unmittelbar die Abweichung des geschätzten Testmittelwerts der jeweiligen Schule unter derselben Bedingung. Ihre Testergebnisse fallen im Durchschnitt zwischen 5,27 in Schule E und 24,8 Punkten in Schule D schlechter aus. Der Steigungskoeffizient der Variablen V5 (math homework) ermittelt den spezifischen Lerneffekt der Privatschule G. Für jede

Stunde, die ein Schüler dieser Schule mit Mathematikhausaufgaben verbringt, kann er im Durchschnitt eine Verbesserung seines Testergebnisse um rd. 1,1 Punkte erzielen. Der schulspezifische Interaktionseffekte der Variablen V5 bildet jetzt direkt die Abweichung des Lerneffektes der betrachteten Schule von demjenigen der Privatschule G ab. Hierbei zeichnet sich ein durchaus widersprüchliches Bild ab. Der Ertrag einer Stunde Mathematikhausaufgaben liegt in der öffentlichen Schule C um rd. 6,8 Punkte höher als in der Privatschule G. Im Gegensatz hierzu fällt der Ertrag in der Schule E um rd. 5,8 Punkte niedriger als in der Vergleichsschule aus. Mit Hilfe der Mehrebenenanalyse werden wir versuchen, diese differentiellen Lerneffekte und ihre Paradoxien durch die Kontextmerkmale der Schulen selbst zu erklären.

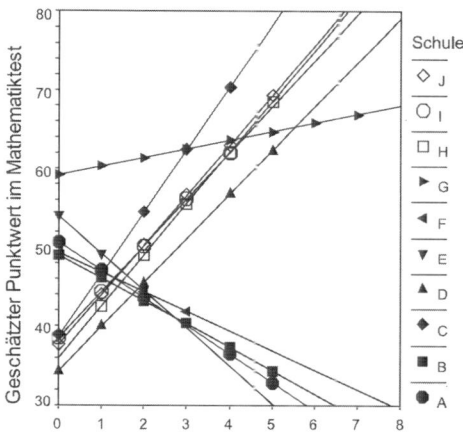

Abb. 22:   *Kovarianzmodell mit schulspezifischen Leistungsniveaus und Lerneffekten (n=260; R²= 67,8 %)*

Das Ergebnis der Schätzung des Kovarianzmodells mit Interaktionseffekten stellen wir mit Hilfe des Streudiagramms in Abbildung 22 dar, wobei die Regressionsgraden der einzelnen Schulen durch unterschiedliche Symbole gekennzeichnet werden. Hierbei zeichnet sich deutlich ab, dass sich die Schulen im Hinblick auf ihr Leistungsniveau und ihren Lerneffekt bedeutsam voneinander unterscheiden. In der Abbildung 22 erkennen wir drei Gruppen von Schulen, die beim Y-Achsen-abschnitt und der Steigung deutlich voneinander abweichen. Zur ersten Gruppe gehören die Schulen C, D, H, I und J, die über einen niedrigen Y-Achsenabschnitt (unter 40 Punkte) und eine relativ starke positive Steigung verfügen. Die zweite Gruppe bilden die Schulen A, B, E und F, deren Y-Achsenabschnitt zwar über 50 Punkten liegt, sie aber jeweils eine negative Steigung aufweisen. Für ihre Schüler bedeutet dies, dass ihre Bearbeitung der Mathematikhausaufgaben zu einer Ver-schlechterung ihres Testergebnisses führt. Die dritte Gruppe umfasst allein die Privatschule G, deren Schüler mit 60 Punkten das beste Testergebnis ohne weitere Hausaufgaben erzielen. Ihr Übungseffekt fällt zwar positiv, aber sehr gering aus. Wenn wir die beiden ersten Gruppen miteinander vergleichen, so scheinen die Regressionskonstanten mit den Steigungskoeffizienten arithmetisch zu korrelieren. Hohe Y-Achsenabschnitte scheinen mit negativen Steigungen sowie niedrige Y-Achsenabschnitte mit positiven Steigungen einherzugehen. Gleichzeitig variieren die Y-Achsenabschnitte und die Steigungen in erheblichem Maße über die Schul-kontexte hinweg.

3.7   Das Kontextmodell von Cronbach & Webb

Bei dem von Cronbach & Webb (1975) vorgeschlagenen Modell handelt es sich um einen der ersten Versuche, die Effekte exogener Individual- und Kontextmerk-male in ein und demselben Regressionsmodell zu schätzen. Im Sinne Davis' und Blaus gingen die Autoren davon aus, dass der individuelle Lerneffekt des Schüler *i* vom Leistungspensum seiner Schule *j* abhängig ist bzw. hierdurch moderiert wird. Dieses Leistungspensum operationalisierten die Autoren über den Mittelwert der von den Schülern der Schule *j* geleisteten Wochenstunden an Mathematikhaus-aufgaben. Ihm entspricht ihres Erachtens die soziale Leistungsnorm der Schule *j*.

Im einfachsten Ansatz lassen sich die individuelle Wochenstundenzahl und das kollektive Aufgabenpensum zur Vorhersage der Testergebnisse heranziehen. Hierbei stellt sich aber das Problem, dass sich der Mittelwert der Schule analytisch gesehen aus den individuellen Messwerten ihrer Schüler ergibt und daher beide hoch miteinander korrelieren. Dies führt zum bekannten Problem der Multikolli-nearität exogener Merkmale.[9]

---

9   S. Urban (1982: 193 ff.)

(5) *Regressionsmodell mit exogenen Variablen auf der Individual- und Kollektivebene*

$$Mathescore_{ij} = b_0 + b_1 * HOMEWORK_{ij} + b_2 * \overline{HOMEWORK}_j + e_{ij}$$

Variablenbezeichnungen im Kreft & De Leeuw Datensatz:

$$V9 = b_0 + b_1 * V5_{ij} + b_2 * V5MEAN_j + e_{ij}$$

Diese lineare Abhängigkeit der exogenen Individual- und Kollektivmerkmale führt dazu, dass die Kleinste-Quadrate-Schätzung die Steigungskoeffizienten und ihre zugehörigen Standardfehler verzerrt ermittelt. Durch diesen Bias laufen wir Gefahr, falsche Schlüsse sowohl bei der Interpretation der Effektstärken als auch ihrer Generalisierbarkeit zu ziehen. Um diese Multikollinearität zwischen exogenen Individual- und Kollektivmerkmalen zu beseitigen, schlagen Cronbach & Webb (1975) eine getrennte Zentrierung beider Merkmalstypen vor. Erstens ziehen sie vom Messwert der Variablen X des Schülers i den Mittelwert seiner Schule j ab. Durch diese spezielle Form der Subtraktion bereinigen Cronbach & Webb das Merkmal X um seine Niveauunterschiede in den einzelnen Kontexten. Hierdurch eliminieren sie förmlich seine Varianz zwischen den Kontexten. Somit betrachten sie nur noch die Binnenvarianz des Merkmals X innerhalb der Kontexte. Diese Form der Zentrierung am Gruppenmittelwert wird im Englischen als Group-Mean-Centering oder Centering-Within-Context (GRC bzw. CWC abgekürzt) bezeichnet. Im Schulbeispiel von Kreft & De Leeuw führt die Zentrierung am jeweiligen Gruppenmittelwert dazu, dass sich die Interpretation des individuellen Lerneffektes ändert. Durch die Zentrierung nivellieren wir die Schulunterschiede des Leistungspensums und fragen uns über alle Schulen hinweg, um wie viele Punkte sich das Mathematiktestergebnis im Durchschnitt verbessert, wenn der Schüler i eine Stunde mehr in das Lösen seiner Mathematikhausaufgaben investiert als von ihm an seiner Schule j erwartet wird. Zweitens zentrieren Cronbach & Webb die Schulmittelwerte der Wochenstunden am Gesamtmittelwert der in Mathematikhausaufgaben investierten Stunden aller Schüler i. Diese Form der Zentrierung am Gesamtmittelwert wird im Englischen als Grand-Mean-Centering (GMC abgekürzt) bezeichnet.[10] Hierdurch ändert sich die Interpretation des zugehörigen Steigungskoeffizienten ebenfalls. Er gibt nunmehr an, um wie viel sich das Testergebnis der Schüler der Schülers i im Durchschnitt verbessert, wenn das Auf-

---

10   Zum Vergleich der Zentrierungsarten am Gruppen- bzw. Gesamtmittelwert: S. Kreft, De Leeuw & Aiken (1995)

gabenpensum seiner Schule j eine Arbeitsstunde über dem Gesamtmittelwert liegt, der die allgemeine Leistungsnorm definiert und folgend mit zwei Punkten gekennzeichnet wird.

(6) *Das Kontextmodell von Cronbach & Webb (1975) mit exogenen Individual- und Kollektivmerkmalen*

$$Y_{ij} = b_0 + b_1 * (X_{ij} - \bar{X}_j) + b_2 * (\bar{X}_j - \bar{X}_{..}) + e_{ij}$$

Legende:

X_{ij}:	*Messwert der Variablen X des Schülers i in Schule j*
$\bar{X}_j$:	*Mittelwert der Variablen X der Schule j*
$X_{ij} - \bar{X}_j$:	*Zentrierung der Variablen X des Schülers i am Mittelwert seiner Schule j*
$\bar{X}_{..}$:	*Mittelwert der Variablen X über alle Schüler i und Schulen j (Grand Mean)*
$\bar{X}_j - \bar{X}_{..}$:	*Zentrierung des Schulmittelwertes von X am Grand Mean aller Schüler i in den Schulen j*
e_{ij}:	*Residuum des Schülers i in Schule j*

Beide Zentrierungsarten verwendet Cronbach (1976), um die Effekte auf der Individual- und Kontextebene voneinander zu trennen. Boyd & Iversen (1979) haben sie weiterentwickelt und im Rahmen ihres Mehrebenenmodells systematisch eingesetzt. Eine Besonderheit der Zentrierung am Gruppenmittelwert besteht darin, dass sich erstens im Vergleich zum Ursprungsmodell der Steigungskoeffizient der zentrierten Variable nicht ändert. Lediglich ihr Mittelwert wird auf ihren Nullpunkt verschoben. Im zentrierten Fall führt die Verschiebung des Mittelwerts von X in seinen Nullpunkt zum Zweiten dazu, dass die Regressionskonstante den Erwartungswert für Y unter der Bedingung schätzt, dass das exogene Merkmal X seinem eigenen Mittelwert entspricht. Die zugehörige Prognose der Kriteriumsvariablen bezieht sich nunmehr auf den Durchschnittsfall von X. Boyd & Iversen (1979: 66) veranschaulichen die Zentrierung am jeweiligen Gruppenmittelwert anhand einer Binnenregression ihres fiktiven 4-Städte-Beispiels in Abbildung 23.

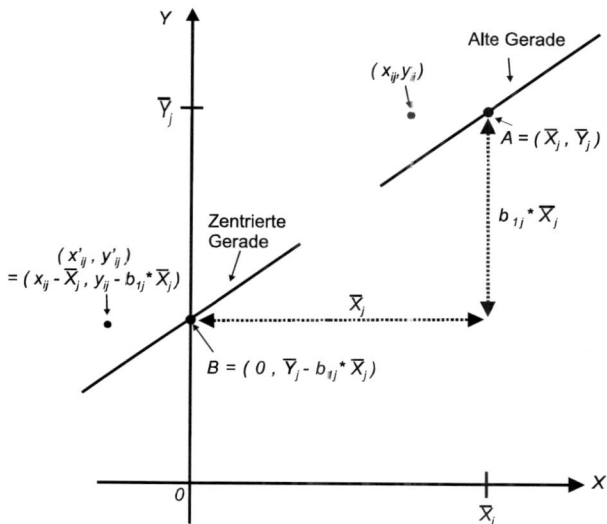

*Abb. 23:   Die Vorgehensweise der Within-Context-Zentrierung eines
            exogenen Merkmals (nach Boyd & Iversen 1979: 66)*

Bevor wir das Cronbach-Webb-Modell schätzen, berechnen wir zunächst die Gruppenmittelwerte der Variablen V5 (HOMEWORK) für die einzelnen Schulen. Anschließend disaggregieren wir das Leistungspensum auf der Schülerebene und führen die entsprechenden Zentrierungen durch. In SPSS benötigen wir hierzu drei getrennte Arbeitsschritte. Zuerst berechnen wir mit Hilfe der Prozedur „AGGREGATE" die entsprechenden Gruppenmittelwerte und speichern sie in der externen SPSS-Datendatei „NELS10AG.SAV". Den zugehörigen SPSS-Befehl entnehmen wir aus dem im Datenmenü enthaltenen „Aggregieren ..."-Untermenü:

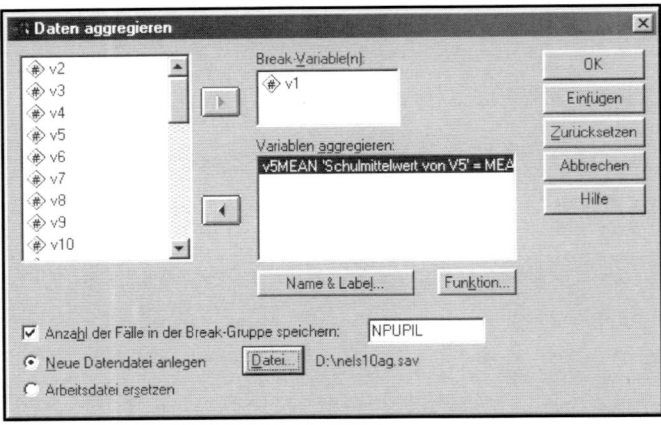

Abb. 24:   SPSS-Menü: Daten aggregieren

Für die Aggregierung von Individualdaten stellt SPSS die folgenden Funktionen
zur Verfügung, die im „Funktion..."-Menü enthalten sind.

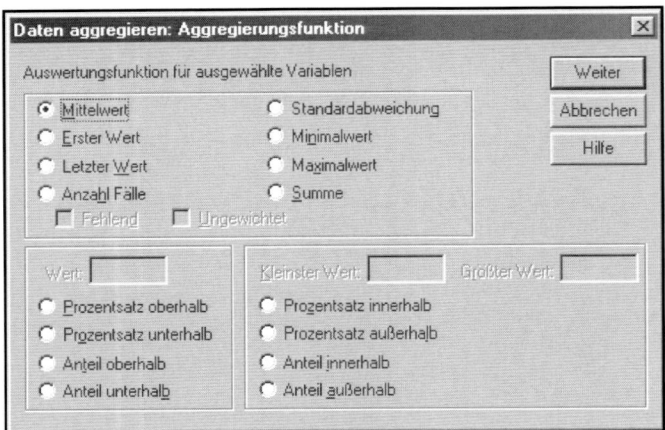

Abb. 25:   SPSS-Untermenü: Aggregierungsfunktion

Um später eine „ökologische Regression" zwischen den Schulen zu berechnen, benötigen wir ebenfalls den Mittelwert der abhängigen Variablen V9 (Punktanzahl im Mathematiktest) auf der Schulebene. Zusätzlich übernehmen wir die Unterscheidung zwischen privaten und öffentlichen Schulen (PUBLIC), die für die Schüler ein und derselben Schule bereits ein Kontextmerkmal darstellt. Der Wert dieser Dummyvariablen variiert nur zwischen der Schulen aber nicht innerhalb derselben. Daher übernehmen wir einfach den ersten oder letzten Wert für die Aggregierung. Zusätzlich speichert SPSS die Kontextkennung (Break-Variable) V1 und die Anzahl der Schüler der jeweiligen Schule in der Variablen NPUPIL ab. Für die Aggregierung auf der Schulebene benötigen wir den folgenden SPSS Befehl:

```
AGGREGATE
/OUTFILE='D:\multilev\spss\nels10agg.sav'
/BREAK=v1
/v5mean 'Leistungsnorm für Hausaufgaben' = MEAN(v5)
/v9mean 'Schulmittelwert Mathematiktest' = MEAN(v9)
/dpublic 'Öffentliche vs. Privatschule' = FIRST(public)
/NPUPIL=N.
EXECUTE.
```

Um die aggregierten Kontextmerkmale wieder auf der Schülerebene zu disaggregieren, spiegeln wir die berechneten Schulmittelwerte auf der Ebene ihrer Schüler. Hierzu ist es erforderlich, die unterschiedlichen Datendateien der Schüler- und Schulebene dergestalt miteinander zu verknüpfen, dass die Mittelwerte der Schulen für ihre jeweiligen Schüler dupliziert werden. Im Rahmen der Menüsteuerung verknüpft SPSS Dateien nur auf derselben Analyseebene miteinander. Den zugehörigen Befehl entnehmen wir aus der „Datei-Menügruppe", Untermenü „Dateien zusammenfügen – Variablen hinzufügen".

Beide Dateien fügen wir mit Hilfe der Schlüsselvariablen V1 zusammen, welche die Schulkennziffer enthält. Voraussetzung hierfür ist aber, dass wir zuvor beide Dateien jeweils nach dieser Schlüsselvariablen in aufsteigender Reihenfolge sortiert haben. Wenn wir im SPSS-Untermenü: „Variablen hinzufügen aus..." den Aktionsschalter „Einfügen" drücken, erhalten wir den zugehörigen „MATCH FILES"-Befehl von SPSS.

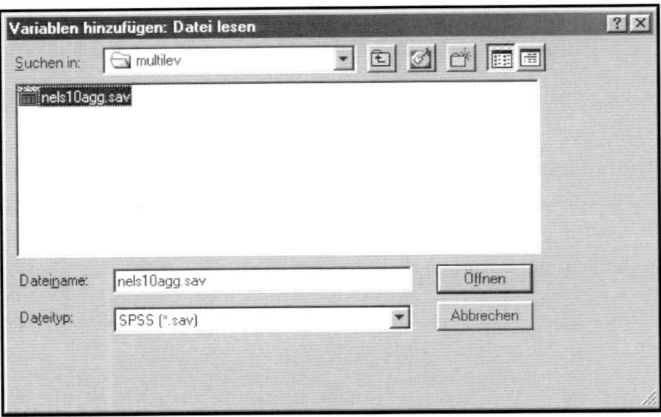

Abb. 26:　SPSS-Menü: Variablen hinzufügen: Datei lesen

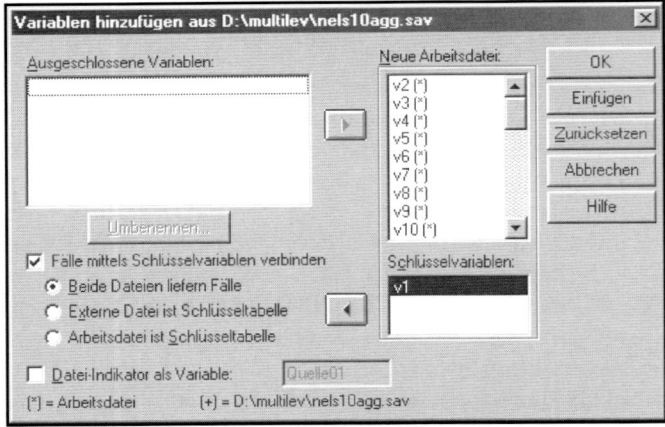

Abb. 27:　SPSS-Untermenü: Variablen hinzufügen aus ...

```
MATCH FILES /FILE=*
 /FILE='D:\multilev\spss\nels10agg.sav'
  /BY v1.
EXECUTE.
```

Um die Schulmittelwerte auf der Schülerebene zu duplizieren, ersetzen wir den Unterfehl „/FILE=" durch die Angabe „/TABLE=". SPSS spiegelt dann die aggregierten Kontextmerkmale der Schule *j* auf die Ebene ihrer Schüler *ij*. Mit Hilfe der Option „/MAP" fordern wir ein Protokoll der Dateiverknüpfung an.

```
MATCH FILES /FILE=*
/TABLE='D:\multilev\spss\nels10agg.sav'
/BY v1
/MAP.
EXECUTE.
```

Bevor wir das Cronbach-Webb-Modell schätzen, zentrieren wir zunächst die Wochenstunden für Mathematikhausaufgaben der Schüler auf der Schulebene sowie das geforderte Leistungspensum der Schule am Gesamtdurchschnitt aller Schüler. Wir benötigen hierzu die beiden folgenden „COMPUTE"-Befehle. Da SPSS bei Datentransformationen nur zeilenorientiert arbeitet, kann es den Gesamtmittelwert nicht im Rahmen eines „COMPUTE"-Befehls direkt berechnen. Wir ermitteln daher in einem Zwischenschritt zunächst die Gruppenmittelwerte sowie den Gesamtmittelwert für V5 und V9. Wir benötigen hierzu die folgenden SPSS-Befehle:

```
* Basic Tables.
TABLES
/FORMAT BLANK MISSING('.')
/OBSERVATION v9 v5
/FTOTAL $t 'Gruppen-Gesamtwert'
/TABLES (v1 > (v9 + v5) +  $t )
BY (STATISTICS)
/STATISTICS
mean( (F5.2)) stddev((F5.2)) count( ( F5.0 )).

COMPUTE v5grc = v5-v5mean .
VARIABLE LABELS v5grc 'V5 Gruppenzentriert (Schule)' .
EXECUTE .

COMPUTE v5m_gmc = v5mean-2.02 .
VARIABLE LABELS v5m_gmc 'V5 Schulnorm Grand Mean Centered' .
EXECUTE .
```

Nun erfolgt die eigentliche Schätzung des Cronbach-Webb-Modells mit SPSS:

```
* Schätzung des Cronbach & Webb-Modells.
REGRESSION
 /DESCRIPTIVES MEAN STDDEV CORR SIG N
 /MISSING LISTWISE
 /STATISTICS COEFF OUTS R ANOVA
 /CRITERIA=PIN(.05) POUT(.10)
 /NOORIGIN
 /DEPENDENT v9
 /METHOD=ENTER v5grc v5m_gmc
 /SAVE PRED(PYREG5) .

* Grafiken unzentriert.
GRAPH
 /SCATTERPLOT(BIVAR)=v5mean WITH pyreg5 BY v1
 /MISSING=LISTWISE .

GRAPH
 /SCATTERPLOT(BIVAR)=v5 WITH pyreg5 BY v1
 /MISSING=LISTWISE .

* Grafiken zentriert.

GRAPH
 /SCATTERPLOT(BIVAR)=v5m_gmc WITH pyreg5 BY v1
 /MISSING=LISTWISE .

GRAPH
 /SCATTERPLOT(BIVAR)=v5grc WITH pyreg5 BY v1
 /MISSING=LISTWISE .
```

Bei der Zentrierung des spezifischen Hausaufgabenpensums der Schule j ziehen wir von ihm den Gesamtmittelwert aller 260 Schüler von 2,02 Stunden pro Woche ab. Nach den Zentrierungen schätzen wir das Cronbach-Webb-Modell und stellen seine Ergebnisse für die einzelnen Analyseebenen dar:

			Mittelwert	Standard-abweichung	Anzahl
Schulen	A	math score	45,74	7,53	23
		time spent on math homework	1,39	1,12	23
	B	math score	42,15	8,32	20
		time spent on math homework	2,35	1,31	20
	C	math score	53,25	11,52	24
		time spent on math homework	1,33	1,13	24
	D	math score	43,55	10,01	22
		time spent on math homework	1,54	1,50	22
	E	math score	49,36	8,44	22
		time spent on math homework	,36	,77	22
	F	math score	46,40	4,32	20
		time spent on math homework	1,15	,81	20
	G	math score	62,32	5,68	67
		time spent on math homework	3,30	1,72	67
	H	math score	49,67	10,34	21
		time spent on math homework	2,10	1,14	21
	I	math score	46,33	9,55	21
		time spent on math homework	1,33	,91	21
	J	math score	47,85	11,30	20
		time spent on math homework	1,60	1,43	20
Gesamtstich-probe		math score	51,30	11,14	260
		time spent on math homework	2,02	1,55	260

Für das Cronbach-Webb-Modell erhalten wir das folgende SPSS-Ausgabeproto-koll, das neben den deskriptiven Statistiken, die Korrelationen der zentrierten Prädiktoren, die Modellanpassung sowie die Regressionskoeffizienten enthält.

Deskriptive Statistiken

	Mittelwert	Standard-abweichung	N
math score	51,3000	11,13563	260
V5 Gruppenzentriert (Schule)	,0000	1,30177	260
V5 Schulnorm Grand Mean Centered	,0031	,84049	260

Korrelationen

	math score	V5 Gruppen-zentriert (Schule)	V5 Schulnorm Grand Mean Centered
math score	1,000	,250	,529
V5 Gruppenzentriert (Schule)	,250	1,000	,000
V5 Schulnorm (Grand Mean Centered)	,529	**,000**	1,000

Modellzusammenfassung

Modell	R	R-Quadrat	Korrigiertes R-Quadrat	Standardfehler des Schätzers
1	,585	,343	,338	9,0631

ANOVA

Modell		Quadrat-summe	df	Mittel der Quadrate	F	Signifi-kanz
1	Regression	11006,616	2	5503,308	66,999	,000
	Residuen	21109,984	257	82,140		
	Gesamt	32116,600	259			

Koeffizienten

		B	Standarc-fehler	Beta	T	Signifi-kanz
1	(Konstante)	51,278	,562		91,231	,000
	V5 Gruppenzentriert (Schule)	2,137	,433	,250	4,939	,000
	V5 Schulnorm Grand Mean Centered	7,015	,670	,529	10,469	,000

Durch die von Cronbach & Webb vorgeschlagenen Zentrierungen haben wir die Mittelwerte des individuellen Arbeitsaufwands (V5 Gruppenzentriert) und des kollektiven Hausaufgabenpensums (V5 Schulnorm Grand Mean Centered) faktisch in den Nullpunkt verschoben. Ebenfalls gelingt es den Autoren, die Multikollinearität beider Merkmalstypen vollständig zu beseitigen, da die Korrelation zwischen dem exogenen Individual- und Kollektivmerkmal in der zugehörigen SPSS-Tabelle nunmehr Null ist. Beide Merkmale sind folglich statistisch unabhängig voneinander.

Mit einem Anteil von 34,3 % gebundener Varianz des Mathematiktestergebnisses verfügt das Modell über eine deutlich schlechtere Anpassung als das Kovarianzmodell ohne (49,9 %) bzw. mit schulspezifischen Interaktionseffekten (67,8 %). Der F-Test weist zwar diesen Informationsgewinn als statistisch signifikant aus, aufgrund der hierarchischen Datenstruktur ist aber die Voraussetzung unkorrelierter Fehlerterme verletzt. Daher empfiehlt es sich, auf eine Interpretation des F- und T-Tests zu verzichten.

Sowohl die individuelle Übererfüllung der Schulnorm als auch die Schulnorm selbst weisen einen positiven Effekt auf die Mathematiktestergebnisse aus. Für jede Stunde, die ein Schüler zusätzlich in die Erledigung seiner Hausaufgaben investiert als von ihm erwartet wird, kann er im Durchschnitt mit einer Verbesserung seines Testergebnisses um 2,14 Punkte rechnen. Wir erwarten für jede weitere Stunde, welche die eigene Schulnorm das allgemeine Hausaufgabenpensum aller Schulen übersteigt, eine Verbesserung des Testergebnisses um durchschnittlich 7,02 Punkte. Damit übt das kollektive Hausaufgabenpensum auf das Testergebnis einen mehr als dreimal höheren Einfluss als der individuelle Fleiß des Schülers aus. Als kritisch erweist sich die Interpretation der Regressionskonstanten, da sie gleichzeitig die Effekte der Gruppenmittelwerte und des Gesamtmittelswerts abbildet. Hierdurch entzieht sie sich einer eindeutigen Interpretation.

Die Abbildungen 28 und 29 stellen den Effekt des exogenen Individual- und Kontextmerkmals wöchentlicher Hausaufgabenaufwand auf das erwartete Testergebnis in der ursprünglichen Maßeinheit und ihrer jeweiligen Zentrierung dar. Wie den Abbildungen zu entnehmen ist, ändert sich durch die Zentrierung nicht die Steigung der Regressionsgeraden. Lediglich der gruppenspezifische und Gesamtmittelwert werden in den Nullpunkt der X-Achse verschoben, wodurch der zugehörige Erwartungswert das Testergebnis derjenigen fleißigen Schüler erfasst, deren Schulnorm der allgemeinen Leistungsnorm entspricht.

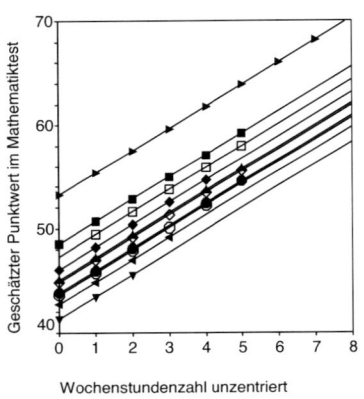
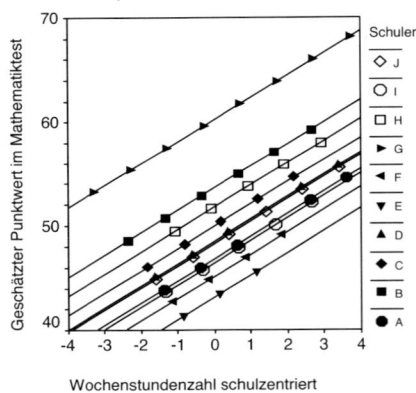

Abb. 28:   Cronbach-Webb-Modell mit   *Abb. 29:   Cronbach-Webb-Modell mit*
*   unzentrierten Prädiktoren*   *   zentrierten Prädiktoren*
*   (n=260; R²=34,3 %)*   *   (n=260; R²=34,3 %)*

Das von Cronbach & Webb entwickelte Modell weist zwei entscheidende Nachteile auf. Es berücksichtigt erstens nicht adäquat die hierarchische Datenstruktur, wie sie in der Schüler-in-seiner-Schule-Relation empirisch gegeben ist. Hierdurch berechnet SPSS bei der Kleinsten-Quadrate-Schätzung Standardfehler für die Regressionsparameter, die zu gering ausfallen. Dies führt dazu, dass wir fälschlicherweise Effekte exogener Merkmale als statistisch signifikant einstufen, die es in Wirklichkeit nicht sind. Zweitens berücksichtigen Cronbach & Webb nicht die Interaktion zwischen dem exogenen Individual- und Kontextmerkmalen, wie sie Davis et al. (1961) in ihrem Typus IV A bis C idealtypisch dargestellt haben. Von unseren Kovarianzanalysen wissen wir aber, dass solche Interaktionen vorliegen und daher in einem Mehrebenenmodell adäquat zu berücksichtigen sind.

3.8   Das Mehrebenenmodell von Boyd & Iversen

Boyd & Iversen (1979, 1991) greifen bei der Formulierung ihres Kontextmodells die Defizite des Ansatzes von Cronbach & Webb dergestalt auf, dass sie ausdrücklich die Interaktion der exogenen Individual- und Kontextmerkmale berücksichtigen. Dieser spezielle Interaktionseffekt zwischen den Ebenen wird im Englischen als „cross-level interaction" bezeichnet. Im Sinne Davis' lässt sich mit seiner Hilfe abschätzen, in welche Richtung und wie stark das Kontextmerkmal den Effekt des Individualmerkmals auf das Kriterium moderiert.

(7) *Das Mehrebenenmodell von Boyd & Iversen (1979) mit exogenen Individual-, Kollektivmerkmalen und der Cross-Level-Wechselwirkung*

1) *Das kontextbasierte Modell (anchored model):*

$$Y_{ij} = b_0 + b_1 * (X_{ij}) + b_2 * (\bar{X}_{.j}) + b_3 * (X_{ij} * \bar{X}_{.j}) + e_{ij}$$

2) *Das zentrierte Modell (centered model):*

$$Y_{ij} = b_0 + b_1 * (X_{ij} - \bar{X}_{.j}) + b_2 * (\bar{X}_{.j} - \bar{X}_{..})$$
$$+ b_3 * ((X_{ij} - \bar{X}_{.j}) * (\bar{X}_{.j} - \bar{X}_{..})) + e_{ij}$$

Legende:

Y_{ij}:   *Messwert der Variablen Y des Schülers i in Schule j*

X_{ij}:   *Messwert der Variablen X des Schülers i in Schule j*

$\bar{X}_{.j}$:   *Mittelwert der Variablen X der Schule j*

$X_{ij} - \bar{X}_{.j}$:   *Zentrierung der Variablen X des Schülers i am*
                    Mittelwert seiner Schule j

$\bar{X}_{..}$:   *Mittelwert der Variablen X über alle Schüler i und*
                    Schulen j (Grand Mean)

$\bar{X}_{.j} - \bar{X}_{..}$:   *Zentrierung des Schulmittelwertes von X am Grand Mean*
                    aller Schüler i in den Schulen j

e_{ij}:   *Residuum des Schülers i in Schule j*

Zur Bestimmung dieser „Cross-Level"-Wechselwirkung schlagen Boyd & Iversen (1979) zwei Analysestrategien vor. Bei ersterer führen sie eine gemeinsame, gepoolte Regressionsanalyse aller Fälle *i* über alle Kontexte *j* durch und berücksichtigen die Cross-Level-Wechselwirkung über eine zusätzliche Hilfsvariable, die sie durch die fallweise Multiplikation der exogenen Individual- und Kollektivmerkmale gebildet haben. Hierfür bilden sie das Produkt aus dem Messwert des Schülers i an der Schule j und dem zugehörigen Mittelwert der Schule j. Sie erweitern das Cronbach-Webb-Modell um diese spezielle Hilfsvariable, deren Regressionskoeffizient b_3 die Verstärkung bzw. Abschwächung des Effektes der exogenen Variablen durch das Kontextmerkmal erfasst. Da der Schulmittelwert als Kontextmerkmal eine Funktion der individuellen Messwerte der Schüler darstellt, ist mit einer hohen Multikollinearität beider Merkmale zu rechnen. Dies führt zu einer erheblichen Verzerrung der Kleinste-Quadrate-Schätzer.

> „A more serious problem arises because the explanatory variables are usually intercorrelated, making it difficult to untangle their unique contributions to the explanation of the dependent variables. This problem of multicollinearity is encountered in virtually all multivariate analyses. But because the individual-level variable X, the group variable $\bar{x}$, and the interaction variable X•$\bar{x}$ are transformations of each other, it is especially serious in contextual analysis." (Boyd & Iverson 1979: 58)

Beide Autoren greifen daher den Zentrierungsvorschlag von Cronbach & Webb auf. Zunächst zentrieren sie den Messwert jedes Schülers i am Mittelwert seiner Schule j. Danach zentrieren sie den Schulmittelwert am Gesamtmittelwert aller Schüler. Anschließend multiplizieren sie die beiden zentrierten exogenen Individual- und Kollektivmerkmale, um die Hilfsvariable für die zugehörige Cross-Level-Wechselwirkung zu erhalten. Durch diese spezielle Transformation erreichen wir, dass das Individual-, das Kollektiv- sowie das Interaktionsmerkmal stochastisch unabhängig voneinander sind. Die zugehörigen Regressionskoeffizienten b_0, b_1, b_2 sowie b_3 ermitteln die Autoren anschließend mit Hilfe der Kleinsten-Quadrate-Schätzung.

Zur Bestimmung der Cross-Level-Wechselwirkung schlagen Boyd & Iversen einen alternativen Lösungsansatz vor, bei dem sie zunächst für jeden einzelnen Kontext eine separate Within-Regression schätzen. Hierdurch erhalten sie für jede Schule j eine eigene Regressionskonstante b_{0j} und einen eigenen Steigungskoeffizienten b_{1j}. Boyd & Iversen betrachten diese kontextspezifischen Parameter als Zufallsvariablen, deren Varianz sich aus den spezifischen Kontextmerkmalen erklären lässt. Hierzu benötigen sie drei Gleichungen, deren Koeffizienten sie jeweils mit Hilfe der Kleinste-Quadrate-Methode ermitteln.

(8) *Schätzung des Cross-Level-Effektes über separate Within-Regressionen (anchored model)*

$$1)\ Y_{ij} = b_{0j} + b_{1j}*X_{ij} + e_{ij}$$

Legende:

b_{0j}: *Regressionskonstante der Schule j*
b_{1j}: *Regressionskoeffizient der Schule j für das Merkmal X*
e_{ij} : *Residuum des Schülers i der Schule j*

(9) *Erklärung der Variation von b_{0j} und b_{1j} durch das Kontextmerkmal Z_j*

2) *Intercept-as-Outcome Model:*

$$b_{0j} = \gamma_{00} + \gamma_{01}*Z_j + u_{0j}$$

3) *Slope-as-Outcome Model:*

$$b_{1j} = \gamma_{10} + \gamma_{11}*Z_j + u_{1j}$$

Legende:

γ_{00}: *Regressionskonstante bei Vorhersage der kontextspezifischen Regressionskonstanten*
γ_{01}: *Steigungskoeffizient des Kontextmerkmals Z bei der Vorhersage der kontextspezifischen Regressionskonstanten*
Z_j: *Kontextmerkmal Z der Gruppe j*
u_{0j}: *Residuum des Kontextes j bei der Vorhersage seiner Regressionskonstanten b_{0j}*
γ_{10}: *Regressionskonstante bei Vorhersage der kontextspezifischen Steigung b_{1j}*
γ_{11}: *Steigungskoeffizient des Kontextmerkmals Z bei der Vorhersage der kontextspezifischen Steigung b_{1j}*
u_{1j}: *Residuum des Kontextes j bei der Vorhersage seiner Steigung b_{1j}*

Mit Hilfe dieses 3-Gleichungsmodells ermitteln Boyd & Iversen die Wirkung des Kontextmerkmals Z sowohl auf die kontextspezifische Regressionskonstante b_{0j} als auch auf die kontextspezifische Steigung b_{1j}. Sind die beiden Regressionskoeffizienten γ_{01} und γ_{11} faktisch Null, so beeinflusst das Kontextmerkmal Z weder die

Niveauunterschiede der Gruppen noch den Effekt des exogenen Individualmerkmals X auf die Kriteriumsvariable Y. Weicht nur der Koeffizient γ_{01} signifikant von Null ab, so führt das Kontextmerkmal Z lediglich zu Gruppenunterschieden im Hinblick auf die Kriteriumsvariable. Ist hingegen der Koeffizient γ_{11} signifikant von Null verschieden, so liegt ein Cross-Level-Wechselwirkungseffekt vor. Ein positives Vorzeichen indiziert eine Verstärkung des Individualeffektes von X durch das Kontextmerkmal Z, während ein negatives Vorzeichen eine Abschwächung der Wirkung von X durch Z anzeigt.

Da Boyd & Iversen in der Tradition von Davis und Blau zumeist den Mittelwert des Individualmerkmals X als Kontextmerkmal verwenden, haben sie für ihren Separate-Equation-Ansatz ebenfalls ein balanciertes Design entwickelt. Für die separaten Within-(Binnen-)-Regressionsmodelle der einzelnen Kontexte zentrieren sie zunächst die exogene Variable X an ihrem eigenen Gruppenmittelwert. Wie bereits dargestellt, führt dies dazu, dass sich lediglich die Interpretation der Regressionskonstanten als bedingter Erwartungswert ändert. Die Regressionskonstante b_{0j} gibt nun an, welchen Wert wir für die abhängige Variable Y erwarten können, wenn es sich um den Durchschnittsfall von X im Kontext j handelt. Hingegen ändert sich die Interpretation des Steigungskoeffizienten b_{1j} für den Kontext j nicht. Er gibt wie im unzentrierten Fall an, um welchen Wert sich Y im Durchschnitt ändert, wenn X um eine natürliche Einheit zunimmt.

(10)   *Schätzung des Cross-Level-Effektes über separate Within-Regressionen (balanced model)*

$$1)\ Y_{ij} = b_{0j} + b_{1j} * (X_{ij} - \bar{X}_j) + e_{ij}$$

Legende:

b_{0j}: *Regressionskonstante der Schule j*
b_{1j}: *Regressionskoeffizient der Schule j für das*
        am Gruppenmittelwert zentrierte Merkmal X
e_{ij}: *Residuum des Schülers i der Schule j*

Für die Vorhersage der kontextspezifischen Regressionskonstanten b_{0j} und Steigungskoeffizienten b_{1j} verwenden Boyd & Iversen im balancierten Design die Grand-Mean-zentrierten Gruppenmittelwerte. Hierdurch ändert sich die Interpretation der γ_{01}- und γ_{11}- Regressionskoeffizienten, die nunmehr den Effekt der relativen Abweichung vom Gesamtmittelwert der exogenen Variablen X angeben. Sie erfassen jetzt den Erwartungswert für die kontextspezifischen Regressionskonstante b_{0j} bzw. den Steigungskoeffizienten b_{1j}, wenn der Gruppenmittelwert des Kontextes j im Vergleich zum Gesamtmittelwert des exogenen Merkmals X um genau eine Einheit zunimmt. Die Gleichungen der Regressionsmodelle für die Vorsage der kontextspezifischen Regressionskonstanten b_{0j} und Steigungskoeffizienten b_{1j} ändern sich im balancierten Design daher folgendermaßen:

(11)   *Erklärung der Variation von b_{0j} und b_{1j} durch das am Grand-Mean-zentrierte Kontextmerkmal Z_j*

$$Grand-Mean-Zentrierung \; von \; Z_j: (\bar{X}_j - \bar{X}_{..})$$

2b) *Intercept-as-Outcome Model:*

$$b_{0j} = \gamma_{00} + \gamma_{01}*(\bar{X}_j - \bar{X}_{..}) + u_{0j}$$

3b) *Slope-as-Outcome Model:*

$$b_{1j} = \gamma_{10} + \gamma_{11}*(\bar{X}_j - \bar{X}_{..}) + u_{1j}$$

Im folgenden Exkurs veranschaulichen Boyd & Iversen (1979) die Wirkung von Indiviudal- und Kontexteffekten im Sinne Davis' anhand fiktiver Datensätze, die jeweils aus vier Befragten in vier Städten bestehen. Bei der abhängigen Variable handelt es sich um einen Devianzscore, der angibt, in welchem Maße sich der Befragte bereits abweichend verhalten hat. Sein Wertbereich reicht von Null bis Hundert.

Als unabhängige Variable verwendet Boyd & Iversen die Selbsteinstufung des Befragten im Hinblick auf die von ihm gezeigte Toleranz gegenüber deviantem Verhalten. Sie umfasst einen Wertebereich von Null bis Zehn, wobei der Nullpunkt der vollständigen Ablehnung abweichenden Verhaltens entspricht.

In ihrem Beispielen dokumentieren Boyd & Iversen neben den Schätzern der separaten Within-Regressionen ebenfalls diejenigen ihres Mehrebenenansatzes, wobei sie zwischen dem Eingleichungsmodell und den Intercept-as-Outcome-/ Slope-as-Outcome-Ansatz unterscheiden. Für ihre Beispiele verwenden sie jeweils die kontextbasierte Variante ihres Mehrebenenmodells.

a)   Vorliegen des alleinigen Effekts des exogenen Individualmerkmals

Tabelle 6: Fiktive Daten und Regressionskoeffizienten der 4-Städte-Studie für den alleinigen Effekt des exogenen Individualmerkmals (nach: Boyd & Iversen 1979: 39)

Stadt j	Devianz-wert Y_{ij}	Toleranz-wert X_{ij}	Mittelwert Toleranz Stadt j ($\overline{x_j}$)	Regressionsgeraden der Städte $Y_{ij} = b_{0j} + b_{1j} * X_{ij} + e_{ij}$
1	25	0	2	$Y_{i1} = 25{,}0 + 6{,}5 * X_{i1} + e_{i1}$
	53	2	2	
	23	2	2	$R^2 = 0{,}430$
	51	4	2	
2	38	2	4	$Y_{i2} = 25{,}0 + 6{,}5 * X_{i2} + e_{i2}$
	66	4	4	
	36	4	4	$R^2 = 0{,}430$
	64	6	4	
3	51	4	6	$Y_{i3} = 25{,}0 + 6{,}5 * X_{i3} + e_{i3}$
	79	6	6	
	49	6	6	$R^2 = 0{,}430$
	77	8	6	
4	64	6	8	$Y_{i4} = 25{,}0 + 6{,}5 * X_{i4} + e_{i4}$
	92	8	8	
	62	8	8	$R^2 = 0{,}430$
	90	10	8	

Separate Gleichungen: *Regressionskonstante*: $b_{0j} = \gamma_{00} + \gamma_{01} * \overline{X}_j + u_{0j}$
$= 25{,}0 + 0{,}0 * \overline{X}_j + u_{0j}$

Steigung: $b_{1j} = \gamma_{11} + \gamma_{01} * \overline{X}_j + u_{1j}$
$= 6{,}5 + 0{,}0 * \overline{X}_j + u_{1j}$

Einzelgleichung: $Y_{ij} = b_0 + b_1 * X_{ij} + b_2 * \overline{X}_j + b_3 * (X_{ij} * \overline{X}_j) + e_{ij}$, $R^2 = 0{,}724$
$= 25{,}0 + 6{,}5 * X_{ij} + 0{,}0 * \overline{X}_j + 0{,}0 * (X_{ij} * \overline{X}_j) + e_{ij}$

Nichtkontextuelle Gleichung: $Y_i = b_0 + b_1 * X_i + e_i$, $R^2 = 0{,}851$
$= 25{,}0 + 6{,}5 * X_i + e_i$

Die vier Within-Regressionen unterscheiden sich weder in Bezug auf ihre Regressionskonstante noch hinsichtlich ihres Steigungskoeffizienten. Der Mittelwert als Kontextmerkmal übt weder im Intercept- / Slope-as-Outcome-Ansatz noch im Eingleichungsmodell einen Effekt auf das selbstberichtete abweichende Verhalten aus. Da der Mittelwert von X keinen Einfluss auf die selbstberichtete Delinquenz ausübt, verlaufen die zum Intercept-as-Outcome- bzw. Slope-as-Outcome-Regressionsmodell gehörenden Geraden parallel zur X-Achse, auf der die Mittelwerte als Kontextmerkmale abgetragen sind. In Abbildung 30 entsprechen die Punkte auf den vier Regressionsgeraden den jeweiligen Gruppenmittelwerten. Die Geraden selbst sind versetzt dargestellt, um sie voneinander unterscheiden zu können.

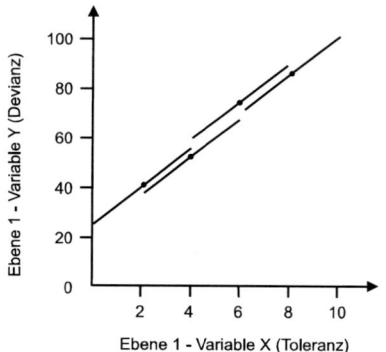 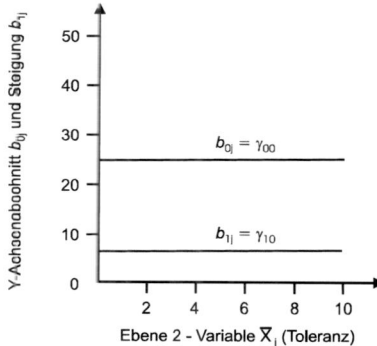

Abb. 30: Darstellung des reinen Individualeffekts im Eingleichungsmodell
(nach Boyd & Iversen 1979: 40)

Abb. 31: Der Individualeffekt im Intercept- /
Slope-as-Outcome-Modell (a.a.O.)

b)   Vorliegen des alleinigen Effekts des exogenen Kollektivmerkmals

Tabelle 7: Fiktive Daten und Regressionskoeffizienten der 4-Städte-Studie für den alleinigen
Effekt des exogenen Kollektivmerkmals (nach: Boyd & Iversen 1979: 41)

Stadt j	Devianz- wert Y_{ij}	Toleranz- wert X_{ij}	Mittelwert Toleranz Stadt j $(\overline{x}_j)$	Regressionsgeraden der Städte $Y_{ij} = b_{0j} + b_{1j} * X_{ij} + e_{ij}$
1	23	0	2	$Y_{i1} = 23{,}0 + 0{,}0 * X_{i1} + e_{i1}$
	38	2	2	
	8	2	2	$R^2 = 0{,}00$
	23	4	2	
2	36	2	4	$Y_{i2} = 36{,}0 + 0{,}0 * X_{i2} + e_{i2}$
	51	4	4	
	21	4	4	$R^2 = 0{,}00$
	36	6	4	
3	49	4	6	$Y_{i3} = 49{,}0 + 0{,}0 * X_{i3} + e_{i3}$
	64	6	6	
	34	6	6	$R^2 = 0{,}00$
	49	8	6	
4	62	6	8	$Y_{i4} = 62{,}0 + 0{,}0 * X_{i4} + e_{i4}$
	77	8	8	
	47	8	8	$R^2 = 0{,}00$
	62	10	8	

Separate Gleichungen: *Regressionskonstante*:
$$b_{0j} = \gamma_{00} + \gamma_{01} * \overline{X}_j + u_{0j}$$
$$= 10{,}0 + 6{,}5 * \overline{X}_j + u_{0j}$$

Steigung:
$$b_{1j} = \gamma_{10} + \gamma_{11} * \overline{X}_j + u_{1j}$$
$$= 0{,}0 + 0{,}0 * \overline{X}_j + u_{1j}$$

Einzelgleichung:
$$Y_{ij} = b_0 + b_1 * X_{ij} + b_2 * \overline{X}_j + b_3 * (X_{ij} * \overline{X}_j) + e_{ij}$$
$$= 10{,}0 + 0{,}0 * X_{ij} + 6{,}5 * \overline{X}_j + 0{,}0 * (X_{ij} * \overline{X}_j) + e_{ij} \quad , R^2 = 0{,}652$$

Nichtkontextuelle Gleichung:
$$Y_i = b_0 + b_1 * X_i + e_i$$
$$= 19{,}29 + 4{,}64 * X_i + e_i \quad , R^2 = 0{,}466$$

Die vier Within-Regressionsmodelle unterscheiden sich lediglich im Hinblick auf
ihre Regressionskonstanten. Der Individualeffekt der Toleranzeinstellung ist in

allen vier Städten faktisch nicht vorhanden. Dies zeigt sich ebenfalls im Slope-as-Outcome-Modell, bei dem die Regressionskonstante γ_{10} ebenfalls Null ist. Die Unterschiede der Toleranzmittelwerte der vier Städte erklären lediglich die Varianz der kontextspezifischen Regressionskonstanten b_{0j}. In einer Nulltoleranzstadt erwarten wir im Durchschnitt einen individuellen Devianzscore von 10 Punkten. Pro Zunahme des Toleranzklimas um jeweils eine Einheit erwarten wir einen Anstieg der kontextspezifischen Regressionskonstanten um 6,5 Devianzpunkte. Dies bedeutet inhaltlich, dass mit einer Zunahme des Toleranzklimas die selbstberichtete Delinquenz aller Befragten steigt, wobei gleichzeitig die individuelle Toleranzselbsteinschätzung keinen Einfluss ausübt. Die vier Regressionsgeraden der Städte verlaufen folglich in Abbildung 32 parallel zur X-Achse. Ebenfalls liegt die Regressionsgerade des Slope-as-Outcome-Modells in Abbildung 33 direkt auf der X-Achse, da der zugehörige Steigungskoeffizient γ_{11} ebenfalls Null ist.

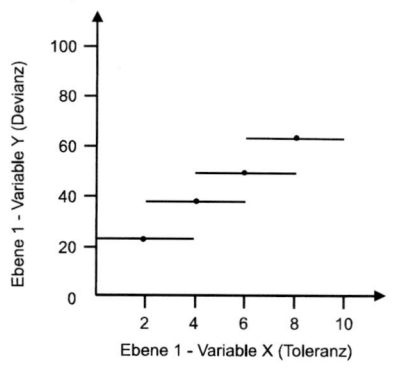

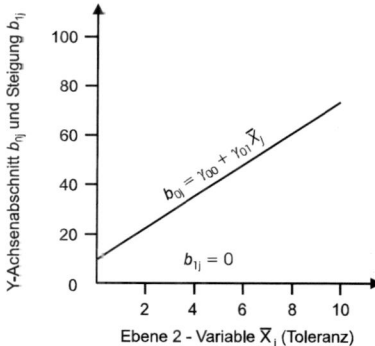

Abb. 32: *Darstellung des alleinigen Kontext effekts im Eingleichungsmodell (nach Boyd & Iversen 1979: 42)*

Abb. 33: *Der Kontexteffekt im Intercept- / Slope-as-Outcome-Modell (a.a.O.)*

c)   Vorliegen eines unabhängigen Individual- und Kontexteffektes

Tabelle 8: Fiktive Daten und Regressionskoeffizienten der 4-Städte-Studie für die unabhängigen Effekte der exogenen Individual- und Kollektivmerkmale (nach: Boyd & Iversen 1979: 46)				
Stadt j	Devianz-wert Y_{ij}	Toleranz-wert X_{ij}	Mittelwert Toleranz Stadt j $(\bar{x}_j)$	Regressionsgeraden der Städte $Y_{ij} = b_{0j} + b_{1j} * X_{ij} + e_{ij}$
1	10 36 6 32	0 2 2 4	2 2 2 2	$Y_{i1} = 10,0 + 5,5 * X_{i1} + e_{i1}$ $R^2 = 0,350$
2	31 57 27 53	2 4 4 6	4 4 4 4	$Y_{i2} = 20,0 + 5,5 * X_{i2} + e_{i2}$ $R^2 = 0,350$
3	52 78 48 74	4 6 6 8	6 6 6 6	$Y_{i3} = 30,0 + 5,5 * X_{i3} + e_{i3}$ $R^2 = 0,350$
4	73 99 69 95	6 8 8 10	8 8 8 8	$Y_{i4} = 40,0 + 5,5 * X_{i4} + e_{i4}$ $R^2 = 0,350$

Separate Gleichungen:	*Regressionskonstante*: $b_{0j} = \gamma_{00} + \gamma_{01} * \bar{X}_j + u_{0j}$ $= 0,0 + 5,0 * \bar{X}_j + u_{0j}$ *Steigung*: $b_{1j} = \gamma_{10} + \gamma_{11} * \bar{X}_j + u_{1j}$ $= 5,5 + 0,0 * \bar{X}_j + u_{1j}$
Einzelgleichung:	$Y_{ij} = b_0 + b_1 * X_{ij} + b_2 * \bar{X}_j + b_3 * (X_{ij} * \bar{X}_j) + e_{ij}$ $= 0,0 + 5,5 * X_{ij} + 5,0 * \bar{X}_j + 0,0 * (X_{ij} * \bar{X}_j) + e_{ij}$, $R^2 = 0,845$
Nichtkontextuelle Gleichung:	$Y_i = b_0 + b_1 * X_i + e_i$ $= 7,14 + 9,07 * X_i + e_i$, $R^2 = 0,795$

Beim Vorliegen eines unabhängigen Individual- und Kontexteffektes des exogenen Merkmals X unterscheiden sich die Steigungskoeffizienten der vier Within-

Regressionsmodelle mit einem Wert von jeweils +5,5 nicht voneinander. Jede Stadt hat lediglich eine andere Regressicnskonstante. Mit rd. 35 % erklärter Varianz des Devianzverhaltens ist die Modellanpassung in allen drei Städten identisch. Dies zeigt sich ebenfalls im Slope-as-Outcome-Regressionsmodell, dessen Steigungskoeffizient γ_{11} Null ist. Die zugehörige Regressionskonstante γ_{10} mit +5,5 gibt uns den Erwartungswert für die kontextspezifischen Steigungs-koeffizienten an. Beim Intercept-as-Outcome-Regressionsmodell ist der Y-Achsenabschnitt γ_{00} Null. Nimmt das Toleranzklima jeweils um einen Punktwert zu, so erhöht sich der Erwartungswert der kontextspezifischen Regressionskon-stanten b_{0j} um durchschnittlich 5,0 Delinquenzpunkte. Die Regressionsgeraden der vier Städte verlaufen parallel zueinander, wobei sie sich lediglich in ihrem Y-Achsenabschnitt unterscheiden. Diese Unabhängigkeit der Effekte zeichnet sich ebenfalls im Slope-as-Outcome-Modell ab, in dem die zugehörige Regressions-gerade parallel zur X-Achse verläuft und die Y-Achse im Punkt (0;5,5) schneidet. Die zum Intercept-as-Outcome-Modell gehörende Regressionsgerade verfügt über eine Steigung von +5,0 und schneidet im Nullpunkt die Y-Achse.

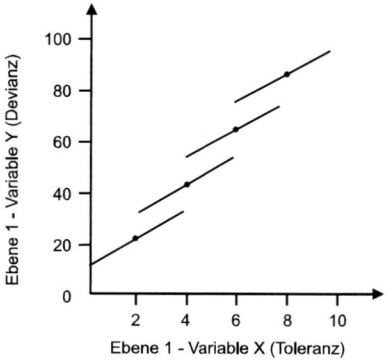

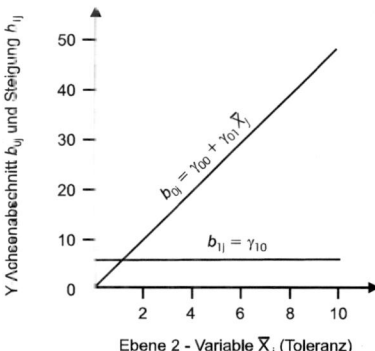

Abb. 34:   Darstellung der unabhängigen Indi-vidual- und Kontexteffekte im Eingleichungsmodell (nach Boyd & Iversen 1979: 47)

Abb. 35:   Die unabhängigen Individual- und Kontexteffekte im Intercept- / Slope-as-Outcome-Modell (a.a.O.)

d)   Vorliegen eines Individual-, Kontexteffektes und einer Cross-Level-Wechselwirkung beider Merkmalstypen

Tabelle 9: Fiktive Daten und Regressionskoeffizienten der 4-Städte-Studie für die Effekte der exogenen Individual- und Kollektivmerkmale sowie der Wechselwechselwirkung zwischen den Ebenen (nach: Boyd & Iversen 1979: 53)

Stadt j	Devianz-wert Y_{ij}	Toleranz-wert X_{ij}	Mittelwert Toleranz Stadt j $(\overline{x_j})$	Regressionsgeraden der Städte $Y_{ij} = b_{0j} + b_{1j} * X_{ij} + e_{ij}$
1	10	0	2	$Y_{i1} = 10{,}0 + 2{,}5 * X_{i1} + e_{i1}$
	30	2	2	
	0	2	2	$R^2 = 0{,}100$
	20	4	2	
2	24	2	4	$Y_{i2} = 16{,}0 + 4{,}0 * X_{i2} + e_{i2}$
	47	4	4	
	17	4	4	$R^2 = 0{,}221$
	40	6	4	
3	44	4	6	$Y_{i3} = 22{,}0 + 5{,}5 * X_{i3} + e_{i3}$
	70	6	6	
	40	6	6	$R^2 = 0{,}349$
	66	8	6	
4	70	6	8	$Y_{i4} = 28{,}0 + 7{,}0 * X_{i4} + e_{i4}$
	99	8	8	
	69	8	8	$R^2 = 0{,}465$
	98	10	8	

Separate Gleichungen: *Regressionskonstante*: $b_{0j} = \gamma_{00} + \gamma_{01} * \overline{X}_j + u_{0j}$
$$= 4{,}00 + 3{,}00 * \overline{X}_j + u_{0j}$$

Steigung: $b_{1j} = \gamma_{10} + \gamma_{11} * \overline{X}_j + u_{1j}$
$$= 1{,}00 + 0{,}75 * \overline{X}_j + u_{1j}$$

Einzelgleichung: $Y_{ij} = b_0 + b_1 * X_{ij} + b_2 * \overline{X}_j + b_3 * (X_{ij} * \overline{X}_j) + e_{ij}$
$$= 4{,}00 + 1{,}00 * X_{ij} + 3{,}00 * \overline{X}_j + 0{,}75 * (X_{ij} * \overline{X}_j) + e_{ij} \quad , \; R^2 = 0{,}865$$

Nichtkontextuelle Gleichung: $Y_i = b_0 + b_1 * X_i + e_i$
$$= -1{,}35 + 9{,}57 * X_i + e_i \quad , \; R^2 = 0{,}769$$

Das Vorliegen einer Cross-Level-Wechselwirkung zeichnet sich bereits deutlich beim Vergleich der Y-Achsenabschnitte und Steigungskoeffizienten der vier getrennten Within-Regressionen ab. Sie unterscheiden sich in allen vier Städten, wobei die Zunahme des Toleranzklimas zur Verstärkung des individuellen Toleranzeffektes führt, wie aus dem Vergleich der Stadtmittelwerte ersichtlich ist. Die Stadt 4 verfügt mit einem Mittelwert von 8 über das höchste Ausmaß an Toleranz, wobei der Effekt der individuellen Toleranzeinschätzung mit +7,0 am stärksten ausfällt. Umgekehrt hat die Stadt 1 niedrigsten Toleranzmittelwert von 2 und weist ebenfalls den niedrigsten Individualeffekt mit +2,5 auf. Diese wechselseitige Verstärkung bildet im Eingleichungsmodell der Regressionskoeffizient b_3 mit einem Wert von +0,75 ab. Er besagt, dass der gleichzeitige Anstieg der individuellen Toleranzeinschätzung und des kollektiven Toleranzklimas um jeweils einen Punktwert den gemeinsamen Effekt beider Ebenen zusätzlich um jeweils +0,75 Punkte verstärkt. Bei den Haupteffekten b_1 für die individuelle Toleranzeinschätzung und b_2 für das Toleranzklima der Gemeinde handelt es sich jetzt um bedingte oder konditionale Haupteffekte. Sie geben jeweils den Erwartungswert für Y an, wenn das betrachtete exogene Merkmal um eine natürliche Einheit zunimmt und die anderen unabhängigen Variablen gleichzeitig Null sind.[11] Folglich rechnen wir in einer Nulltoleranz-Stadt damit, dass die Zunahme der individuellen Toleranzeinschätzung um eine Einheit (b_1 = +1,0) nur zu einer Erhöhung der individuellen Delinquenzbereitschaft um einen ganzen Punkt führt. Unter der Bedingung, dass der Effekt der individuellen Toleranzeinschätzung Null ist, erwarten wir pro Zunahme des städtischen Toleranzklimas um eine natürliche Einheit eine Erhöhung der Devianzscore um durchschnittlich drei Punkte.

In Abbildung 36 ist der Interaktionseffekt zwischen exogenem Individual- und Kollektivmerkmal eindeutig daran erkennbar, dass die vier Regressionsgeraden der Städte nicht mehr zueinander parallel verlaufen, sondern dass sie unterschiedliche Steigungen und Y-Achsenabschnitte aufweisen. Hierbei zeigt sich, dass die Zunahme des Toleranzklimas, gemessen über das städtische Toleranzmittel, nicht nur zu einer deutlichen Verstärkung des individuellen Toleranzeffektes führt. Die Delinquenzwerte derjenigen Bürger, die deviantes Verhalten in keiner Weise tolerieren, nehmen ebenfalls deutlich zu, wie an den unterschiedlichen Y-Achsenabschnitten der vier Regressionsgeraden erkennbar ist.

---

11   Vgl. Jaccard, Turrisi & Wan (1991)

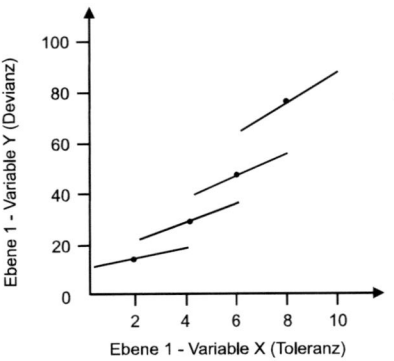
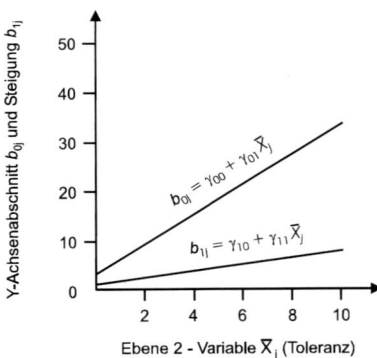

Abb. 36: *Darstellung der Individual-, Kontext-*   Abb. 37: *Die Individual-,Kontext- und*
          und Wechselwirkungseffekte im Ein-   *Wechselwirkungseffekte im Intercept-*
          gleichungsmodell   */ Slope-as-Outcome- Modell (a.a.O.)*
          (nach Boyd & Iversen 1979: 54)

Formal lässt sich die Cross-Level-Wechselwirkung ebenfalls über das von Boyd & Iversen entwickelte Slope-as-Outcome-Regressionsmodell bestimmen. Sein Steigungskoeffizient γ_{11} von +0,75 gibt an, dass wir pro Zunahme des städtischen Toleranzklimas um eine natürliche Einheit eine Verstärkung des individuellen Toleranzeffekts um jeweils +0,75 Delinquenzpunkte erwarten. In einer „Nulltoleranz-Stadt" wie New York führt der erwartete individuelle Effekt lediglich zu einer Erhöhung um einen Devianzpunkt pro Zunahme der individuellen Selbsteinstufung um eine Einheit. Das Intercept-as-Outcome-Regressionsmodell erfasst die Abhängigkeit der Gruppenunterschiede der Städte hinsichtlich der Delinquenzbereitschaft vom eigenen Toleranzklima unter der Bedingung, dass der individuelle Toleranzwert Null ist. In einer Stadt mit „Nulltoleranz"-Klima erwarten wir für diese spezielle Gruppe einen durchschnittlichen Delinquenzwert von 4,0 Punkten. Pro Zunahme des Toleranzklimas um einen Punktwert erwarten wir eine Zunahme der Delinquenzbelastung der „Intoleranten" um jeweils +3,0 Punkte. Hingegen erfasst das Slope-as-Outcome-Modell die wechselseitige Verstärkung der Effekte der individuellen Toleranzeinschätzung und des Toleranzklimas. In unserer „Nulltoleranzstadt" beträgt der Effekt des individuellen Toleranzniveaus lediglich +1 Devianzpunkt. Mit jeder Zunahme des Toleranzklimas um einen Punktwert verstärkt sich der Effekt des Individualmerkmals um weitere 0,75 Devianzpunkte.

Diese Wechselwirkung zwischen den Ebenen lässt sich in Abbildung 37 an den Steigungsunterschieden der Geraden der Intercept-as-Outcome- und Slope-as-outcome-Regressionsmodelle ablesen. Die Gerade für die kontextspezifischen Y-Achsenabschnitte steigt in Abhängigkeit vom Toleranzklima der Stadt viermal so stark an wie die Gerade der kontextspezifischen Steigungskoeffizienten.

Boyd & Iversen (1979: 70) weisen ausdrücklich daraufhin, dass die Regressionskoeffizienten, die sie durch ihre Separate-Equations- und ihre Single-Equation-Methode erhalten, nur im balancierten Design miteinander übereinstimmen. Bei ihrem kontextbasierten Design weichen sie sowohl in ihrem Vorzeichen als auch in ihrer Effektstärke voneinander ab.

> „These results show that the two methods for estimating effects in the uncentered model can differ substantially. Note that the corresponding estimates of individual-level effects from the uncentered model are of opposite signs. ... In contrast, estimates from the two procedures in the centered model yield identical results. This reconciliation of the separate- and single-equation approaches in contextual analysis is an important consequence of the centering procedure and will generally occur when the within-group variances of X do not vary substantially."

Kehren wir nun zu unserem eigenen Schulbeispiel zurück. Für die Schätzung des kontextbasierten Mehrebenenmodells der zehn untersuchten Schulen im Eingleichungsansatz benötigen wir die folgenden SPSS-Befehle:

```
GET
  FILE='D:\multilev\spss\nels10b.sav'.

* Bildung der Hilfsvariablen für die Wechselwirkung zwischen den Ebenen.
COMPUTE CLIANCH=V5*V5MEAN.
VARIABLE LABELS CLIANCH 'Cross-Level-Interaktion: Anchored Model'.
EXECUTE.

REGRESSION /DESCRIPTIVES=CORR
  /MISSING LISTWISE
  /STATISTICS COEFF OUTS R ANOVA
  /CRITERIA=PIN(.05) POUT(.10)
  /NOORIGIN
  /DEPENDENT v9
  /METHOD=ENTER v5 v5mean clianch
  /SAVE PRED(PYMLA1) .

GRAPH
  /SCATTERPLOT(XYZ)=v5 WITH pymla1 WITH v5mean BY v1
  /MISSING=LISTWISE .
```

Ein wesentlicher Nachteil des „anchored model" von Boyd & Iversen besteht darin, dass Individual- und Kontextmerkmal sehr hoch miteinander korrelieren und es somit zu einer Verzerrung der Kleinste-Quadrate-Schätzer kommt. Das hieraus resultierende Problem der Multikollinearität ist klar ersichtlich, wenn wir die Interkorrelation zwischen dem individuellen Hausaufgabenaufwand des Schülers (V5) und der abgeleiteten Leistungsnorm (V5MEAN) genauer betrachten. Beide Merkmale korrelieren zwar nur mit +0,54 miteinander, ihre Interkorrelation mit dem durch Multiplikation gebildeten Interaktionsterm (CLIANCH) beträgt +0,93 bzw. +0,74. Erstere überschreitet deutlich das Ausmaß von Betrag 0,80, welcher als Daumenregel für den Ausschluss von Indikatoren bei der praxisorientierten Datenanalyse gilt. Wir erhalten folgendes SPSS-Ausgabeprotokoll für das kontextbasierte Eingleichungsmodell von Boyd & Iversen:

Korrelationen

	math score	time spent on math homework	Leistungs-norm für Hausauf-gaben	Cross-Level-Inter-aktion: Anchored Model
math score	1,000	,497	,529	,562
time spent on math home-work	,497	1,000	,542	,926
Leistungsnorm für Haus-aufgaben	,529	**,542**	1,000	,744
Cross-Level-Interaktion: Anchored Model	,562	**,926**	**,744**	1,000

Modellzusammenfassung

Modell	R	R-Quadrat	Korrigiertes R-Quadrat	Standardfehler des Schätzers
1	,588	,345	,338	9,0628

Mit der Berücksichtigung des individuellen Lerneffektes des Schülers, seines Hausaufgabenpensums und der Wechselwirkung erklären wir rd. 34,5 % der Varianz des Mathematiktestergebnisses. Somit verfügt das Boyd-Iversen-Modell über einen etwas besseren Anpassungsgrad als dasjenige von Cronbach & Webb.

Es ist aber zu beachten, dass wir die exogenen Individual- und Kollektivmerkmale noch nicht zentriert haben, um ihrer Multikollinearität vorzubeugen.

ANOVA

Modell	Quadrat-summe	df	Mittel der Quadrate	F	Signifi-kanz
1 Regression	11090,131	3	3696,710	45,008	,000
Residuen	21026,469	256	82,135		
Gesamt	32116,600	259			

Da die Unabhängigkeit der Beobachtungen aufgrund der hierarchischen Datenstruktur der Schüler-in-ihrer-Schule nicht gegeben ist, verbietet sich eine nähere Interpretation des F-Tests. Dies gilt ebenfalls für den T-Test in der Koeffizententabelle, da der ausschlaggebende Standardfehler des Regressionskoeffizienten deutlich unterschätzt wird. Daher laufen wir Gefahr, voreilig Effekte als statistisch signifikant einzuschätzen, die es aber in der Grundgesamtheit nicht sind.

Koeffizienten

Modell	B	Standard-fehler	Beta	T	Signifi-kanz
1 (Konstante)	39,052	2,422		16,121	,000
time spent on math homework	1,032	1,177	,144	,877	,381
Leistungsnorm für Hausaufgaben	3,933	1,230	,297	3,197	,002
Cross-Level-Interaktion: Anchored Model	,459	,455	,208	1,008	,314

Für den Fall, dass ein Schüler eine Schule besucht, deren Hausaufgabenpensum bei Null liegt und er dieser Norm folgt, erwarten wir ein Mathematiktestergebnis von rd. 39,1 Punkten. Investiert dieser Schüler trotzdem Zeit in die Lösung von Hausaufgaben, so steigt sein Testergebnis pro investierter Wochenstunde um einen Punktwert an. Pro Wochenstunde der schulischen Hausaufgabennorm erwarten wir eine durchschnittliche Erhöhung des Testergebnisses um rd. 3,9 Punkte, selbst wenn der Schüler keine Aufgaben gelöst hat. Der geschätzte Cross-Level-Wechselwirkungseffekt weist ein positives Vorzeichen auf und fällt mit +0,46 relativ stark aus. Er besagt, dass dem Schüler ein zusätzlicher Gewinn von 0,46 Punkten winkt, wenn sich das Pensum seiner Schule um eine Wochenstunde erhöht und er bereit ist, eine zusätzliche Stunde zu investieren.

Dies ist in der Abbildung 38 an den unterschiedlichen Y-Achsenabschnitten der 10 Schulen deutlich erkennbar. Hingegen weichen die Steigungen ihrer Regressionsgeraden für den Ertrag des individuellen Arbeitsaufwandes optisch nur geringfügig voneinander ab, da ihr Wertebereich sehr begrenzt ist.

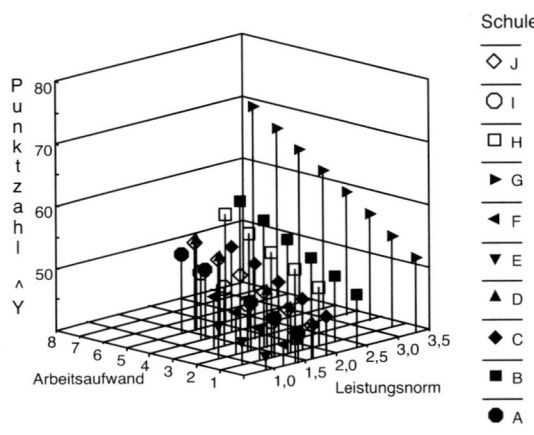

Abb. 38:   Boyd-Iversen-„anchored model" zur Vorhersage der
           Testergebnisse mit Cross-Level-Wechselwirkung
           (n= 260; R² = 34,5 %)

Angesichts der festgestellten Multikollinearität empfiehlt es sich, ein balanciertes Modell zu schätzen. Hierfür zentrieren wir zunächst den Arbeitsaufwand des Schülers (V5GRC) an seinem Schulmittelwert und anschließend die Leistungsnorm seiner Schule am Gesamtmittelwert aller Schüler. Zusätzlich enthält das balancierte Modell den zugehörigen Interaktionseffekt des exogenen Individual- und Kollektivmerkmals. Durch einfache Multiplikation bilden wir zunächst die für die Berechnung der Cross-Level-Wechselwirkung benötigte Hilfsvariable (CLI-BALAN). Anschließend benutzen wir sie im linearen Regressionsmodell neben den bedingten Haupteffekten des zentrierten Arbeitsaufwandes und der zentrierten

Leistungsnorm der Schule als weiteren Prädiktor. Das Ergebnis der Schätzung stellen wir anschließend als dreidimensionales Streudiagramm dar. Hierfür benötigen wir die folgenden SPSS-Befehle.

```
COMPUTE CLIBALAN=v5grc* v5m_gmc.
VARIABLE LABELS CLIBALAN 'Cross-Level-Interaktion: Balanced Model'.
EXECUTE.

REGRESSION /DESCRIPTIVES=CORR
 /MISSING LISTWISE
 /STATISTICS COEFF OUTS R ANOVA
 /CRITERIA=PIN(.05) POUT(.10)
 /NOORIGIN
 /DEPENDENT v9
 /METHOD=ENTER v5grc v5m_gmc clibalan
 /SAVE PRED(PYMLA2) .

GRAPH
 /SCATTERPLOT(XYZ)=v5grc WITH pymla2 WITH v5m_gmc BY v1
 /MISSING=LISTWISE .
```

Wir erhalten folgende SPSS-Ergebnisse:

Korrelationen

	math score	V5 Gruppen- zentriert (Schule)	V5 Schul- norm Grand Mean zen- triert	Cross-Level- Interaktion: Balanced Model
math score	1,000	,250	,529	,028
V5 Gruppenzentriert (Schule)	,250	1,000	,000	,412
V5 Schulnorm Grand Mean Centered	,529	,000	1,000	,000
Cross-Level-Inter- aktion: Balanced Model	,028	,412	,000	1,000

Durch die Zentrierung des Individual- und Kollektivmerkmals erreichen wir, dass der individuelle Arbeitsaufwand und die Leistungsnorm der Schule nunmehr völlig unkorreliert sind. Dies gilt ebenfalls für die Leistungsnorm der Schule und die hieraus gebildete Hilfsvariable für die Cross-Level-Wechselwirkung. Der Zen-

trierung zum Trotze beträgt der Korrelationskoeffizienten r zwischen dem indivi-
duellen Arbeitsaufwand des Schüler und der Hilfsvariablen der Interaktion +0,412.
Diese Interkorrelation liegt deutlich unter den Gefahrenmarke von 0,8, die als
Daumenregel für den Ausschluss exogener Merkmale gilt.

Modellzusammenfassung

Modell	R	R-Quadrat	Korrigiertes R-Quadrat	Standardfehler des Schätzers
1	,591	,349	,342	9,0338

ANOVA

Modell		Quadrat-summe	df	Mittel der Quadrate	F	Signifi-kanz
1	Regression	11224,470	3	3741,490	45,846	,000
	Residuen	20892,130	256	81,610		
	Gesamt	32116,600	259			

Im Vergleich zum gruppenbasierten Modell steigt die Anpassung des balancierten
Regressionsmodells geringfügig auf 34,9 % erklärter Varianz des Testergebnisses
an. Aufgrund der hierarchischen Datenstruktur sollten wir aber auf eine detaillierte
Interpretation der F- und T-Tests verzichten.

Wir erhalten für den balancierten Ansatz von Boyd & Iversen folgende Regressionskoeffizienten:

Koeffizienten

Modell		B	Standard-fehler	Beta	T	Signifi-kanz
1	(Konstante)	51,278	,560		91,527	,000
	V5 Gruppenzentriert (Schule)	2,456	,473	,287	5,188	,000
	V5 Schulnorm Grand Mean Centered	7,015	,668	,529	10,503	,000
	Cross-Level-Interaktion: Balanced Model	-,827	,506	-,090	-1,634	,104

Für jede Stunde, die Schüler *i* mehr in die Lösung seiner Hausaufgaben investiert, als die Lehrer seiner Schule *j* verlangen, erwarten wir eine Verbesserung seines Testergebnisses um rd. 2,46 Punkte. Diese Einschätzung gilt aber nur für diejenigen Schulen, die der allgemeinen Leistungsnorm (Grand-Mean) entsprechen. Für jede zusätzliche Stunde, die das Schulpensum von der allgemeinen Leistungsnorm abweicht, erwarten wir für die normtreuen Schüler eine durchschnittliche Verbesserung um rd. 7,0 Punkten. Der zur Cross-Level-Wechselwirkung gehörende Regressionskoeffizient von −0,83 legt den Schluss nahe, dass die Erhöhung des Hausaufgabenpensums der Schule *j* um eine Stunde zur Folge hat, dass der Ertrag jeder zusätzlichen Arbeitsstunde des Schülers sich um rd. 0,83 Punkte reduziert. Umgekehrt heißt dies aber auch, dass der individuelle Lerneffekt einer zusätzlichen Hausaufgabenstunde in einer Schule, deren Pensum die allgemeine Leistungsnorm um eine Stunde pro Woche unterschreitet, um 0,83 höher ausfällt als allgemein zu erwarten ist. Die Regressionskonstante b_0 selbst entzieht sich einer eindeutigen inhaltlichen Interpretation, da in ihr alle Gruppenmittelwerte der Schulen und der Gesamtmittelwert zusammenfallen.

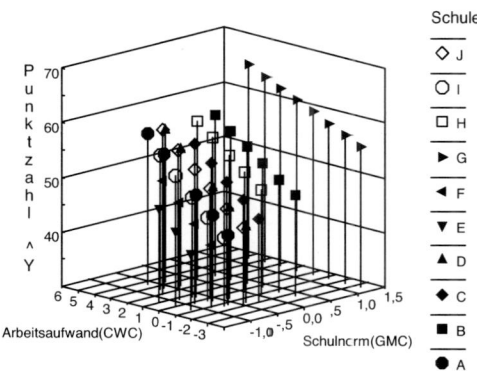

Abb. 39: Boyd-Iversen-„balanced model" zur Vorhersage der Testergebnisse mit Cross-Level-Wechselwirkung (n = 260; R² = 34,9 %)

Für die Schätzung der unterschiedlichen Boyd-Iversen-Modelle mit Hilfe der separaten Within-Regressionsgleichungen sowie der Intercept-as-Outcome- und Slope-as-Outcome-Modelle benötigen wir zunächst die kontextspezifischen Regressionskonstanten b_{0j} und Steigungskoeffizienten b_{1j}. In ihrer unzentrierten Form haben wir sie bereits in Kapitel 2.4 geschätzt und in Tabelle 5 zusammengefasst. Daher berechnen wir nur noch die Binnenregressionen mit dem gruppenzentrierten Arbeitsaufwand der Schüler. SPSS bietet die Möglichkeit, dasselbe Modell für unterschiedliche Teilstichproben zu schätzen und sich die Ergebnisse zusammenfassend tabellieren zu lassen. Hierzu wählen wir im „Daten"-Hauptmenü die Option „Datei aufteilen" und nehmen die folgenden Einträge vor, mit denen wir einen direkten Gruppenvergleich anfordern und die Variable V1 als Gruppenkennung definieren. SPSS sortiert zunächst die Fälle nach der vorgegebenen Gruppierungsvariablen und führt anschließend die statistischen Analysen für jede Gruppe getrennt durch.

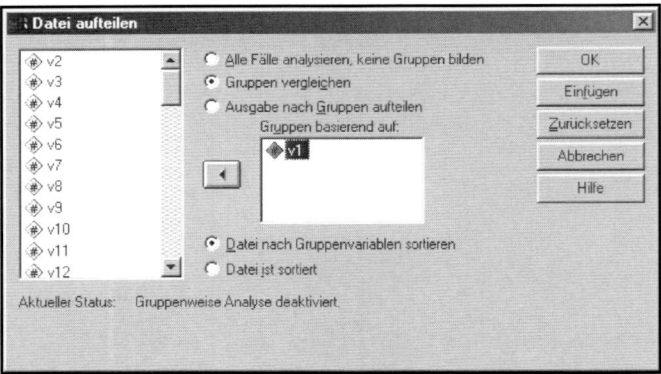

Abb. 40:   SPSS-Menü: Dateien aufteilen

Diese Menüeinträge entsprechen dem „Sort cases"- und „Split file"-Befehl von SPSS, die wir zusätzlich für die Schätzung der Binnenregressionen benötigen.

```
SORT CASES BY v1.
SPLIT FILE
 LAYERED BY v1.

REGRESSION
 /MISSING LISTWISE
 /STATISTICS COEFF OUTS R ANOVA
 /CRITERIA=PIN(.05) POUT(.10)
 /NOORIGIN
 /DEPENDENT v9
 /METHOD=ENTER v5grc.
```

Tabelle 10 fasst die Ergebnisse der 10 Binnenregressionen des Testergebnisses auf den am Schulmittelwert zentrierten Arbeitsaufwand zusammen, wobei wir auf eine Interpretation der F- und T-Tests verzichten.

Tabelle 10:	Übersicht der separaten Within-Regressionen der Testergebenisse auf den wöchentlichen Zeitaufwand für Mathematikhausaufgaben, zentriert um den Schulmittelwert (NELS 1988)			
Schule:	Regressions-konstante b_0	Regressions-koeffizient b_1	Pearson's r	Determinations-koeffizient R^2 in %
A	45,74	-3,55	-0,53	27,8
B	42,15	-2,92	-0,46	21,1
C	53,25	7,91	0,78	60,1
D	43,55	5,59	0,84	70,0
E	49,86	-4,72	-0,43	18,7
F	46,40	-2,49	-0,47	21,9
G	62,82	1,10	0,33	11,0
H	49,67	6,50	0,71	51,0
I	46,33	5,86	0,56	31,4
J	47,85	6,34	0,81	64,2
Pooled: alle 10 Schulen	51,30	2,14	0,25	6,2

Im Vergleich zu den in Tabelle 5 enthaltenen unzentrierten Binnenregressionen hat sich die Modellanpassung der einzelnen Schulen nicht verändert. Die Zentrierung der individuellen Arbeitsleistung der Schüler an ihrem Schulmittelwert führt lediglich dazu, dass sich die Y-Achsenabschnitte der einzelnen Binnenregressionen verändern. Diese kontextspezifischen Regressionskonstanten erfassen unmittelbar den Erwartungswert des Mathematiktests derjenigen Schüler, die genau das Hausaufgabenpensum ihrer Schule erledigt haben. Diese kontextspezifischen Regressionskonstanten des zentrierten Modells sowie die Y-Achsenabschnitte und Steigungen der Schulen des unzentrierten Modells übernehmen wir in unseren Aggregatdatensatz, um anschließend die Varianzzerlegung dieser kontextspezifischen Schätzer durchzuführen.

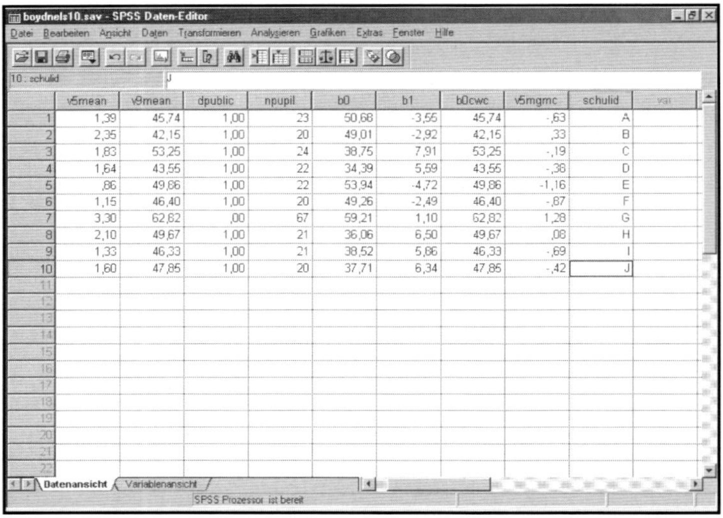

	v5mean	v9mean	dpublic	npupil	b0	b1	b0cwc	v5mgrnc	schulid
1	1,39	45,74	1,00	23	50,68	-3,55	45,74	-,63	A
2	2,35	42,15	1,00	20	49,01	-2,92	42,15	,33	B
3	1,83	53,25	1,00	24	38,75	7,91	53,25	-,19	C
4	1,64	43,55	1,00	22	34,39	5,59	43,55	-,38	D
5	,86	49,86	1,00	22	53,94	-4,72	49,86	-1,16	E
6	1,15	46,40	1,00	20	49,26	-2,49	46,40	-,87	F
7	3,30	62,82	,00	67	59,21	1,10	62,82	1,28	G
8	2,10	49,67	1,00	21	36,06	6,50	49,67	,08	H
9	1,33	46,33	1,00	21	38,52	5,86	46,33	-,69	I
10	1,60	47,85	1,00	20	37,71	6,34	47,85	-,42	J

Abb. 41: SPSS-Datendatei des „Intercept-and-Slope-as-Outcome"-Modells von Boyd & Iversen (Dateiname: BOYDNELS10.SAV)

Um die Intercept-as-Outcome- und Slope-as-Outcome-Regressionsmodelle des kontextbasierten Ansatzes von Boyd & Iversen zu schätzen, benötigen wir folgende SPSS-Befehle.

```
GET
   FILE='D:\multilev\spss\boydnels10.sav'.

REGRESSION
   /MISSING LISTWISE
   /STATISTICS COEFF OUTS R
   /CRITERIA=PIN(.05) POUT(.10)
   /NOORIGIN
   /DEPENDENT b0
   /METHOD=ENTER v5mean
   /SAVE PRED(pyb0).

GRAPH
   /SCATTERPLOT(BIVAR)=v5mean WITH b0 BY schu id (IDENTIFY)
   /MISSING=LISTWISE.
```

Für die Varianzzerlegung der kontextspezifischen Regressionskonstanten des „anchored model" erhalten wir folgende SPSS-Ergebnisse, wobei wir auf den F-Test aufgrund der geringen Fallzahl von 10 Schulen verzichten.

Modellzusammenfassung

Modell	R	R-Quadrat	Korrigiertes R-Quadrat	Standard-fehler des Schätzers
1	,245	,060	-,057	8,9018

Koeffizienten

Modell		B	Standard-fehler	Beta	T	Signifi-kanz
1	(Konstante)	39,409	7,989		4,933	,001
	Leistungsnorm für Hausaufgaben	3,045	4,260	,245	,715	,495

Wir erklären somit lediglich 5,9 % der Varianz der kontextspezifischen Regressionskonstanten durch die Berücksichtigung der unterschiedlichen Hausaufgabenpensen der Schulen.

Für eine Schule, deren Hausaufgabenpensum bei Null Wochenstunden liegt, erwarten wir ein durchschnittliches Testergebnis von 39,41 Punkten für diejenigen

Schüler, die keine Mathematikaufgaben erledigen. Steigt die Leistungsnorm der Schule um eine Wochenstunde an, so steigt der Erwartungswert für das Testergebnis dieser Schüler um jeweils rd. 3,05 Punkte an.

Für das Intercept-as-Outcome-Modell benötigen wir folgende SPSS-Befehle, wobei wir auf den F-Test verzichten:

```
REGRESSION
  /MISSING LISTWISE
  /STATISTICS COEFF OUTS R
  /CRITERIA=PIN(.05) POUT(.10)
  /NOORIGIN
  /DEPENDENT b1
  /METHOD=ENTER v5mean
  /SAVE PRED(pyb1).

GRAPH
  /SCATTERPLOT(BIVAR)=v5mean WITH b1 BY schulid (IDENTIFY)
  /MISSING=LISTWISE.
```

Für die Varianzzerlegung der kontextspezifischen Steigungskoeffizienten erhalten wir folgende Ergebnisse:

Modellzusammenfassung

Modell	R	R-Quadrat	Korrigiertes R-Quadrat	Standardfehler des Schätzers
1	,182	,033	-,088	5,1907

Koeffizienten

Modell		B	Standard-fehler	Beta	T	Signifi-kanz
1	(Konstante)	-,319	4,658		-,069	,947
	Leistungsnorm für Hausaufgaben	1,300	2,484	,182	,523	,615

Mit einem Anteil von 3,3 % erklärter Varianz der kontextspezifischen Steigungskoeffizienten fällt die Modellanpassung sehr gering aus. Daher interpretieren wir die Regressionskoeffizienten des Slope-as-Outcome-Modells nur ihrer Tendenz nach. Für diejenigen Schulen, die ihren Schüler keine Mathematikhausaufgaben abverlangen, erwarten wir einen negativen Lerneffekt. Pro Wochenstunde an Hausaufgaben, die sie ihren Schüler auferlegen, nimmt der individuelle Lerneffekt um jeweils 1,3 Punkte zu, gemessen am Mathematiktestergebnis.

Dies lässt sich ebenfalls durch ein zweidimensionales Streudiagramm darstellen, dass neben der geschätzten Regressionsgeraden auch die tatsächlichen Steigungskoeffizienten enthält. In ihm zeichnet sich deutlich ab, dass die Schulstichprobe aus zwei heterogenen Gruppen besteht. Die Schulen C, D, I, J und H weisen sich durch einen starken positiven Lern- oder Trainingseffekt der Mathematikhausaufgaben aus. Im Gegensatz zu ihnen zeichnet sich bei den Schulen A, B, E und F ein negativer Lerneffekt ab. Hingegen ist die Schule G durch einen schwach positiven Effekt auf das Mathematiktestergebnis gekennzeichnet.

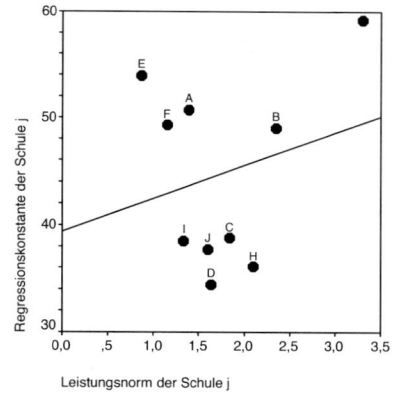 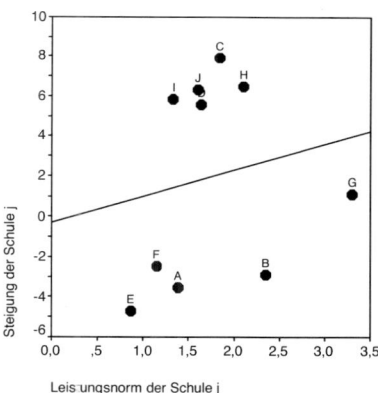

Abb. 42:   *Regressionskonstante der Schule auf ihr Hausaufgabenpensum im „anchored approach"(n= 10; R²=5,9 %)*

Abb. 43:   *Steigungskoeffizient der Schule auf ihr Hausaufgabenpensum im „anchored approach" (n=10; R²=3,3 %)*

Für den von Boyd & Iversen vorgeschlagenen balancierten Ansatz zerlegen wir die Varianz der kontextspezifischen Regressionskonstanten b_{0j} sowie der Steigungskoeffizienten b_{1j} mit Hilfe der Grand-Mean-zentrierten Leistungsnorm der Schule. Hierzu benötigen wir die folgenden SPSS-Befehle, wobei wir wiederum auf den F- und T-Test verzichten:

```
COMPUTE V5M_GMC=V5MEAN - 2.02.
VARIABLE LABELS V5M_GMC 'Leistungsnorm der Schule am Grand-Mean-zentriert'.
EXECUTE.

REGRESSION
 /MISSING LISTWISE
 /STATISTICS COEFF OUTS R
 /CRITERIA=PIN(.05) POUT(.10)
 /NOORIGIN
 /DEPENDENT b0cwc
 /METHOD=ENTER v5m_gmc
 /SAVE PRED(pyb0cwc).

GRAPH
 /SCATTERPLOT(BIVAR)=v5m_gmc WITH b0cwc BY schulid (IDENTIFY)
 /MISSING=LISTWISE.
```

Wir erhalten dann folgende Angaben zur Modellanpassung und den Regressionskoeffizienten des Intercept-as-Outcome-Modells:

Modellzusammenfassung

Modell	R	R-Quadrat	Korrigiertes R-Quadrat	Standardfehler des Schätzers
1	,589	,347	,266	5,0463

Koeffizienten

Modell		B	Standard-fehler	Beta	T	Signifi-kanz
1	(Konstante)	50,082	1,719		29,132	,000
	Leistungsnorm der Schule am Grand-Mean-zentriert	4,983	2,415	,589	2,063	,073

Mit Hilfe der am Gesamtmittelwert zentrierten Leistungsnorm der Schule erklären
wir 34,7 % der Varianz der kontextspezifischen Regressionskonstanten im balancierten Boyd-Iversen-Modell.

Für diejenigen Schüler, die das Hausaufgabenpensum ihrer Schule erfüllen und damit der allgemeinen Leistungsnorm entsprechen, erwarten wir eine durchschnittliche Anzahl von 50,1 Punkten im Mathematiktest. Mit jeder Wochenstunde an Hausaufgaben, die das Schulpensum die allgemeine Leistungsnorm übersteigt, erhöht sich die kontextspezifische Regressionskonstante um rd. 4,98 Punkte im Durchschnitt. Diese Abhängigkeit des mittleren Testergebnisses der Schule für ihre konformen Schüler ist deutlich in Abbildung 44 erkennbar.

Für die Schätzung des „Slope-as-Outcome"-Modells benötigen wir folgende SPSS-Befehle, wobei wir anschließend den zugehörigen Scatterplot erzeugen.

```
REGRESSION
 /MISSING LISTWISE
 /STATISTICS COEFF OUTS R
 /CRITERIA=PIN(.05) POUT(.10)
 /NOORIGIN
 /DEPENDENT b1
 /METHOD=ENTER v5m_gmc
 /SAVE PRED(pyb1b) .

GRAPH
 /SCATTERPLOT(BIVAR)=v5m_gmc WITH b1 BY schulid (IDENTIFY)
```

Für die Modellanpassung sowie die Regressionsparameter erhalten wir folgende SPSS-Angaben:

Modellzusammenfassung

Modell	R	R-Quadrat	Korrigiertes R-Quadrat	Standardfehler des Schätzers
1	,182	,033	- 088	5,1907

Koeffizienten

Modell		B	Standard-fehler	Beta	T	Signifi-kanz
1	(Konstante)	2,306	1,768		1,304	,228
	Leistungsnorm der Schule am Grand-Mean-zentriert	1,300	2,484	,182	,523	,615

Wie ein Blick auf die Modellanpassung von 3,3 % erklärter Varianz zeigt, lässt sich der individuelle Leistungseffekt der Schüler nur unzureichend aus dem zentrierten Leistungsanspruch ihrer Schule erklären, wie wir bereits beim unzentrierten Modell gesehen haben.

Angesichts der schlechten Modellanpassung lassen sich die geschätzten Regressionsparameter nur ihrer Tendenz nach interpretieren. Für eine Schule, deren Hausaufgabenpensum der allgemeinen Leistungsnorm von rd. 2 Wochenstunden entspricht, erwarten wir eine durchschnittliche Verbesserung der Testergebnisse um 2,3 Punkten pro zusätzlich investierter Hausaufgabenstunde. Pro Hausauf-gabenstunde, die das Schulpensum die allgemeine Leistungsnorm übersteigt, nimmt der individuelle Lerneffekte für jede zusätzlich investierte Arbeitsstunde jeweils um 1,3 Punkte im Mathematiktest zu. Dieser Anstieg des individuellen Lernertrags belegt die positive Wechselwirkung zwischen allgemeiner Leistungsnorm und individuellem Arbeitsaufwand, die sich ebenfalls in Abbildung 45 deutlich abzeichnet.

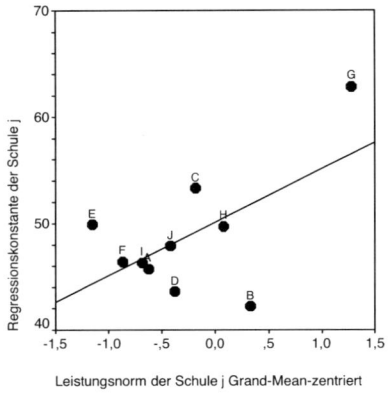 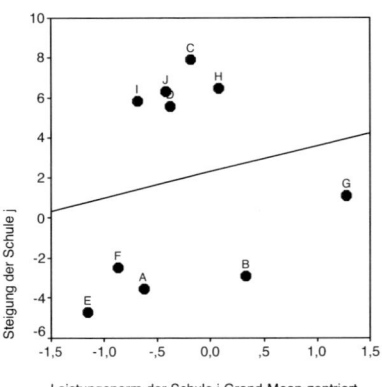

Abb. 44: *Regressionskonstante der Schule auf* *Abb. 45:* *Steigung der Schule auf ihr Grand-*
           ihr Grand-Mean-zentriertes Hausauf-   *Mean-zentriertes Hausaufgabenpen-*
           gabenpensum (n=10; R²= 34,7 %)   *sum (n=10; R²= 3,3 %)*

Erwartungsgemäß zeigt sich in Abbildung 45 des Slope-as-Outcome-Modells der balancierten Variante dieselbe Punktverteilung wie beim kontextbasierten Ansatz.

3.9   Resümee der klassischen Kontextanalyse

Mit Hilfe der klassischen ANOVA im Regressionsansatz ist es uns lediglich gelungen abzuschätzen, wie viel Prozent der Varianz der Kriteriumsvariablen durch die Kontextzugehörigkeit der Schüler maximal erklärbar ist. Bei einer großen Anzahl von Kontexteinheiten, wie sie mit 1003 Schulen der NELS-1988-Studie gegeben ist, stößt dieses Modell eindeutig an seine Grenzen, da wir inklusive der Regressionskonstanten b_0 1002 Steigungskoeffizienten b_k für die vom Referenzkontext abweichenden Schulen zu schätzen haben. Dies lässt sich zwar mit Hilfe eines Statistikprogramms wie SPSS realisieren, ist aber extrem umständlich, da SPSS keine automatische Dummybildung im linearen Regressionsmodell vorsieht. Im Rahmen des Kovarianzmodells haben wir sowohl die Niveauunterschiede der einzelnen Schulen als auch ihre differentiellen Lehreffekte ermittelt. Hierbei stoßen wir an dieselben technischen Grenzen wie im ANOVA-Modell, da wir zusätzlich die Hilfsvariablen der schulspezifischen Interaktionseffekte zu bilden und deren Effekte im Regressionsmodell zu schätzen haben. Hierdurch steigt die Anzahl der Koeffizienten bei der NELS-1988-Studie auf mehr als 2000, die SPSS in diesem Umfang nicht mehr schätzen kann. Des Weiteren berücksichtigt das ANCOVA-Modell nicht die hierarchische Datenstruktur, wie sie sich aus der Einbettung des Schülers i in sein Schule j ergibt. Deswegen unterschätzen die ANCOVA-Modelle mit bzw. ohne schulspezifische Interaktionseffekte die Standardfehler der kontextspezifischen Regressionskoeffizienten b_{kj} und führen zum vorschnellem Verwerfen der Nullhypothesen beim F- und T-Test.

Das von Cronbach & Webb vorgeschlagene Kontextmodelle integriert zwar exogene Individual- und Kollektivmerkmale, es ignoriert aber vollständig die Wechselwirkung zwischen den Ebenen der Schüler und ihrer Schule. Da Cronbach & Webb ebenfalls die Kleinste-Quadrate-Schätzung für die Ermittlung ihrer Modellparameter benutzen, gelten alle inferenzstatistischen Argumente gegen das ANCOVA-Modell ebenfalls für ihr spezielles Kontextmodell. Mit der von ihnen eingeführten Zentrierung der exogenen Merkmale haben sie einen wichtigen Beitrag zur Lösung des Problems der linearen Abhängigkeit von exogenen Individual- und Kollektivmerkmalen geleistet, der heute noch für die modernen Hierarchisch-Linearen Modelle Bestand hat.

Die kritische Diskussion der von Burstein, Linn & Cappell (1978) vorgeschlagenen und von Boyd & Iversen (1979) weiterentwickelten Ansätze zu Intercept- und Slope-as-Outcome-Regressionsmodellen fasst Ditton (1998: 36 ff.) für die frühen achtziger Jahre folgendermaßen zusammen, wobei er gleichfalls die Anforderungen für ein angemesseneres Analyseverfahren formuliert:

• „Die Koeffizienten der Regressionen innerhalb der Aggregateinheiten basieren in aller Regel auf einer geringen Stichprobengröße. Sie werden mit großem Stichprobenfehler geschätzt und ihre Reliabilität ist daher vergleichsweise gering. Schon wenige Ausreißer können eine erhebliche Pseudo-Varianz der geschätzten Koeffizienten bewirken (boucing betas). Damit ist auch die Erklärung der vergleichsweise wenig reliablen Varianzen der Koeffizienten in einem zweiten Schritt problematisch. Verläßlich anwendbare Analyseverfahren müssen diesem Aspekt Rechnung tragen, indem die Schätzwerte der Koeffizienten (und deren Vertrauensintervalle) die Stichprobengrößen, die zudem sehr häufig für die Aggregateinheiten unterschiedlich sind, in Rechnung stellen.

• Die Präzision der Innerhalb-Koeffizienten variiert somit in der Regel zwischen den Aggregateinheiten. Ein effizientes statistisches Schätzverfahren muß daher die Koeffizienten proportional zu ihrer (geschätzten) Präzision gewichten. Unterbleibt dies, so wirkt sich dies negativ auf die Analysen zur Erklärung der Differenzen aus.

• Die Variabilität der Koeffizienten besteht aus zwei Komponenten: Einerseits aus tatsächlichen Differenzen zwischen den Aggregateinheiten, dies ist die Parametervarianz. Zum anderen aber auch aus der genannten Stichprobenvarianz (sampling variance). Natürlich ist nur die Parametervarianz erklärbar, wohingegen die zweite Komponente durch Stichprobenbedingungen verursacht wird.

• Die Standard-Regression geht von der Unabhängigkeit der Beobachtungen aus; es werden unkorrelierte Fehlervarianzen angenommen. Aufgrund der üblichen und inhaltlich durchaus angebrachten Ziehung von Clustern statt individueller Einheiten im Stichprobenplan wird diese Bedingung in der Regel nicht erfüllt sein. Ein korrektes Analyseverfahren muß daher Fehlerstrukturen mit gruppenspezifischen Komponenten beinhalten.

• Slopes as Outcomes war bislang – schon wegen der Komplexität des Analyseverfahrens und des erforderlichen Datenmanagements – auf die Analyse einer Innerhalb-Variablen begrenzt. Das widerspricht der Notwendigkeit, selbst wenn man nur an der Wirkung einer Variablen interessiert ist, den Effekt weiterer Variablen zu kontrollieren. In einem brauchbaren Analyseverfahren müssen konfundierende Variablen auf zwei Ebenen kontrolliert werden können, was ein statistisches Modell erfordert, das dieser komplexen Kovarianzstruktur angepaßt ist."[12]

Der von Boyd & Iversen alternativ zum Slope-as-Outcome-Modell beschrittene Weg, ein einziges gepooltes Regressionsmodell mit der Cross-Level-Wechselwirkung der exogenen Individual- und Kollektivmerkmale schätzen, weist weitere Fallstricke auf:

---

12   Mit dem Begriff „konfundierende Variablen" bezeichnet Ditton weitere exogenen Merkmale, die ebenfalls auf die Kriteriumsvariable wirken, aber im konkreten Slope-as-Outcome-Modell nicht enthalten sind.

- Es berücksichtigt ebenfalls nicht adäquat die hierarchische Datenstruktur wie sie in der Schüler-in-seiner-Schule-Relation vorliegt. Hierdurch liefert die Kleinste-Quadrate-Schätzung zu geringe Standardfehler für die einzelnen Regressionskoeffizienten. Hierdurch können wir voreilig Effekte als statistisch signifikant annehmen, die es in Wirklichkeit nicht sind.

- Bei den Kontextmerkmalen beruht die Schätzung der Standardfehler auf einer falschen Anzahl von Freiheitsgraden. Da diese Kollektivmerkmale innerhalb ihrer eigenen Kontexteinheit keinerlei Varianz aufweisen, stellt nicht die Gesamtfallzahl den Stichprobenumfang n dar, sondern die Fallzahl entspricht auf der zweiten Ebene der Anzahl der untersuchten Gruppen. Daher besteht die Gefahr, im gepoolten Regressionsmodell die statistische Signifikanz der Kontextmerkmale zu überschätzen.

- Da der F-Test der klassischen Regressionsanalyse voraussetzt, dass die Analyseeinheiten voneinander stochastisch unabhängig sind, was in der Annahme seriell unkorrelierter Vorhersagefehler zum Ausdruck kommt, verbietet sich die Anwendung des F-Tests im Boyd-Iversen-Modell.

- In ihrer balancierte Variante benutzen Boyd & Iversen zwei unterschiedliche Formen der Zentrierung, diejenige am Gruppenmittelwert für das exogene Individualmerkmal und diejenige am Gesamtmittelwert für das Kollektivmerkmal. Dies führt zum einen dazu, dass die Regressionskonstante neben allen Gruppenmittelwerten auch den Effekt des Grand-Mean des exogenen Merkmals auf die Kriteriumsvariable erfasst. Hierdurch entzieht sie sich aber jeder eindeutigen Interpretation. Zum anderen erschwert diese doppelte Form der Zentrierung die Interpretation des Schätzers der Wechselwirkungsvariablen, die durch die einfache Multiplikation von exogenem Individual- und Kollektivmerkmalen gebildet wird. Ihre Metrik ist weitgehend unbestimmt, da beide Merkmale unterschiedliche Abweichungen gemessen haben. Eine Abhilfe für dieses Problem bestände darin, beide Merkmalstypen am Gesamtmittelwert der exogenen Variablen zu zentrieren. Hierdurch würde sich der Wechselwirkungseffekt auf die gemeinsame Abweichung von Individual- und Kollektivmerkmal vom Grand-Mean, in unserem Beispiel der allgemeinen Leistungsnorm, beziehen. Welchen zusätzlichen Effekt im Sinne wechselseitigen Verstärkung erwarten wir, wenn ein Schüler eine zusätzliche Stunde mehr in die Lösung seiner Hausaufgaben investiert, als von ihm allgemein erwartet wird, und das Hausaufgabenpensum seiner Schule die allgemeine Leistungsnorm ebenfalls um eine Stunde übersteigt.

- Für ihre Intercept-as-Outcome- und Slope-as-Outcome-Modelle haben Boyd & Iversen keine expliziten Annahmen zu den Vorhersagefehlern auf den unterschiedlichen Ebenen formuliert. Die Frage nach der genauen Bedeutung ihrer u_{0j}, u_{1j} sowie e_{ij} lassen sie noch völlig unbeantwortet. Sie klären weder welcher Verteilungsform diese Fehler folgen noch ob sie untereinander oder über die Ebenen hinweg korrelieren dürfen. Statistische Tests für diese spezifischen Residuen der unterschiedlichen Ebenen setzen aber die Beantwortung beider Fragen voraus.

4.   Hierarchisch-Lineare Modelle der 90er Jahre

Obwohl der von Boyd & Iversen entwickelte Ansatz der Slope-as-Outcome- und Intercept-as-Outcome-Modelle sich zunächst als vielversprechend erwies, scheiterte seine Umsetzung mit Hilfe der vorhandenen Standardsoftware frühzeitig. Dies gilt sowohl für die damals noch ungelösten Schätzprobleme als auch für den erforderlichen Arbeitsaufwand für die Aufbereitung der Daten und die Schätzung der erforderlichen Binnenregressionen. Burstein, Kim & Delandshere (1989: 252) kommentieren daher diese frühen Versuche der Umsetzung des „Systematic-varying-slope"-Ansatzes sehr skeptisch, den sie mit „SVS" abkürzen:

> „In summary, as applied in Burstein et al., the slopes as outcomes approach is no basis for statistical inferences about the parameters from the general SVS model ... This approach can not be recommended except at perhaps exploratory stages as a means for describing potentially interesting associations of slopes with macro-level characteristics."

Seit Ende der 80er Jahre wurden aber bei der Entwicklung der Mehrebenenmodelle erhebliche Fortschritte erzielt, wobei heute sowohl die eigentlichen Schätzprobleme als auch ihre programmmäßige Umsetzung gelöst sind. Diese Weiterentwicklungen bzw. Innovationen lassen sich unter dem Stichwort Random-Coefficient-Modelle (RCM) zusammenfassen, wie dies Kreft (1991) tat. Unter diesem Begriff firmiert eine Anzahl von Modellklassen, die alle auf dem Slope-as-Outcome- oder Intercept-as-Outcome-Regressionsmodell beruhen. Sie berücksichtigen komplexe Daten- und Fehlerstrukturen sowie die Effekte der Kontextmerkmale übergeordneter Aggregateinheiten. Zu dieser Innovation haben verschiedene Statistiker beigetragen, die jeweils ihre eigene Software entwickelt haben. Seit Beginn der 90er Jahre haben sie ebenfalls Lehrbücher veröffentlich, in denen sie ihre speziellen Programme im Anwendungteil vorstellen. Bryk & Raudenbush (1989, 1992, 2002) bezeichnen ihren Ansatz als Hierarchical-Linear Modelling, wobei sie für die Schätzung des hierarchisch-linearen Regressionsmodells ihre Programme HLM und WHLM 5 entwickelt haben. Fast zeitgleich hat Longford (1989) sein Varianzkomponentenmodell vorgestellt, für welches er sein Programm VARCL schrieb. Sein Lehrbuch erschien 1993. Goldstein stellte den Iterative- Generalized-

Least-Squares-Schätzalgorithmus für sein Mehrebenenmodell bereits 1986 vor. Gemeinsam mit Prosser und anderen (1991, 2000) entwickelte er das zugehörige Programm ML3, dessen letzte Version MLwiN 1.10 über eine graphische Benutzeroberfläche (GUI) verfügt. Sein Lehrbuch erschien erstmalig 1987 und liegt als Internetedition (1999) ebenfalls vor. Ihr Programm MLA präsentierten Busing, van den Leeden & Meijer 1994 der Fachöffentlichkeit, wobei sie als besonderen Schwerpunkt Bootstrap- und Jackknife-Anwendungen für ihr Mehrebenenmodell implementiert haben. Seit 1996 gibt es eine DOS-Extender-Version ihres MLA-Programms, das insgesamt 128 Parameter schätzen kann. Im Bereich der Biostatistik firmieren Mehrebenenmodelle unter der Bezeichnung Mixed-Models. Hedeker & Gibbons (1996) entwickelten eine Programmfamilie, die sie als „random-regression models" der Fachöffentlichkeit als Freeware zur Verfügung stellen. Sie umfasst Ramdom-Regressionsmodelle für binäre, ordinale und intervallskalierte Kriteriumsvariablen. Im Rahmen der Poisson-Regression analysieren sie ebenfalls Zählvariablen. Einen Einblick in den Anwendungsbereich der Mixed-Models in der Biostatistik und der Präventionsforschung vermitteln Gibbons & Hedeker (1998) in ihrem Übersichtsaufsatz.

Abb. 46:   Die Familie der Random-Coefficient-Modelle

Diese fünf Ansätze der Mehrebenenanalyse verfolgen dieselben drei Ziele:

1.   Sie wollen die Varianz von Kausalbeziehungen auf der untersten Ebene in hierarchischen Datenstrukturen untersuchen.

2. Sie wollen diese Varianz der Kausalbeziehungen aus den Kontextmerkmalen der nächsthöheren Aggregatebene erklären und somit die Cross-Level-Interaktionen bestimmen.
3. Sie wollen unter ausdrücklicher Berücksichtigung der hierarchischen Datenstruktur die Regressionskoeffizienten und ihre Standardfehler möglichst unverzerrt schätzen.

Auf der Kausalitätsebene gehen die fünf Ansätze davon aus, dass alle Effekte der Individual- und Kontextmerkmale linear sind und sie sich aufaddieren. Nichtlinearität kann nur im Rahmen des linear-additiven Modells umgesetzt werden. Hinsichtlich der Messung basieren alle fünf Ansätze auf folgenden drei Annahmen:

1. Alle Variablen sind messfehlerfrei erhoben worden.
2. Die Kriteriumsvariable ist mindestens intervallskaliert.
3. Nominale exogene Variablen auf der Individual- oder Kontextebene können nur in Dummyform einbezogen werden.

Die erste Annahme bedeutet, dass wir im Rahmen des klassischen Mehrebenenmodells keine Messmodelle wie im LISREL-Ansatz spezifizieren können.[13] Daher lassen sich Mess- und Vorhersagefehler nicht voneinander trennen. Um die Reliabilität und Validität der Messung zu erhöhen, bedienen wir uns daher der klassischen Skalierungsverfahren für die Messung von Mehrfachitems. Alternativ hierzu bietet es sich an, erstens die Eindimensionalität der Items mit Hilfe der Faktorenanalyse zu überprüfen und zweitens die Messfehler durch die Verwendung von Faktorskalen zu reduzieren. Binäre und ordinale Kriteriumsvariablen analysieren wir im Rahmen nichtlinearer Wahrscheinlichkeitsmodelle, wie sie beispielsweise Hedeker & Gibbons (1996) in ihrem MIXOR-Programm implementiert haben.

Hinsichtlich der Stichprobenziehung gehen alle fünf Ansätze von zwei Bedingungen aus. Erstens sollte es sich bei der Auswahl der Erhebungseinheiten auf der zweiten Ebene um eine einfache Zufallsauswahl handeln. Auf der untergeordneten ersten Ebene können entweder alle Personen befragt werden, oder es ist ebenfalls eine Zufallsstichprobe aus diesem Personenkreis zu ziehen. Zweitens schlägt Kreft (1996) vor, lieber mehr Level-2-Einheiten und dafür weniger Personen innerhalb

---

13   Beim LISREL-Modell handelt es sich um ein lineares Strukturgleichungsmodell, mit dessen Hilfe wir konfirmatorische Faktoren- und Kausalmodelle schätzen können. S. Langer (2006)

dieser zu erheben. Für Schuluntersuchungen formulierte Kreft die 30/30-Daumen-regel. Sie besagt, dass für eine verlässliche Schätzung mindestens 30 Schulklassen mit jeweils etwa 30 Schülern erforderlich sind, wobei die Klassen selbst nach dem Zufallsprinzip auszuwählen sind. Aufbauend auf den Arbeiten von van den Leeden & Busing (1994), Mok (1995) sowie Snijders & Boskers (1999) leiten Maas & Hox (2004: 135) auf der Basis ihrer eigenen Monte-Carlo-Simulationsstudien folgende Daumenregel bezüglich der für die Mehrebenenanalyse benötigte Anzahl von Gruppen bzw. Kontexteinheiten ab. Bei weniger als zehn Kontexten empfehlen sie ausdrücklich die Verwendung des Bootstrap-Verfahrens[14] zur Bestimmung der empirischen Konfidenzintervalle für die Populationsschätzer.

> „This leads us to the following rule of thumb: if one is only interested in the fixed effects of the model, ten groups can lead to good estimates. If one is also interested in contextual effects, 30 groups are needed. If one also wants correct estimates of the standard errors, at least 50 groups are needed."

Kreft (1996) zieht gleichfalls eine vorläufige Bilanz der Methodenentwicklung im Bereich der Random-Coefficient-(RC)-Modelle Mitte der 90er Jahre, die auch noch heute Gültigkeit beanspruchen kann:

> „The RC models are of greater generality than the traditional regression methods. In RC models the assumption of independence of observations is dropped, and relationships in the data are no longer assumed fixed over contexts, but allowed to differ. A choice between a general RC model and a more restrictive regression method seem to be in favor of the more general one. More so, since the social sciences have shortage of theories, that specify the way the data are generated, such as the behavior and interactions between people in their specific social settings. A more general model does allow certain assumptions to be tested. The conclusion that more general models are also more realistic, because they make less restrictive assumptions is true. But this generality has its price. Below are some reasons why.
>
> 1. General models are not parsimonious, because more parameters are estimated.
> 2. Outcomes are less general, since each best fitting model may be very specific for that dataset collected at that time and that place.
> 3. The estimation method used to estimate the parameter in the RC model is more complicated than in fixed effects linear regression models. Empirical Bayes maximum likelihood procedures are used to estimate the parameters of the model in an iterative process. Less is known of its properties." (Kreft 1996: 7)

---

14   Zu dem im Englischen auch als „Münchhausen"-Methode bezeichneten Bootstrap-Verfahren: S. Efron & Tibshirani (1993)

Da die Autoren der verschiedenen Ansätze unterschiedliche Notationen verwenden, orientiert sich die folgende Darstellung an derjenigen von Busing, van der Leeden & Meijer (1994). Sie entspricht ebenfalls der Formulierung der Mehrebenenmodelle in ihrem MLA-Programm. Die Gleichungen des Random-Coefficient-Modells im Zweiebenenansatz lauten folgendermaßen.

(12)   *Die Gleichungen des Random-Coefficient-Mehrebenenmodells der 90er Jahre*

Level/Ebene 2: *Between–Context Regression*

2a)   *Intercept–as–Outcome Model*:

$$b_{0j} = \gamma_{00} + \gamma_{01} * Z_j + u_{0j}$$

2b)   *Slope–as–Outcome Model*:

$$b_{1j} = \gamma_{10} + \gamma_{11} * Z_j + u_{1j}$$

Level/Ebene 1: *Within–Context Regression*

1) $Y_{ij} = b_{0j} + b_{1j} * X_{ij} + e_{ij}$

Legende:

Y_{ij} : *Abhängiges Merkmal Y*

γ_{00} : *Regressionskonstante bei Vorhersage der kontextspezifischen Regressionskonstanten*

γ_{01} : *Steigungskoeffizient des Kontextmerkmals Z bei der Vorhersage der kontextspezifischen Regressionskonstanten*

Z_j : *Kontextmerkmal Z der Gruppe j*

u_{0j} : *Residuum des Kontextes j bei der Vorhersage seiner Regressionskonstanten b_{0j}*

γ_{10} : *Regressionskonstante bei Vorhersage der kontextspezifischen Steigung b_{1j}*

γ_{11} : *Steigungskoeffizient des Kontextmerkmals Z bei der Vorhersage der kontextspezifischen Steigung b_{1j}*

u_{1j}: *Residuum des Kontextes j bei der Vorhersage seines*
       Regressionskoeffizienten b_{1j}
b_{0j}: *Regressionskonstante des Kontextes j*
b_{1j}: *Regressionskoeffizient (Steigung) des Kontextes j für das Merkmal X_{ij}*
X_{ij}: *Exogenes Individualmerkmal X der Person i im Kontext j*
e_{ij}: *Residuum bei der Vorhersage von Y im Kontext j*

Wenn wir die beiden Gleichungen der zweiten Ebene in diejenige der ersten Ebene einsetzen, erhalten wir das folgende Eingleichungsmodell der Mehrebenenanalyse, das die Cross-Level-Wechselwirkung als Interaktionseffekt enthält. Es berücksichtigt zusätzlich die Heteroskedastizität der Level-2-Einheiten. Letztere zeigt sich darin, dass die Vorhersagefehler von den Messwerten einer exogenen Variablen oder von den geschätzten Werten des Regressionsmodells direkt abhängig sind. Somit verfügen sie nicht mehr über eine einheitliche Varianz.

In der Gleichung 13 haben wir zwischen der Fixed-Effect- und der Random-Effect-Komponente zu unterscheiden. Erstere enthält alle festen und damit deterministischen Effekte; letztere umfasst alle zufälligen Fehlereffekte, welche die stochastische Komponente bilden.

(13)   *Die Eingleichungsvariante des Random-Coefficient-Mehrebenenmodells*

Einsetzen der Gleichungen 2a und 2b in Gleichung 1:

$$Y_{ij} = [\gamma_{00} + \gamma_{01}*Z_j + u_{0j}] + [\gamma_{10} + \gamma_{11}*Z_j + u_{1j}]*X_{ij} + e_{ij}$$

$= \gamma_{00}$	*Fixed-Effect: Regressionskonstante*
$+ \gamma_{01}*Z_j$	*Fixed-Effect: Effekt des Kontextmerkmals Z*
$+ \gamma_{10}*X_{ij}$	*Fixed-Effect: Effekt des Individualmerkmals X*
$+ \gamma_{11}*Z_j*X_{ij}$	*Fixed-Effect: Effekt der Cross-Level-Interaktion von Z und X*
$+ u_{1j}*X_{ij}$	*Random-Effect: Heteroskedastizität des Residuums der Steigung b_{1j} in Level 2*
$+ u_{0j}$	*Random-Effect: Residuum der Regressionskonstanten b_{0j} in Level 2*
$+ e_{ij}$	*Random-Effect: Residuum von Y_{ij} in Level 1*

Hox (1995: 13) beschreibt die obige Gleichung folgendermaßen:

„The segment $\gamma_{00} + \gamma_{10}{*}X_{ij} + \gamma_{11}{*}Z_j{*}X_{ij}$ in equation ... contains all the fixed coefficients; for this reason this is often called the fixed (or deterministic) part of the model. The segment $u_{0j} + u_{1j}{*}X_{ij} + e_{ij}$ in equation ... contains all the random error terms; for this reason this is often called the random (or stochastic) part of the model. The term $Z_j{*}X_{ij}$ is an interaction term that appears in the model as a consequence of modeling the varying regression slope β_{1j} of pupil level variable X_{ij} with the school level variable Z_j. Thus, the moderator effect of Z on the relationship between the dependent variables Y and X is expressed as a cross-level interaction. ... Note that the random error term u_{1j} is connected to X_{ij}. Since the term u_{1j} is multiplied by the explanatory variable X_{ij}, the resulting total error will be different for different values of X_{ij}, a situation which in ordinary multiple regression is called ‚heteroscedasticity'."

Sowohl die Fixed-Effects als auch die Random-Effects schätzen wir mit der in Abbildung 46 vorgestellten Mehrebenensoftware, wobei erstere als Populationsschätzer und letztere als kontextspezifische Koeffizienten fungieren. Im Vergleich zum Boyd-Iversen-Ansatz bestehen die Vorteile des Random-Coefficient-Modells darin, dass zum einen die Schätzprobleme gelöst sind. Zum anderen haben die verschiedenen Autoren die Verteilungsform der Residuen auf den unterschiedlichen Ebenen eindeutig bestimmt. Alle Autoren gehen davon aus, dass die Residuen der ersten Ebene normalverteilt sind, wobei ihre Varianz für alle Einheiten der zweiten Ebene identisch ist. D.h., die Residuen der ersten Ebene sind homoskedastisch für alle Aggregateinheiten der zweiten Ebene. Die Normalverteilungsannahme gilt ebenfalls für die Residuen des Intercept-as-Outcome- und Slope-as-Outcome-Modells der zweiten Ebene. Der Erwartungswert der zugehörigen Residuen u_{0j} und u_{1j} ist jeweils Null und entspricht somit dem zugehörigen Fixed-Effect γ_{00} bzw. γ_{10}. Die Residuen der zweiten Ebene verfügen über eine gemeinsame Kovarianzmatrix, deren Hauptdiagonale die zugehörigen Varianzen $u_{0j}{*}u_{0j}$ bzw. $u_{1j}{*}u_{1j}$ enthält. Ihre Kovarianz erfasst der Term $u_{0j}{*}u_{1j}$. Wenn wir diesen Term am Produkt der zugehörigen Standardabweichungen standardisieren, erhalten wir die Interkorrelation der Residuen auf der zweiten Ebene. In der Literatur bezeichnen die Autoren diese spezielle Kovarianzmatrix unterschiedlich. Byrk & Raudenbush (1992: 29) haben hierfür den griechischen Großbuchstaben T (TAU) eingeführt. Goldstein (1999, Kapitel 2: 6) bezeichnet sie mit Ω (OMEGA), während Busing et al. (1994: 10) den Großbuchstaben Θ (THETA) verwenden. Im Folgenden verwenden wir zur Bezeichnung Kovarianzmatrix der Residuen gemäß der Notation von Busing et al. den griechischen Großbuchstaben Θ.

Da im Weiteren die eigentliche Analyse der Mehrebenendaten mit dem von Busing, van der Leeden & Meijer entwickelten Programm MLA erfolgt, bietet es sich an, auch deren Formelnotation zu verwenden. An ihr orientiert sich ebenfalls Hox (2002) in seinem Lehrbuch. Alle Autoren gehen gemeinsam von der Annahme aus, dass die Residuen über die Ebenen hinweg nicht miteinander korrelieren dürfen.

(14)   *Annahmen für die Fehlerterme des Random-Coefficient-Modells:*

Level/Ebene 1:

1) e_{ij} *ist normalverteilt mit einem Erwartungswert von Null und einer konstanten Varianz* σ^2: $e_{ij} \sim NV(0, \sigma^2)$
2) *Vorliegen der Homoskedastizität von* e_{ij} *in allen Kontexten*

Level/Ebene 2:

1) u_{kj} *ist normalverteilt mit einem Erwartungswert von Null und der Kovarianzmatrix* (Θ) *der Residuen:*

$$E\begin{bmatrix} u_{0j} \\ u_{1j} \end{bmatrix} = \begin{bmatrix} 0 \\ 0 \end{bmatrix} \quad Var\begin{bmatrix} u_{0j} \\ u_{1j} \end{bmatrix} = \begin{bmatrix} \tau_{00} & \tau_{01} \\ \tau_{10} & \tau_{11} \end{bmatrix} = \begin{bmatrix} \sigma^2_{u_{0j}} & \sigma_{u_{0j},u_{1j}} \\ \sigma_{u_{1j},u_{0j}} & \sigma^2_{u_{1j}} \end{bmatrix} = \begin{bmatrix} (u_{0j}*u_{0j}) & (u_{0j}*u_{1j}) \\ (u_{1j}*u_{0j}) & (u_{1j}*u_{1j}) \end{bmatrix}$$

$$= T \qquad = \Omega \qquad = \Theta$$

$$Var(u_{0j}) = \tau_{00} = \sigma^2_{u_{0j}} = u_{0j}*u_{0j}$$
$$Var(u_{1j}) = \tau_{11} = \sigma^2_{u_{1j}} = u_{1j}*u_{1j}$$
$$Cov(u_{0j},u_{1j}) = \tau_{10} = \tau_{01} = \sigma_{u_{1j},u_{0j}} = \sigma_{u_{0j},u_{1j}} = u_{1j}*u_{0j} = u_{0j}*u_{1j}$$

2) *Die Residuen der 2. Ebene korrelieren nicht mit denjenigen der 1. Ebene:*

$$Cov\ (u_{0j}\ ,\ e_{ij}) = Cov\ (u_{1j}\ ,\ e_{ij}) = 0$$

Für die Berechnung der Fixed- und Random-Effekte verwenden die einzelnen Autoren unterschiedliche Schätzverfahren und Algorithmen, welche die Tabelle 11 gegenüberstellt.

Die drei Mehrebenenprogramme MLA, MLwiN sowie WHLM 5 verfügen über zwei unterschiedliche Varianten der Maximum-Likelihood-Schätzung, die Full-Information-(FIML) und die Restricted-Maximum-Likelihood-Methode (REML). Erstere enthält in ihrer Likelihoodfunktion sowohl die festen Regressionsparameter als auch die Varianzkomponenten der Fehlerterme. Bei letzterer beinhaltet die Likelihoodfunktion nur die Varianzkomponenten, aber nicht die Regressionsparameter. Während die FIML die Regressionsparameter als bekannte

Größen bei der Schätzung der Varianzkomponenten behandelt, betrachtet sie die REML als Schätzer, die mit Unsicherheit behaftet sind. Theoretischerweise sollte die REML bei wenigen vorliegenden Gruppen zu genaueren Schätzer führen, wie Bryk & Raudenbush (1992: 46; 2002: 53) festgestellt haben. Dennoch fallen die Unterschiede zwischen den beiden Schätzverfahren bei der praktischen Daten-analyse kaum ins Gewicht.

Tabelle 11:   *Schätzverfahren für Mehrebenenmodelle*

Algorithmus:	Fixed-Regressionseffekte	Random-Varianzkomponenten
Full-Information-Maximum-Likelihood (FIML)[1] / Iterative Ge-neralized Least Squares (IGLS)[2]	Maximum-Likelihood	Maximum-Likelihood
Restricted-Maximum-Likelihood (REML)[1]/ Restricted-Iterative -Ge-neralized Least-Squares (RIGLS)[2]	Generalized-Least-Squares	Maximum-Likelihood
Expectation-Maximation (EM)[1] [3]	Maximum-Likelihood	Maximum-Likelihood

Anmerkungen:

1) In MLA 2.2 und 3.2 als Schätzverfahren realisiert
2) In MlwiN als Schätzverfahren realisiert
3) In WHLM 5 als Schätzverfahren realisiert

Im Vergleich zur REML verfügt die FIML über zwei entscheidende Vorteile. Erstens ist ihre Berechnung sehr viel einfacher als bei der REML, da die Regressionsparameter ein Bestandteil der zu maximierenden Likelihoodfunktion sind. Zweitens kann der globale Likelihood-Ratio-χ^2-Test benutzt werden, um die statistische Signifikanz nicht nur der Varianzkomponenten sondern auch der Regressionsparameter zu überprüfen. Bei der REML-Schätzung ist dies nur für die Varianzkomponenten zulässig. MLA 2.2 stellt beide Varianten der Maximum-Likelihood-Schätzung zur Verfügung, wobei der Benutzer zwischen der Broyden-Fletcher-Goldfarb-Shanno-Variante (BFGS) des Davidon-Fletcher-Powell-Quasi-

Newton-Minimierungsalgorithmus und der Expectation-Maximization-Methode (EM) von Dempster, Laird & Rubin (1977) wählen kann. Die resultierenden Maximum-Likelihood-Schätzer sind konsistent, approximativ effizient sowie unverzerrt.

> „Estimates based on this approach have certain desirable properties. Under quite general assumptions, these estimates are consistent (i.e., they will be very near the true parameter with high probability if enough data are collected) and asymptotically efficient (i.e., given a large sample of data, the maximum likelihood estimators are approximately unbiased with minimum variance). Another advantage is that if one wants to estimate a function of parameters, one simply plugs in maximum likelihood estimates of the parameters. The resulting function will itself be a maximum likelihood estimator." (Bryk & Raudenbush 1992: 45)

Diese überaus erwünschten Eigenschaften der Maximum-Likelihood-Schätzer gelten aber nur für hinreichend große Stichproben. Über ihre Eigenschaften bei kleinen Stichproben ist aber wenig bekannt. Daher schlägt zum Beispiel Goldstein (1987) vor, dies mit Hilfe von Simulationsstudien zu untersuchen. Ebenfalls nimmt die Maximum-Likelihood-Schätzung an, dass die Residuen auf den verschiedenen Ebenen alle der Normalverteilung folgen. Die Verletzung dieser Annahme kann dazu führen, dass die Standardfehler der Regressionsparameter und Varianzkomponenten verzerrt geschätzt werden. Dies führt zur fehlerhaften Berechnung der T-Tests und der Konfidenzintervalle der Schätzer. Einen Ausweg hieraus bieten die in MLA implementierten Simulationsansätze, welche Bootstrap- und Jackknife-Verfahren beinhalten.[15]

Einen detaillierten Überblick über die Entwicklung des Expectation-Maximization-Algorithmus vermittelt Raudenbush (1988), in dem er die wichtigsten Beiträge in Tabelle 12 kurz skizziert.

Tabelle 12:	*Beiträge zur Entwicklung der Mehrebenenanalyse auf der Grundlage des Expectation-Maximization-Algorithmus (nach Raudenbush 1988: 88)*
Quelle:	Beitrag:
Lindley & Smith (1972)	leiteten die Bayeschen Schätzer für Hierarchisch-Lineare-Modelle her.
Smith (1973)	verglich Bayesche und Kleinste-Quadrate-Schätzer für Hierarchisch-Lineare-Modelle.

---

15   S. Meijer, van der Leeden & Busing (1995)

Quelle:	Beitrag:
Harville (1976)	erweiterte das Gauss-Markow-Theorem zur Einbeziehung gewichteter Schätzer („shrinkage estimators").
Dempster, Laird & Rubin (1977)	wiesen nach, dass der EM-Algorithmus zu Maximum-Likelihood-Schätzer führt, die von besonderer Bedeutung für die Schätzung der Varianzkomponenten sind.
Dempster, Rubin & Tsutakawa (1981)	entwickelten wichtige Berechnungsschritte, um den EM-Algorithmus auf Random-Coefficient-Regressionsmodelle anzuwenden.
Strenio (1981)	verallgemeinerte die EM-Schätzung auf Zweiebenenmodelle mit exogenen Merkmalen
Morris (1983)	prüfte die Eigenschaften und Anwendungsmöglichkeiten der empirischen Bayeschen „shrinkage estimators"
Braun, Jones, Rubin & Thayer (1983)	wendeten ein allgemeines Mischmodell auf den Fall an, in dem die individuellen Gruppendaten keinen vollen Spaltenrang aufweisen.
Wong & Mason (1985); Stiratelli, Laird & Ware (1984)	erweiterten das Mehrebenenmodell für binäre abhängige Variablen.
Longford (1985)	entwickelte den Fisher-Scoring-Algorithmus für die Maximum-Likelihood-Schätzung der Varianzkomponenten im linearen Mehrebenenmodell.
Goldstein (1986)	entwickelte die iterative Verallgemeinerte-Kleinste-Quadrate-Schätzung als Realisierung der Maximum-Likelihood-Schätzung im linearen Mehrebenenmodell.

Wir werden zunächst das so genannte Random-Intercept-Only-Modell als Realisierung der Varianzanalyse spezifizieren und anschließend mit MLA 2.2 schätzen. Hierzu benötigen wir lediglich die Beobachtungswerte der abhängigen Variablen und die Kontextkennung für jede Aggregateinheit. Vor ihrem Export als Rohdaten sortieren wir die Fälle gemäß der Kontextkennung aufsteigend. Außerdem fordern wir als Dezimaltrenner den Punkt, im Englischen „dot" genannt, an. Für unser 10-Schulen-Beispiel der NELS-1988-Untersuchung benötigen wir die folgenden SPSS-Befehle:

```
GET FILE='D:\multilev\spss\nels10b.sav'.
SORT CASES BY  v1 (A) .
SET DECIMAL=DOT.
WRITE OUTFILE='nels8810.dat' /1 schulnr v9 v5 public v5mean
 (f2.0,1X,f8.2,1X,F8.2,1X,F1.0,1X,F8.4).
EXECUTE.
```

SPSS schreibt die Rohdatendatei in das aktuelle Datenverzeichnis. Sie hat folgende Struktur, die hier auszugsweise für 16 Fälle dokumentiert wird. Die erste Spalte enthält die Schulkennung als Aggregateinheit. In der zweiten Spalte folgt das Ergebnis des Mathematiktests. Die dritte Spalte beinhaltet den wöchentlichen Arbeitsaufwand, den Schüler i in der Schule j für Mathematikhausaufgaben investiert hat. Die Dummyvariable PUBLIC der vierten Spalte kennzeichnet die öffentlichen im Vergleich zu den Privatschulen. Die fünfte Spalte enthält den Schulmittelwert des wöchentlichen Arbeitsaufwandes. Er fungiert als Indikator für die spezifische Leistungsnorm der Schule j.

```
1    48.00    1.00 1    1.3913
1    48.00     .00 1    1.3913
1    53.00     .00 1    1.3913
1    42.00    1.00 1    1.3913
1    43.00    2.00 1    1.3913
1    57.00    1.00 1    1.3913
1    33.00    5.00 1    1.3913
1    64.00    1.00 1    1.3913
1    36.00    1.00 1    1.3913
.    .....    .... .    ......
.    .....    .... .    ......
.    .....    .... .    ......
2    58.00    2.00 1    2.3500
2    43.00    2.00 1    2.3500
2    49.00    1.00 1    2.3500
2    42.00    1.00 1    2.3500
2    35.00    5.00 1    2.3500
2    38.00    2.00 1    2.3500
2    35.00    1.00 1    2.3500
```

Der Datensatz selbst enthält keine fehlenden Angaben und liegt in ASCII-Form in der Datei „NELS8810.DAT" auf der Internetseite des Autors vor.

4.1 Das Random-Intercept-Only-Modell als Realisierung der ANOVA

Beim Random-Intercept-Only-Modell handelt es sich um das einfachste und sparsamste Modell des Random-Coefficient-Ansatzes. Es enthält lediglich eine Regressionskonstante und nimmt an, dass diese über die Kontexteinheiten hinweg variieren darf. Wie im einfachen Regressionsmodell erfasst die Regressionskonstante den Mittelwert der abhängigen Variablen für die jeweilige Gruppe. Daher bezeichnen es Bryk & Raudenbush (1992: 64) auch als „Mean-as-Outcome Regression". Im Rahmen des Random-Coefficient-Modells spezifizieren wir dies in der Zwei- und Eingleichungsform folgendermaßen.

(15)   *Das Random-Intercept-Only-Modell:*

   Level/Ebene 2: *Between-Context Regression*

   2) *Intercept-as-Outcome-Model*

   $$b_{0j} = \gamma_{00} + u_{0j}$$

   Level/Ebene 1: *Within-Context Regression*

   1) $Y_{ij} = b_{0j} + e_{ij}$

   Eingleichungsform: (2) *in* (1):

   $$Y_{ij} = \gamma_{00} + u_{0j} + e_{ij}$$

   Interpretation des Residuums der Ebene 2:

   in 2) $u_{0j} = b_{0j} - \gamma_{00}$

   Legende:

   Y_{ij} : *Messwert der Abhängige Variable Y von i im Kontext j*
   γ_{00}: *Geschätzter Grand Mean von Y*
   u_{0j} : *Residuum der 2.Ebene: Abweichung des geschätzten Gruppenmittelwert $\bar{y}_j$ vom geschätzten Grand Mean $\bar{y}_{..}$*
   b_{0j} : *Geschätzter Mittelwert von Y der Gruppe j*
   e_{ij} : *Residuum der 1.Ebene: Abweichung der Befragten i vom geschätzten Mittelwert seiner Gruppe j*

Beim Random-Intercept-Only-Modell zerlegen wir die Varianz von Y in ihre zwei Bestandteile, die Varianz innerhalb der jeweiligen Gruppen als Abweichung des Falls i von seinem Gruppenmittelwert und die Varianz zwischen den Gruppen als Abweichung ihrer geschätzten Gruppenmittelwerte vom Gesamtmittelwert. Dies entspricht exakt dem Vorgehen der klassischen Varianz- und Regressionsanalyse, die beide die Gesamtsumme der Abweichungsquadrate von Y in ihre Einzelsummen der Abweichungsquadrate innerhalb der Gruppen sowie zwischen den Gruppen zerlegen. Als Kontingenzmaß zur Bestimmung des Varianzanteils, der auf die Gruppenbildung entfällt bzw. „erklärt" wird, bieten sich das η^2 (eta^2) und der Determinationskoeffizient R^2 an. Beide beruhen gleichermaßen auf dem Prinzip der Proportionalen Fehlerreduktion (PRE). Ihnen entspricht in der Terminologie der Mehrebenenanalyse der „Intra-class-correlation"-Koeffizient ρ (rho).

(16)   *Berechnung des Kontingenzmaßes η^2, des Determinationskoeffizienten*
            R^2 sowie der Intra-Klassen-Korrelation ρ als PRE-Maße

$$\eta^2 = \frac{\sum\limits_{i=1}^{n}(Y_i - \bar{Y}_{..})^2 - \sum\limits_{i=1}^{n}(Y_i - \bar{Y}_{.j})^2}{\sum\limits_{i=1}^{n}(Y_i - \bar{Y}_{..})^2} = \frac{\sum\limits_{j}^{J}(\bar{Y}_{.j} - \bar{Y}_{..})^2}{\sum\limits_{i=1}^{n}(Y_i - \bar{Y}_{..})^2} = [0;1]$$

$$R^2 = \frac{\sum\limits_{i=1}^{n}(Y_i - \bar{Y}_{..})^2 - \sum\limits_{i=1}^{n}(Y_i - \hat{Y}_i)^2}{\sum\limits_{i=1}^{n}(Y_i - \bar{Y}_{..})^2} = \frac{\sum\limits_{i=1}^{n}(\hat{Y}_i - \bar{Y}_{..})^2}{\sum\limits_{i=1}^{n}(Y_i - \bar{Y}_{..})^2} = [0;1]$$

$$\rho = \frac{\sigma^2}{\tau + \sigma^2} = \frac{u_{0j}^2}{(u_{0j}^2 + \sigma_{e_{ij}}^2)} = \frac{\sigma_{u0}^2}{(\sigma_{u0}^2 + \sigma_{e0}^2)} = [0;1]$$

Beim ρ entspricht die erste Formelangabe der klassischen Formulierung der Psychometrie. Bei der zweiten und dritten Angabe handelt es sich um die Formeln, die Busing, Meijer & van der Leeden (1994: 41) bzw. Goldstein (1999, Kapitel 2: 5) verwenden. Der Koeffizient der Intraklassenkorrelation gibt im Random-Intercept- Only-Modell als Anteilswerts an, wie viel Prozent der Varianz von Y maximal die Kontextzugehörigkeit des Probanden i „erklärt" oder „bindet". Bei der Berücksichtigung von zusätzlichen Kontextmerkmalen misst ρ den Varianzanteil der abhängigen Variablen, der auf der Kontextebene durch die Kontextmerkmale nicht „erklärt" oder gebunden wird.

Für die Schätzung des Random-Intercept-Only-Modells benötigen wir die folgende MLA2.2-Befehlsdatei, die nur die erforderlichen Angaben erhält.

```
/TITLE
  National Education Longitudinal Study 1988: Random-Intercept-Only-Modell
  % Kreft & De Leeuw: Introducing Multilevel Modeling. London: SAGE, 1998
  % Datensatz mit 10 Schulen (eigene Aufbereitung)
  % V1 SCHULNR
  % V2 MATHSCORE (V9)
  % V3 TIMESPENT (V5)
  % V4 DUMMY PUBLIC vs. Private School
  % V5 SCHOOL-MEAN-TIMESPENT

/DATA
  file = nels8810.dat
  vars = 5
  id2 = 1

/MODEL
  b0 = g0 + u0
  v2 = b0 + e

/PRINT
  olsq = yes
  rand = all

/END
```

Als Voreinstellung beim Schätzverfahren wählt MLA automatisch die Full-Information-Maximum-Likelihood-Methode und den BFGS-Algorithmus. Mit dem „/TITLE"-Befehl definieren wir in seiner Folgezeile einen Titel, der auf jeder Seite des Ausgabeprotokolls erscheint. Mit dem Prozentzeichen „%" werden Kommentarzeilen eingeleitet, die vom Parser ausgespart werden. Dies gilt ebenfalls für Freizeilen. Mit Hilfe des „/DATA"-Befehls definieren wir unser Datenmatrix, wobei die „file=Dateiname.Suffix"-Option den Namen der einzulesenden ASCII-Datendatei angibt. Mit der „vars=k"-Option definieren wir die Anzahl der einzulesenden Variablen und somit die Spaltenzahl unserer Datenmatrix, wobei MLA intern die Variablen von 1 bis k durchnummeriert. Über diese Spaltennummer werden die Variablen später aufgerufen. Mit der „id2=Spaltennummer"-Option legen wir fest, welche Variable die Kontextkennung als ganzzahligen Wert enthält. Mit dem „/MODEL"-Befehl spezifizieren wir auf seinen Folgezeilen das zu schätzende Random-Coefficient-Modell, wobei jede Zeile exakt eine Gleichung enthalten muss. Reicht der Platz nicht aus, so fordern wir mit zwei Backslashes „\\" jeweils eine Folgezeile an. Mit dem „/PRINT"-Befehl rufen wir für die Ausgabedatei zusätzliche Optionen auf. Mit der „olsq=yes"-Option fordern wir MLA auf, die Regressions- und Varianzkomponentenschätzer der zweistufigen Kleinste-Quadrate-Schätzung (Two-Steps-Least-Squares) ebenfalls zu dokumentieren. Mit der Option „rand=all" erhalten wir die Ordinary-Least-Squares-Schätzer der einzelnen Binnenregressionen. Mit dem „/END"-Befehl schließen wir die Befehldatei ab. Für die MLA-Befehle spielt die Groß- und Kleinschreibung keine Rolle, da MLA zwischen beiden nicht unterscheidet.

Mit Hilfe des Random-Interecpt-Only-Modells überprüfen wir die folgende inhaltliche Forschungshypothese:

> Die untersuchten Schulen unterscheiden sich statistisch bedeutsam im Hinblick auf das Mathematiktestergebnis ihrer Schüler.

Da es sich bei MLA um ein DOS-Extender-Programm handelt, haben wir beim Programmaufruf die Befehls- und Ausgabedateien anzugeben. MLA erwartet, dass die Eingabe- und Ausgabedateien im selben Verzeichnis wie MLA selbst liegen. Der eigentliche Programmaufruf geschieht in der folgenden Form:

Starten von MLA als DOS-Programm:

mla.exe input-Datei output-Datei

Da es sehr umständlich ist, das MLA-Programm jeweils in einem DOS-Fenster unter Window 98/NT/XP/2000 Pro zu starten, bietet es sich an, für das Arbeiten mit MLA den Freeware-Editor Programmer's File Editor zu verwenden.[16] Aus diesem 32-Bit-Editor können wir MLA direkt starten, die Programmabarbeitung während der Laufzeit überwachen sowie die Ausgabedatei editieren bzw. aktualisieren. Hierzu stellen wir zunächst das Arbeitsverzeichnis des Editors über das „File"-Menü und das „Change Directory"-Submenü auf das aktuelle MLA-Ver-

---

16   Den Programmer's File Editor findet der interessierte Leser unter der folgenden Internetadresse: http://www.lancs.ac.uk./staff/steveb/cpaap/pfe/

zeichnis um. Dies geschieht entweder über die unmittelbaren Laufwerks- und Pfadangaben oder über den programminternen Explorer. Mit dem Drücken der OK-
Taste bestätigen wir anschließend die Verzeichnisauswahl.

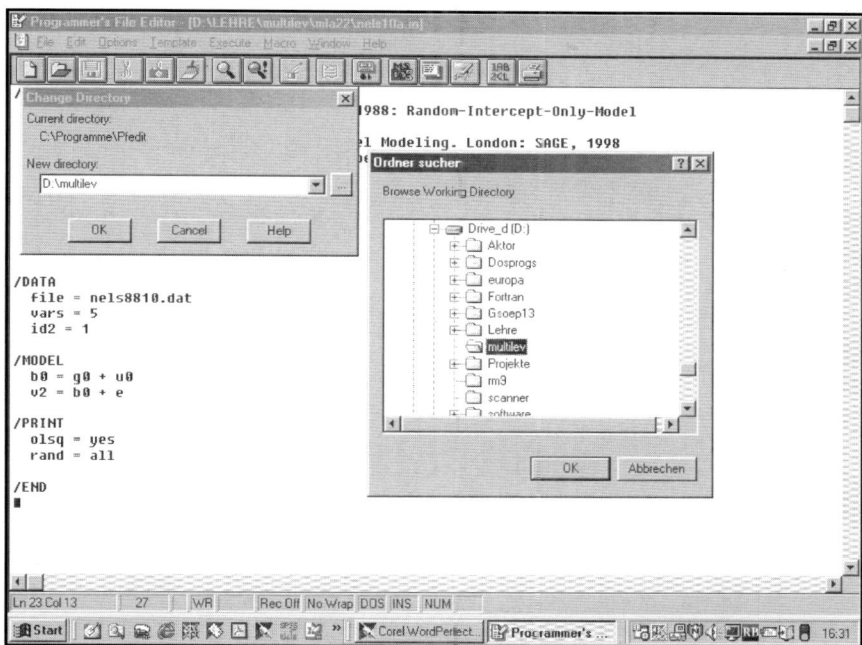

Abb. 47: Wechsel des Arbeitsverzeichnisses im Programmer's File Editor (PFEdit)

Mit der Funktionstaste F11 oder über das „Execute"-Menü rufen wir anschließend
das Eingabefenster für den Aufruf des DOS-Programms auf. Für den Programmaufruf von MLA geben wir zusätzlich die Namen und Suffixe der Befehls- und
Ausgabedateien an. Wir müssen ebenfalls das Verzeichnis, in dem das auszuführ-
rende Programm liegt, benennen. Um unsere Befehlsdatei ausführen zu lassen,
speichern wir sie zuerst extern ab, bevor wir sie an die MLA.EXE ankoppeln
können. Die Befehlsdatei selbst müssen wir beim Programmaufruf nicht verlassen.
Alle Meldung während der eigentlichen Programmlaufzeit dokumentiert Pfedit in
einem „CommandOutput"-Fenster. Dies erweist sich als sehr hilfreich bei der
Fehlersuche.

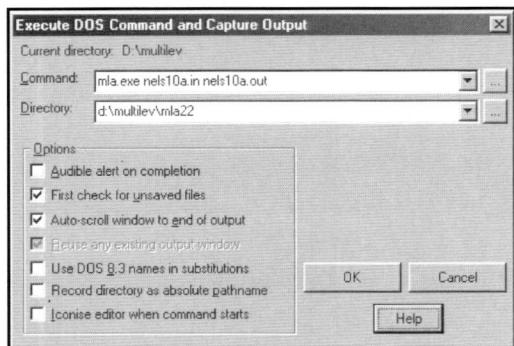

Abb. 48:   Aufruf von MLA und Übergabe der Steuer- und
Ausgabedatei

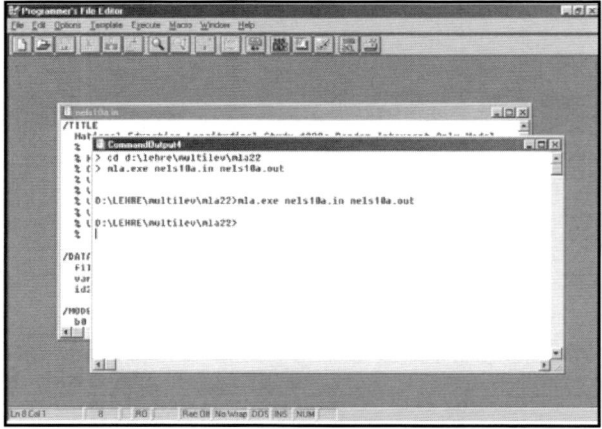

Abb. 49:   Ausgabefenster des PFE DOS Command Manager

Über den „Open..."-Befehl des Datei-Menüs öffnen wir dann die zugehörige
Ausgabedatei „NELS10A.OUT", die im Folgenden ohne Seitenvorschübe dokumentiert wird. Die Erläuterungen zu den einzelnen Abschnitten des Ausgabeprotokolls sind kursiv gesetzt.

```
      MMMM        MMMMM LLLL  AAAAAAAA
     MMMMM        MMMMMM LLLL  AAAAAAAAA
    MMMM M       MMMMMMM LLLL  AAAA     AAAA
   MMMM  MM MM MMMM  LLLL  AAAA      AAAA
  MMMM    MMMM  MMMM LLLL  AAAA        AAAA
 MMMM     MM   MMMM LLLL  AAAAAAAAAAAAAAAAAA
 MMMM     M   MMMM  LLLL  AAAAAAAAAAAAAAAAAAAA
 MMMM         MMMM LLLL  AAAA          AAAA
 MMMM         MMMM LLLL  AAAA        AAAA
 MMMM        MMMM  LLLL          AAAA
 MMMM        MMMM  LLLLLLLLLLLLLLLLLLLLLLLLLLL  AAAA
 MMMM        MMMM  LLLLLLLLLLLLLLLLLLLLLLLLLLLLL  AAAA
                                             AAAA
Multilevel Analysis for Two Level Data       AAAA
                                             AAAA
Version 2.2c                                 AAAA
                                             AAAA
Developed by                                 AAAA
  Frank Busing                               AAAA
  Erik Meijer                                AAAA
  Rien van der Leeden                        AAAA
                                             AAAA
Published by                                 AAAA
  Leiden University                          AAAA
  Faculty of Social and Behavioural Sciences AAAA
  Department of Psychometrics and Research Methodology  AAAA
  Wassenaarseweg 52                          AAAA
  P.O. Box 9555                              AAAA
  2300 RB Leiden                             AAAA
  The Netherlands                            AAAA
  Phone +31 (0)71-273761                     AAAA
  Fax   +31 (0)71-273619                     AAAA

MLA (R)  Multilevel Analysis for Two Level Data  Version 2.2c    11-11-1996
Copyright 1993-1996 Leiden University  All Rights Reserved        Part  1
Fri Jan 16 16:43:15 2004

Inputfile statements    <- Dokumentation der eingelesenen Befehlsdatei
 1  /TITLE
 2     National Education Longitudinal Study 1988: Random-Intercept-Only-Modell
 3     %
 4     % Kreft & De Leeuw: Introducing Multilevel Modeling. London: SAGE, 1998
 5     % Datensatz mit 10 Schulen (eigene Aufbereitung)
 6     % V1 SCHULNR
 7     % V2 MATHSCORE (V9)
 8     % V3 TIMESPENT (V5)
 9     % V4 DUMMY PUBLIC vs. Private School
10     % V5 SCHOOL-MEAN-TIMESPENT
11     %
12
13  /DATA
14     file = nels8810.dat
15     vars = 5
16     id2 = 1
17
18  /MODEL
19     b0 = g0 + u0
20     v2 = b0 + e
21
22  /PRINT
23     olsq = yes
24     rand = all
25
26  /END

       26 lines read from „nels10a.in"
```

```
MLA (R)  Multilevel Analysis for Two Level Data  Version 2.2c    11-11-1996
Copyright 1993-1996 Leiden University  All Rights Reserved        Part  2

Fri Jan 16 16:43:15 2004
National Education Longitudinal Study 1988: Random-Intercept-Only-Modell

Random Level-1 coefficients: ordinary least squares estimates per level-2 unit

Parameter B0        <-  Dokumentation der Within-OLS-Regressionsschätzer für die
                        einzelnen Kontexte (Geschätzte Mittelwerte der Schulen)

Unit    Size    Estimate          SE            T          Prob(T)

  1      23     45.7391        1.5708         29.12         0.0000
  2      20     42.1500        1.8599         22.66         0.0000
  3      24     53.2500        2.3523         22.64         0.0000
  4      22     43.5455        2.1338         20.41         0.0000
  5      22     49.8636        1.7998         27.70         0.0000
  6      20     46.4000        0.9663         48.02         0.0000
  7      67     62.8209        0.6934         90.60         0.0000
  8      21     49.6667        2.2555         22.02         0.0000
  9      21     46.3333        2.0843         22.23         0.0000
 10      20     47.8500        2.5270         18.94         0.0000

Mean            48.7619
Variance        34.6894

Parameter SIGMA     <-  Dokumentation der Summe der Abweichungsquadrate der Residuen
                        innerhalb der Kontexte (Residualvarianz innerhalb der Schulen)

Unit    Size    Estimate          SE            T          Prob(T)

  1      23     56.7470       17.1099          3.32         0.0009
  2      20     69.1868       22.4472          3.08         0.0021
  3      24    132.8043       39.1619          3.39         0.0007
  4      22    100.1645       30.9114          3.24         0.0012
  5      22     71.2662       21.9932          3.24         0.0012
  6      20     18.6737        6.0585          3.08         0.0021
  7      67     32.2099        5.6070          5.74         0.0000
  8      21    106.8333       33.7837          3.16         0.0016
  9      21     91.2333       28.8505          3.16         0.0016
 10      20    127.7132       41.4356          3.08         0.0021

Mean            80.6832
Variance        38.1397

Note: random level-1 coefficients are also referred to as level-2 outcomes
See documentation for further elaboration on this subject


MLA (R)  Multilevel Analysis for Two Level Data  Version 2.2c    11-11-1996
Copyright 1993-1996 Leiden University  All Rights Reserved        Part  3

Fri Jan 16 16:43:15 2004
National Education Longitudinal Study 1988:Random-Intercept-Only-Modell

Ordinary least squares estimates <- Regressionskoeffizienten der OLS-Startschätzung

Fixed parameters

   Label      Estimate            SE

     G0      51.300000         0.690603
```

```
Random parameters <- Varianzkomponenten der OLS-Startschätzung

   Label       Estimate           SE
   E(1)       124.002317       10.896698 <-   Summe der Abweichungsquadrate der Residuen
                                              (SSR) der 1. Ebene ohne Berücksichtigung
                                              der Clusterung

   U0*U0       37.662348       16.843114 <-   Summe der Abweichungsquadrate der Residuen
                                              der 2. Ebene

   E(2)        69.561786        6.112739 <-   Summe der Abweichungsquadrate der Residuen
                                              der 1. Ebene (TSLS-Schätzung) mit Berück-
                                              sichtigung der Clusterung

E(1): one-step estimate of sigma squared (ignoring grouping)
E(2): two-step estimate of sigma squared
See documentation for further elaboration on these subjects

MLA (R)  Multilevel Analysis for Two Level Data  Version 2.2c     11-11-1996
Copyright 1993-1996 Leiden University  All Rights Reserved        Part   4

Fri Jan 16 16:43:15 2004
National Education Longitudinal Study 1988: Random-Intercept-Only-Modell

Full information maximum likelihood estimates (BFGS)

Fixed parameters <- FIML-Schätzer des Fixed-Parts des Random-Coefficient-Modells

   Label       Estimate           SE              T         Prob(T)

     G0       48.872053        1.835091        26.63        0.0000

Random parameters <- FIML-Schätzer des Random-Parts des Random-Coefficient-Modells
                     (der Varianzkomponenten):

   Label       Estimate           SE              T         Prob(T)

   U0*U0       30.540616       15.058972         2.03        0.0426 <- *)

     E         72.235990        6.460918        11.18        0.0000 <- **)
```

*) Geschätzte Varianz der Abweichungen der kontextspezifischen Regressionskonstanten
    vom geschätzten Grand-Mean G0 (Residuen der 2. Ebene)

**) Geschätzte Varianz der Residuen der 1. Ebene (Summe der Abweichungsquadrate der
    Residuen innerhalb der Schulen)

Intra-class correlation = 30.54/(72.24+30.54) = 0.2972 <- ***)

***) Geschätzte Intraklassenkorrelation als Verhältnis von Zwischenvarianz zur Gesamt-
     varianz. Maximal 29,72 % der Varianz des Mathematiktestergebnisses werden durch die
     Kontext-/Schulzugehörigkeit der Schüler erklärt.

```
# iterations = 6              <- Anzahl der benötigten Iterationen

-2*Log(L)    = 1874.779120 <- Deviance (Fehlersumme des aktuellen Modells (M_A)

This job required 36 kbytes of memory    <- Benötigter Hauptspeicher
and took 0.05 seconds of processor time <- Benötigte Rechenzeit

   0 warning(s) issued       <- Anzahl der programminternen Warnungen
   0 error(s) detected        <- Anzahl der ermittelten Fehler

End of job.       <- Jobende
```

Die Interpretation der Ergebnisse stützt sich auf die Full-Information-Maximum-Likelihood-Schätzer der festen Regressionsparameter und ihrer Varianzkomponenten. Der geschätzte Grand-Mean des Mathematiktestergebnisses beträgt rd. 48,87 Punkte und ist statistisch signifikant von Null verschieden, wie dem T-Wert von 26,63 zu entnehmen ist. Die zugehörige Irrtumswahrscheinlichkeit liegt deutlich unter der in den Sozialwissenschaften üblichen Signifikanzgrenze von 5 Prozent. Für die beiden zusätzlich geschätzten Varianzkomponenten gilt ebenfalls, dass sie zumindest auf diesem Niveau statistisch signifikant sind. Die geschätzte Varianz der kontextspezifischen Regressionskonstanten beträgt 30,54. Dies entspricht der Varianz der geschätzten Gruppenmittelwerte. Die geschätzte Binnenvarianz des Testergebnisses innerhalb der Schulen fällt mit 72,24 Einheiten mehr als doppelt so hoch aus wie die ZwischenVarianz. Wie die entsprechenden T-Werte belegen, sind beide Varianzkomponenten signifikant von Null verschieden. Im Rahmen des hier geschätzten Random-Intercept-Only-Modells fungiert der Intraklassenkorrelationskoeffizient ρ als Maß der „praktischen Signifikanz". Er setzt die Zwischen-Varianz der Varianzkomponenten ins Verhältnis zu ihrer GesamtVarianz. Sein Wert von 0,2972 bedeutet, dass die Kontextzugehörigkeit der Schüler maximal 29,72 % der Varianz ihres Testergebnisses erklärt. Bei diesem Wert handelt es sich um die Obergrenze der Varianzaufklärung, die durch die Einbeziehung zusätzlicher Kontextmerkmale der Schulen im günstigsten Fall erreicht werden kann.

Analog zum F-Test des klassischen Regressionsmodells überprüfen wir mit Hilfe des globalen und partiellen Likelihood-Ratio-χ^2-Tests, ob die jeweilige Nullhypothese H_0 zu verwerfen ist. Für hierarchisch ineinander geschachtelte RC-Modelle, die mit Hilfe der FIML-Methode geschätzt werden, gilt, dass die Differenz ihrer Log-Likelihood-Werte bzw. ihrer Devianzen wiederum der χ^2-Verteilung folgt. Die Anzahl der zugehörigen Freiheitsgrade resultiert aus der Differenz der Freiheitsgrade des umfassenderen und sparsameren Modells. Die Freiheitsgrade der Einzelmodelle ergeben sich aus der Anzahl der zu schätzenden festen Regressionsparameter und der Varianzkomponenten.

„When parameters of a statistical model are estimated by the maximum likelihood (ML) methode, the estimation also provides the likelihood, which can be transformed into the deviance defined as minus twice the natural logarithm of the likelihood. This deviance can be regarded as a measure of lack of fit between model and data, but (in most statistical models) one cannot interpret the values of the deviance directly, but only differences in deviance values for several models fitted to same data set.
Suppose that two models are fitted to one data set, model M_0 with m_0 parameters and a larger model M_1 with m_1 parameters. So M_1 can be regarded as an extension of M_0, with $m_1 - m_0$ parameters added. Suppose that M_0 is tested as the null hypothesis and M_1 is the alternative hypothesis. Indicating the deviances by D_0 and D_1, respectively, their difference $D_0 - D_1$ can be

used as a test statistic having a chi-squared distribution with $m_1 - m_0$ degrees of freedom. This type of test can be applied to parameters of the fixed as well as of the random part. The deviance produced by the residual maximum likelihood (REML)[17] method can be used in deviance tests only if the two models compared (M_0 and M_1) have the same fixed parts and differ only in their random parts." (Snijders & Bosker 1999: 88 f.)

Was ist in unserem Fall das geeignete Nullmodell für das Random-Intercept-Only-Modell?

Unsere Forschungshypothese (H_A) unterstellt, dass sich die Schulen im Hinblick auf das Testergebnis ihrer Schüler signifikant voneinander unterscheiden. Die zugehörige Nullhypothese (H_0) verneint genau dies und nimmt daher an, dass die kontextspezifischen Schulmittelwerte mit dem Gesamtmittelwert der Testergebnisse aller Schüler identisch sind. Im Rahmen des RC-Modells nehmen wir daher an, dass die Varianz der kontextspezifischen Regressionskonstanten Null ist. Die beiden Schätzgleichungen des RC-Modells formulieren wir dementsprechend:

(17)   *Nullmodell des Random-Intercept-Only-Modells*

Nullhypothese H_0: Für alle Level-2-Einheiten/Schulen j gilt:
$$b_{0j} = \gamma_{00}$$

Formulierung der Schätzgleichungen:

Level/Ebene 2: $b_{0j} = \gamma_{00}$

Level/Ebene 1: $y_{ij} = b_{0j} + e_{ij}$

Für die Schätzung dieses speziellen Nullmodells mit MLA 2.2 benötigen wir die folgende Befehlsdatei:[18]

---

17   Snijders & Boskers bezeichnen hiermit abweichend von der klassischen Terminologie das Restricted-Maximum-Likelihood-Schätzverfahren (REML).

18   Diese MLA-Befehlsdatei steht unter dem Namen „NELS10M0.IN" neben der Rohdatendatei „NELS8810.DAT" unter der folgenden Internetadresse zur Verfügung:
http://www.soziologie.uni-halle.de/langer/buecher/mehrebenen Menüpunkt: Datensätze

```
/TITLE
  National Education Longitudinal Study 1988: Nullmodell (M0)

/DATA
  file = nels8810.dat
  vars = 5
  id2 = 1

/MODEL
  b0 = g0
  v2 = b0 + e

/END
```

Wir erhalten das folgende Ausgabeprotokoll, das auszugsweise die FIML-Schätzer für den Grand Mean *(G0)* und die ResidualVarianz innerhalb der Schulen *(E)* sowie die Deviance dieses speziellen Nullmodells enthält:

```
National Education Longitudinal Study 1988: Nullmodell (M0)

  Full information maximum likelihood estimates (BFGS)

  Fixed parameters

     Label      Estimate          SE           T        Prob(T)

        G0     51.300000      0.689273       74.43        0.0000

  Random parameters

     Label      Estimate          SE           T        Prob(T)

        E     123.525385     10.833893       11.40        0.0000

  # iterations = 1
  -2*Log(L)    = 1990.124174
```

Der geschätzte kontextunabhängige Grand-Mean des Mathematiktests beträgt 51,30 Punkte und ist in der Grundgesamtheit signifikant von Null verschieden. Die Deviance des Nullmodells weist einen Wert von 1990,12 auf. Die Prüfgröße des Likelihood-Ratio-χ^2-Tests (L.R.-χ^2) ist folgendermaßen definiert:

(18)   *Berechnung des Likelihood-Ratio-χ^2-Tests für den Vergleich von Alternativ- (M_A) und Nullmodell (M_0)*

$$L.R.-\chi^2\text{-}Pr\ddot{u}fgr\ddot{o}\beta e = Deviance_{Nullmodell\ (M_0)} - Deviance_{Alternativmodell\ (M_A)}$$
$$= -2 * \log L(M_0) - [-2 * \log L(M_A)]$$
$$= 1.990,124174 - 1.874,779120 = 115,35$$

Anzahl der Freiheitsgrade ($F.G.$) $= F.G._{Alternativmodell\ (M_A)} - F.G._{Nullmodell\ (M_0)}$

$\qquad = $ *Anzahl geschätzter Fixed-&-Random Effects$_{M_A}$*

$\qquad\quad - $ *Anzahl geschätzter Fixed-&-Random Effects$_{M_0}$*

$\qquad = 3 - 2 = 1$

Kritischer χ^2-Wert (α=0,05 ; $F.G.$=1) $= 3,84$

Testentscheidung: $\chi^2_{Pr\ddot{u}f} \geq \chi^2_{Krit.}$, daher Nullhypothese verwerfen!

Da die empirische Prüfgröße größer als der kritische χ^2-Wert ist, verwerfen wir die zugehörige Nullhypothese. D.h., dass die Einbeziehung der Varianzkomponente der kontextspezifischen Regressionskonstanten zu einer statistisch bedeutsamen Verbesserung der Modellanpassung führt. In seiner partiellen Variante lässt sich der Likelihood-Ratio-χ^2-Test auf beliebige Modellfolgen anwenden, solange das sparsamere Modell im umfassenderen RC-Modell enthalten ist. Hierbei ist aber zu beachten, dass nur bei der Full-Information-Maximum-Likelihood-Methode der Test simultan auf die festen Regressionskoeffizienten und die Varianzkomponentenschätzer anwendbar ist. Erfolgt die Schätzung mit Hilfe der Restricted-Maximum-Likelihood-Methode, so bezieht sich der L.R.-χ^2-Test nur auf die Unterschiede zweier geschachtelter Modelle im Hinblick auf ihre Varianzkomponenten.

Mit den Deviancen des Alternativ- und Nullmodells berechnen wir ebenfalls das von McFadden (1979) vorgeschlagene Pseudo-R^2 zur Bestimmung der Gesamtanpassung der RC-Modells. Es beruht ebenfalls auf dem Prinzip der Proportionalen Fehlerreduktion. Für die Interpretation seines Bestimmtheitsmaßes ρ^2 gibt McFadden (1979: 307) die folgende Daumenregel an:

„Those unfamiliar with the ρ^2 index should be forewarned that its values tend to be considerably lower than those of the R^2 index and should not be judged by the standards for a ‚good fit' in ordinary regression analysis. For example, values of 0.2 to 0.4 for ρ^2 represent an excellent fit."

(19)   *Berechnung des McFadden-Pseudo-R^2*

$$McFadden\text{-}Pseudo\text{-}R^2 = 1 - \left[\frac{\log L_{M_A}}{\log L_{M_0}}\right] = 1 - \left[\frac{Deviance_{M_A}}{Deviance_{M_0}}\right] \approx [0;1]$$

$$= 1 - \left[\frac{-2*\log L_{M_A}}{-2*\log L_{M_0}}\right] = 1 - \left[\frac{1.874,78}{1.990,12}\right]$$

$$= 0,0580 * 100 = 5,80\%$$

Formal gesehen führt die Einbeziehung der kontextspezifischen Regressionskonstanten im Alternativmodell zu einer Reduktion der Fehlermenge um 5,8 %. Hiermit liegen wir deutlich unter dem von McFadden vorgeschlagenen Schwellenwert von 20 %. Für die Beurteilung der Modellanpassung im Sinne der praktischen Signifikanz eignet sich das von Maddala (1986: 39) entwickelte Maximum-Likelihood-Ratio-R^2 deutlich besser als dasjenige von McFadden.

(20)   *Die Berechnung des Maximum-Likelihood-R^2 von Maddala (1986)*

$$R^2_{ML} = 1 - \left[\frac{L(M_0)}{L(M_A)}\right]^{\frac{2}{n_{ij}}} = 1 - \exp\left[\frac{-G^2}{n_{ij}}\right]$$

$$= 1 - \exp\left[\frac{-(-2*\log L(M_0) - (-2*\log L(M_A)))}{n_{ij}}\right] = 1 - \exp\left[\frac{-(L.R.\text{-}\chi^2)}{n_{ij}}\right] \approx [0;1]$$

$$= 1 - \exp\left[\frac{-(1.990,12 - 1.874,78)}{260}\right] = 1 - \exp\left[\frac{-(115,35)}{260}\right]$$

$$= 0,3583 \; oder \; 35,83\%$$

Legende:

$L(M_0)$:   *Likelihood des Nullmodells*
$L(M_A)$:   *Likelihood des umfassenderen Modells*
$\log L(M_0)$:   *Log-Likelihood des Nullmodells*
$\log L(M_A)$:   *Log-Likelihood des umfassenderen Modells*
n_{ij}:   *Stichprobenumfang*

Für das Maddala-ML-R^2 haben Long (1997: 105) sowie Long & Freese (2003: 92) eine Umformung auf der Basis der Likelihood-Ratio-χ^2-Prüfgröße vorgeschlagen, die wir zu seiner Berechnung benutzen, wobei wir für die Darstellung der Deviancen in Formel 20 jeweils nach der 2. Nachkommastelle gerundet haben.

Durch die Kenntnis der Kontextzugehörigkeit erklären wir rd. 35,83 % der Varianz des Mathematiktestergebnisses, wenn wir das Maddala-ML-R^2 als Beurteilungsgrundlage benutzen. Im Vergleich zur Intraklassenkorrelation, die das Maximum des durch die Kontextzugehörigkeit erklärbaren Varianzanteils der Kriteriumsvariable abschätzt, fällt das Maddala-ML-R^2 sogar um rd. 6,11 % höher aus. Dies deutet daraufhin, dass es den Erklärungsbeitrag der Kontextzugehörigkeit eher tendenziell etwas überschätzt. Im Vergleich zum sehr geringen McFadden-Pseudo-R^2 ermöglicht es aber eine deutlich realistischere Einschätzung des Modellfits. Daher verwenden wir bei allen folgenden Random-Coefficient-Modellen ausschließlich das Maddala-ML-R^2 zur Beurteilung des Modellanpassung. Das hohe Maddala-ML-R^2 von rd. 35,83 % identifiziert zwar den Schulkontext als bedeutsamen Prädiktor, es entbindet uns aber nicht von der Aufgabe, diese „black box" durch theoretisch und praktisch bedeutsame Schüler- und Schulmerkmale inhaltlich zu füllen.

4.2 Das Random-Intercept-Modell mit einer Kovariaten als Realisierung des ANCOVA-Modells

Beim Random-Intercept-Only-Modell haben wir nicht berücksichtigt, dass sich die Schüler im Hinblick auf die von ihnen investierte Wochenstundenanzahl für ihre Mathematikhausaufgaben unterscheiden können. Da wir unterstellen, dass „Übung stets den Meister macht", haben wir beim Vergleich der Schulen diesen individuellen Faktor konstant gehalten bzw. auspartialisiert. Beim klassischen Regressionsmodell haben wir dies mit dem Kovarianzmodell gelöst. Im Rahmen des Random-Coefficient-Ansatzes lässt es sich als Random-Intercept-Modell mit einer kontextunabhängigen Kovariaten realisieren. Hierzu ist es aber notwendig, diese Kovariate der ersten Ebene an ihrem Gesamtmittelwert (Grand-Mean) zu zentrieren. Die Konstante der Binnenregression erfasst dann den Erwartungswert oder das geschätzte durchschnittliche Testergebnis derjenigen Schüler, welche der allgemeinen Leistungsnorm für die Mathematikhausaufgaben exakt entsprochen haben. Formal gesehen, spezifizieren wir das zugehörige Mehrebenenmodell folgendermaßen:

(21)   *Das Random-Intercept-Modell als Realisierung der ANCOVA*

Level / Ebene 2: *Between−Context Regression*

2) *Intercept−as−Outcome Model*

$$b_{0j} = \gamma_{00} + u_{0j}$$

$$b_{1j} = \gamma_{10}$$

Level / Ebene 1: *Within−Context Regression*

1) $Y_{ij} = b_{0j} + b_{1j} * (X_{ij} - \bar{X}_{..}) + e_{ij}$

Eingleichungsform: (2) *in* (1):

$$Y_{ij} = \gamma_{00} + \gamma_{10} * (X_{ij} - \bar{X}_{..}) + u_{0j} + e_{ij}$$

Interpretation des Residuums der Ebene 2:

in 2) $u_{0j} = b_{0j} - \gamma_{00}$

Legende´:

Y_{ij} :   *Messwert der Abhängige Variable Y des Probanden i im Kontext j*

γ_{00}:   *Geschätzter adjustierter Grand Mean von Y*

γ_{10}:   *Effekt der kontextunabhängigen Kovariaten X*

u_{0j} :   *Residuum der 2.Ebene: Abweichung des geschätzten adjustierten*

        Gruppenmittelswert $\bar{Y}_j$ vom geschätzten adjustierten Grand Mean $\bar{Y}_{..}$

b_{0j}:   *Geschätzter adjustierter Mittelwert von Y für Gruppe j*

b_{1j}:   *Geschätzter Effekt des exogenen Merkmals X in Gruppe j*

$X_{ij} - \bar{X}_{..}$: *Am Gesamtmittelwert zentriertes exogenes Merkmal X*

e_{ij} :   *Residuum der 1.Ebene: Abweichung der Befragten i*

        vom geschätzten adjustierten Mittelwert seiner Gruppe j

Mit Hilfe dieses speziellen „Random-Intercept"-Modells überprüfen wir die folgende Forschungshypothese:

Unter Kontrolle des individuellen Arbeitsaufwandes für Mathematikhausaufgaben unterscheiden sich die Schulen hinsichtlich der Mathematiktestergebnisse ihrer Schüler im statistisch signifikanten Maße.

Für die Schätzung dieses speziellen ANCOVA-Modells im RC-Ansatz benötigen wir die folgende MLA-Befehlsdatei. Bevor wir das eigentliche Mehrebenenmodell spezifizieren, zentrieren wir zuvor im Datendefinitionsbereich („/DATA") die Variable V3 an ihrem Gesamtmittelwert. Hierfür fordern wir die Option „centering-grand-mean" mit dem Unterbefehl „cgm = v3" an. Sollen mehr als eine Variable zentriert werden, so ist ihre Aufzählung jeweils mit einem Komma zu trennen. Im Rahmen der Binnenregressionen der einzelnen Schulen sagen wir das Mathematiktestergebnis ihrer Schüler aus ihrem individuellen Arbeitsaufwand voraus. Aufgrund der durchgeführten Zentrierung ändert sich der zugehörige Steigungskoeffizient b_{1j} zwar nicht formal, aber er tut dies in seiner inhaltlichen Interpretation. Er gibt uns nunmehr an, um wie viel sich das Testergebnis im Durchschnitt ändert, wenn der betreffende Schüler eine Stunde mehr in Mathematikhausgaben investiert als im Allgemeinen von ihm erwartet wird. Hierbei fungiert der Grand-Mean als Operationalisierung der allgemeinen Hausaufgabennorm. Das klassische ANCOVA-Modell geht davon aus, dass dieser „Trainingseffekt" kontextunabhängig wirkt. Daher ist er für alle 10 Schulen invariant. Wir spezifizieren dies in MLA, indem wir den kontextspezifischen Steigungskoeffizienten b_{1j} mit dem Populationsschätzer γ_{10} gleichsetzen. Da letzterer über keinen Fehlerterm u_{1j} verfügt, geht MLA davon aus, dass er nicht über die Kontexte hinweg variiert. Nur die schulspezifische Regressionskonstante als Schätzer des adjustierten Gruppenmittelwerts darf dies tuen.

```
/TITLE
   National Education Longitudinal Study 1988: ANCOVA-Modell

/DATA
   file = nels8810.dat
   vars = 5
   id2 = 1
   cgm = v3

/MODEL
   b0 = g0 + u0
   b1 = g1
   v2 = b0 + b1*v3 + e

/END
```

Wir erhalten dann das zugehörige Ausgabeprotokoll mit den Populationsschätzern und den zugehörigen Varianzkomponenten des ANCOVA-Modells:

```
National Education Longitudinal Study 1988: ANCOVA-Modell

  Full information maximum likelihood estimates (BFGS)

  Fixed parameters

     Label        Estimate           SE            T         Prob(T)

        G0       49.458149       1.593173        31.04        0.0000
        G1        2.214342       0.377709         5.86        0.0000

  Random parameters

     Label        Estimate           SE            T         Prob(T)

     U0*U0       22.503379      11.308358         1.99        0.0466

         E       64.257805       5.747310        11.18        0.0000

  Intra-class correlation = 22.50/(64.26+22.50) = 0.2594

  # iterations = 7
  -2*Log(L)    = 1842.657617
```

Wie dem Regressionskoeffizienten *G0* des Fixed-Parts zu entnehmen ist, erwarten wir unter Konstanthaltung des individuellen Arbeitsaufwands der Schüler ein durchschnittliches Mathematiktestergebnis von 49,46 Punkten, das mit einem T-Wert von 31,04 statistisch signifikant ist. Unabhängig von der jeweils besuchten Schule zahlt sich jede zusätzliche Hausaufgabenstunde mit einer durchschnittlichen Verbesserung des Testergebnisses um 2,21 Punkte aus. Wie dem T-Wert von 5,86 zu entnehmen ist, gilt diese Leistungssteigerung ebenfalls für die Grundgesamtheit. Die geschätzte Varianz der adjustierten Gruppenmittelwerte beträgt 22,50 Einheiten, wobei sie mit einem T-Wert von 1,99 signifikant von Null verschieden ist. Die geschätzte Varianz des Testergebnisse innerhalb der Schulen beträgt 64,26 Einheiten, wobei sie ebenfalls statistisch signifikant ist. Für die Bestimmung der praktischen Signifikanz der zweiten Ebene richtet sich unserer Augenmerk auf die Intraklassenkorrelation ρ. Sie besagt, dass rd. 25,94 % der Varianz der um den individuellen Arbeitsaufwand adjustierten Mathematiktestergebnisse auf die Kontextzugehörigkeit der Schüler zurückzuführen ist. Im Vergleich zum ANOVA-Modell des Abschnitts 3.1 sinkt im ANCOVA-Modell der Anteil der „erklärten Varianz" um rd. 3,78 %. Dies ist darauf zurückzuführen, dass wir im ANOVA-Modell die individuellen Fleißunterschiede der Schüler nicht berücksichtigt haben und dieses Modell daher fehlspezifiziert gewesen ist.

Um zu überprüfen, ob die geschätzten Regressionsparameter und Varianzkomponenten signifikant von Null verschieden sind, benötigen wir erneut den Likelihood-Ratio-χ^2-Test:

(22)   *Berechnung des Likelihood-Ratio-χ^2-Tests für den Vergleich des ANCOVA- (M_A)*
            und Nullmodells (M_0)

$$L.R.-\chi^2-Pr\ddot{u}fgr\ddot{o}\beta e = -2 * \log L(M_0) - [-2 * \log L(M_A)]$$

$$= 1990{,}124174 - 1842{,}657617 = 147{,}47$$

$$F.G.(M_A - M_0) = F.G._{M_A} - F.G._{M_0} = 4 - 2 = 2$$

$$Kritischer\ \chi^2-Wert\ (\alpha = 0{,}05\ ;\ F.G. = 2) = 5{,}99$$

$$Testentscheidung:\ \chi^2_{Pr\ddot{u}f} \geq \chi^2_{Krit.},\ daher\ Nullhypothese\ verwerfen!$$

Mit einer Irrtumswahrscheinlichkeit von weniger als fünf Prozent gehen wir davon aus, dass die geschätzten Regressionskoeffizienten des Fixed-Parts und die Varianzkomponenten des Random-Parts signifikant von Null verschieden sind und ebenfalls für die Grundgesamtheit gelten.

(23)   *Berechnung des Maddala-ML-R^2 für das ANCOVA-Modell*

$$R^2_{ML} = 1 - \exp\left[\frac{-(L.R.-\chi^2)}{n_{ij}}\right] = 1 - \exp\left[\frac{-(147{,}47)}{260}\right]$$

$$= 0{,}4329\ oder\ 43{,}29\%$$

Für die Bestimmung der Modellanpassung im Sinne praktischer Signifikanz werfen wir zunächst einen Blick auf das zugehörige Maddala-ML-R^2. Mit einem Anteil von 43,29 % erklärter Varianz verfügt das ANCOVA-Modell über eine hervorragende Anpassung. Im Vergleich zum ANOVA-Modell hat sie sich durch die Berücksichtigung des individuellen Arbeitsaufwands der Schüler um rd. 7.46% verbessert.

Hierbei bleibt aber offen, wie hoch die mit dem Arbeitsaufwand verbundene Varianzaufklärung bei den einzelnen Binnenregressionen der Schulen ausfällt. Für die Bestimmung der Varianzaufklärung auf der ersten Ebene schlagen Bryk &

Raudenbush (1992: 70) folgendes R^2 vor, das ebenfalls auf dem Prinzip der proportionalen Fehlerreduktion beruht:

> „Variance Explained at Level 1: Notice that the estimate of the student-level variance $\hat{\sigma}^2$ is now 36.71. By comparison, the estimated variance in the one-way random ANOVA model, which did not include SES as a level-1 predictor, was 39.15. ... we can develop an index of the proportion of reduction in variance or „variance explained" at Level 1 by comparing the σ^2 estimates from these two alternative models. In this case,

> *Proportion variance explained at Level* 1

$$= \frac{\hat{\sigma}^2 \ (random \ ANOVA) \ - \ \hat{\sigma}^2 \ (SES)}{\hat{\sigma}^2 \ (random \ ANOVA)} \qquad [4.14]$$

> where $\hat{\sigma}^2$(random ANOVA) and $\hat{\sigma}^2$(SES) refer to estimates of σ^2 based on the Level-1 models specified by Equations 4.1 and 4.11, respectively. Note that σ^2(random ANOVA) provides the appropriate base in this application because it represents the total within-school-variance that can be explained by any Level-1 model.
> Using Equation 4.14 we see that adding SES as a predictor of math achievement reduced the within-school variance by 6.2 %. Hence we can conclude that SES accounts for about 6 % of the student-level variance in the outcome."

Für die Berechnung des Bryk-Raudenbush-Determinationskoeffizienten für die Schülerebene (Level 1) benötigen wir jeweils die geschätzte Varianzkomponente der Residuen der Binnenregression des Random-Intercept-Only- und des Random-Intercept-Modells.

(24)   *Berechnung des Bryk-Raudenbush-R^2 für die Ebene 1*

$$Bryk\text{-}Raudenbush\text{-}R^2{}_{Level \ 1} = \frac{\hat{\sigma}^2{}_{e_{ij}} \ (M_{ANOVA}) \ - \ \hat{\sigma}^2{}_{e_{ij}} \ (M_{ANCOVA})}{\hat{\sigma}^2{}_{e_{ij}} \ (M_{ANOVA})}$$

$$= \frac{72{,}24 \ - \ 64{,}26}{72{,}24} = \frac{7{,}98}{72{,}24} = 0{,}1104 * 100 = 11{,}04\%$$

Legende:

$\hat{\sigma}^2{}_{e_{ij}}$:   *Geschätzte Varianz der Residuen der Binnenregression*

M_{ANOVA}:   *Random-Intercept-Only-Modell*

M_{ANCOVA}:   *Random-Intercept-Modell*

.. Der individuelle Arbeitsaufwand bindet rd. 11,04 % der Varianz des Mathematiktestergebnisses auf der Schülerebene. Dies bedeutet, dass der individuelle Fleiß der Schüler rd. 11,04 % der gepoolten Binnenvarianz der zehn untersuchten Schulen erklärt.

4.3   Das Random-Slope-Modell

Bei diesem speziellen RC-Modell variiert nur die Steigung der Binnenregressionen über die einzelnen Kontexte hinweg. Hingegen unterscheiden sich die Gruppenmittelwerte der einzelnen Kontexte nicht voneinander. In unserem Schulbeispiel bedeutet dies, dass wir zwar schulspezifische Lerneffekte erwarten, ohne dass sich gleichzeitig die Schulmittelwerte des Mathematiktests vom Gesamtmittelwert der Population unterscheiden. Formal gesehen bedeutet dies, dass nur der Steigungskoeffizient des Hausaufgabenpensums über die Schulkontexte hinweg variieren darf, nicht aber die Regressionskonstante der Binnenregressionen. Das Random-Slope-Modell des Mehrebenenmodells spezifizieren wir über die folgenden Gleichungen eindeutig:

(25)   *Das Random-Slope-Modell*

> *Level/Ebene 2: Between–Context Regression*
>
> 2) *Slope–as–Outcome Model*
>
> $$b_{0j} = \gamma_{00}$$
>
> $$b_{1j} = \gamma_{10} + u_{1j}$$
>
> *Level/Ebene 1: Within–Context Regression*
>
> 1) $Y_{ij} = b_{0j} + b_{1j} * (X_{ij} - \bar{X}_{..}) + e_{ij}$
>
> *Eingleichungsform: (2) in (1):*
>
> $$Y_{ij} = \gamma_{00} + \gamma_{10} * (X_{ij} - \bar{X}_{..}) + u_{1j} * (X_{ij} - \bar{X}_{..}) + e_{ij}$$
>
> *Interpretation des Residuums der Ebene 2:*
>
> *in 2)* $u_{1j} = b_{1j} - \gamma_{10}$

Legende:

Y_{ij} : *Messwert der abhängige Variable Y von Proband i im Kontext j*

γ_{00}: *Geschätzter Wert von Y, wenn X gleich Null ist. (Fixed-Effect)*

γ_{10}: *Effekt der exogenen Merkmals X in der Population (Fixed-Effect)*

u_{1j} : *Residuum der 2. Ebene: Abweichung des geschätzten Effekts von X*
im Kontext j vom geschätzten Fixed-Effect von X

b_{0j} : *Geschätzte Regressionskonstante im Kontext j*

b_{1j} : *Geschätzter Effekt des exogenen Merkmals X im Kontext j*

e_{ij} : *Residuum der 1. Ebene: Abweichung des Befragten i*
von der geschätzten Regressionsgeraden in Kontext j

Um das Random-Slope-Modell korrekt zu spezifizieren, setzen wir in MLA für die Zwischenregression zunächst die kontextspezifischen Regressionskonstanten mit derjenigen der Population gleich. Danach definieren wir nur für den Lerneffekt der Hausaufgaben einen eigenen Fehlerterm u_{1j}, der die Abweichung des Lerneffekts der Schule *j* von demjenigen der Population erfasst. Für die Schätzung dieses speziellen RC-Modells benötigen wir die folgende MLA-Befehlsdatei:

```
/TITLE
  National Education Longitudinal Study 1988: Random-Slope-Modell

/DATA
  file = nels8810.dat
  vars = 5
  id2 = 1
  cgm = v3

/MODEL
  b0 = g0
  b1 = g1 + u1
  v2 = b0 + b1*v3 + e

/END
```

Wir erhalten dann folgendes Ausgabeprotokoll mit den Full-Information-Maximum-Likelihood-Schätzern der Regressionskoeffizienten und Varianzkomponenten:

```
National Education Longitudinal Study 1988: Random-Slope-Modell

Full information maximum likelihood estimates (BFGS)

Fixed parameters

    Label      Estimate           SE            T         Prob(T)

       G0     50.968743      0.620361        82.16        0.0000
       G1      3.276443      1.210399         2.71        0.0068

Random parameters

    Label      Estimate           SE            T         Prob(T)

    U1*U1     12.475849      6.469562         1.93        0.0538

       E      75.406137      6.744118        11.18        0.0000


# iterations = 6
-2*Log(L)    = 1882.861457
```

Für diejenigen Schüler, die sich der allgemeinen Hausaufgabennorm gebeugt haben, erwarten wir ein Testergebnis von rd. 50,97 Punkten im Durchschnitt. Unabhängig von der von ihnen besuchten Schule steigt das Mathematiktestergebnis pro Hausaufgabenstunde um durchschnittlich 3,28 Punkte. Wie dem T-Wert von 2,71 zu entnehmen ist, ist dieser Lerneffekt auf dem 5-%-Niveau statistisch signifikant. Die Varianz der kontextspezifischen Lerneffekte der Schulen beträgt 12,48 Einheiten und verfehlt mit einem T-Wert von 1,93 knapp das 5-%-Niveau. Mit Hilfe des L.R.-χ^2-Tests überprüfen wir, ob die beobachteten differentiellen Lerneffekte ebenfalls für die Grundgesamtheit aller amerikanischen High-Schools im Jahre 1988 gelten.

(26)   *Berechnung des Likelihood-Ratio-χ^2-Tests für den Vergleich von Random-Slope-(M_A) und Nullmodell (M_0)*

$$L.R.-\chi^2-Prüfgröße = -2 * \log L(M_0) - [-2 * \log L(M_A)]$$

$$= 1990{,}124174 - 1882{,}861457 = 107{,}26$$

$$F.G.(M_A-M_0) = F.G._{M_A} - F.G._{M_0} = 4 - 2 = 2$$

Kritischer χ^2-Wert ($\alpha = 0{,}05$; $F.G. = 2$) = 5,99

Testentscheidung: $\chi^2_{Prüf} \geq \chi^2_{Krit.}$, *daher Nullhypothese verwerfen!*

Mit einer Irrtumswahrscheinlichkeit von weniger als fünf Prozent verwerfen wir die Nullhypothese des L.R.-χ^2-Tests, die besagt, dass sowohl der Lerneffekt auf der Populationsebene als auch seine kontextspezifische Wirkung jeweils Null sind. Um die Modellanpassung zu bestimmen, berechnen wir zunächst das Maddala-ML-R^2 und anschließend den Bryk-Raudenbush-Determinationskoeffizienten für die Aufklärung der Binnenvarianz des Mathematiktestergebnisses.

Die Einbeziehung der Varianz des schulspezifischen Lerneffekts hat zur Folge, dass wir rd. 33,8 % der Varianz des Mathematiktestergebnisses schulübergreifend erklären.

(27)   *Die Berechnung des Maximum-Likelihood-R^2 von Maddala (1986)*

$$R^2_{ML} = 1 - \exp\left[\frac{-(L.R.-\chi^2)}{n_{ij}}\right] = 1 - \exp\left[\frac{-(107,26)}{260}\right]$$

$$= 0,3380 \ oder \ 33,80\%$$

(28)   *Berechnung des Bryk-Raudenbush-R^2 für die Ebene 1*
des Random-Slope-Modells

$$Bryk-Raudenbush-R^2_{Level\ 1} = \frac{\hat{\sigma}^2_{e_{ij}}(M_{ANOVA}) - \hat{\sigma}^2_{e_{ij}}(M_{SLOPE})}{\hat{\sigma}^2_{e_{ij}}(M_{ANOVA})}$$

$$= \frac{72,24 - 75,41}{72,24} = \frac{-3,17}{72,24} = -0,0439 * 100 = -4,39\%$$

Legende:

$\hat{\sigma}^2_{e_{ij}}$:   *Geschätzte Varianz der Residuen der Binnenregression*

M_{ANOVA}:   *Random-Intercept-Only-Modell*

M_{SLOPE}:   *Random-Slope-Modell*

Das Random-Slope-Modell weist mit −4,39 % eine negative Erklärung der Binnenvarianz des Testergebnisses auf. Da es die bereits bekannten Niveauunterschiede der Schulen ausdrücklich nicht berücksichtigt hat, ist es zur Analyse der Mathematiktestergebnisse nicht geeignet. Daher benötigen wir ein Modell, das sowohl die differentiellen Lerneffekte als auch die Kontexteffekte der Schulen adäquat beinhaltet.

4.4 Das Random-Intercept-Random-Slope-Modell

Dieses spezielle RC-Modell bietet uns die Möglichkeit, sowohl die kontextbedingten Gruppenunterschiede der Schulen als auch ihre differentiellen Lerneffekte simultan zu berücksichtigen. Hierfür zentrieren wir erneut den individuellen Arbeitsaufwand des Schülers an seinem Schulmittelwert. Auf der Schulebene führen wir einen Random-Part sowohl für die Konstanten als auch für die Steigungskoeffizienten der Binnenregressionen ein. Wir betrachten dabei die kontextspezifischen Konstanten und Steigungskoeffizienten als variable Zufallskoeffizienten. Die Kovarianz ihrer Residuen schätzt MLA im Rahmen der Θ-Matrix. Diesem speziellen RC-Modell entsprechen die folgenden Gleichungen für die beiden betrachteten Ebenen der Schule und ihrer Schüler:

(29) *Die Gleichungen des Random-Intercept-Random-Slope-Modells*

Level/Ebene 2: *Between-Context Regression*

2a) *Intercept-as-Outcome Model*:

$$b_{0j} = \gamma_{00} + u_{0j}$$

2b) *Slope-as-Outcome Model*:

$$b_{1j} = \gamma_{10} + u_{1j}$$

Level/Ebene 1: *Within-Context Regression*

1) $\quad Y_{ij} = b_{0j} + b_{1j} * (X_{ij} - \bar{X}_j) + e_{ij}$

Eingleichungsform: (2a) und (2b) in (1):

$$Y_{ij} = \gamma_{00} + \gamma_{10} * (X_{ij} - \bar{X}_j) + u_{1j} * (X_{ij} - \bar{X}_j) + u_{0j} + e_{ij}$$

Interpretation der Residuen der Ebene 2:

in 2a) $u_{0j} = b_{0j} - \gamma_{00}$

in 2b) $u_{1j} = b_{1j} - \gamma_{10}$

Die Bestandteile der Gleichungen erläutert die folgende Legende ausführlich. Für die Schätzung dieses Random-Intercept-Random-Slope-Modells benötigen wir die nachfolgenden MLA-Befehle.

Legende:

Y_{ij} :   *Abhängiges Merkmal Y des Probanden i im Kontext j*

γ_{00}:   *Mittlere Regressionskonstante der Population (Fixed-Effect)*

u_{0j} :   *Level-2-Residuum der kontextspezifischen Regressionskonstanten b_{0j}:*
         Abweichung der Regressionskonstante b_{0j} des Kontextes j von
         derjenigen der Population (Random-Part)

γ_{10}:   *Mittlerer Regressionskoeffizient des endogenen Merkmals X in der*
         Population (Fixed-Effect)

u_{1j} :   *Level-2-Residuum der kontextspezifischen Regressionskoeffizienten b_{1j}:*
         Abweichung der Regressionskoeffizienten b_{1j} des Kontextes j von
         demjenigen der Population (Random-Part)

b_{0j}:   *Regressionskonstante der Binnenregression des Kontextes j*

b_{1j}:   *Regressionskoeffizient des Merkmal X_{ij} der Binnenregression*
         des Kontextes j

$X_{ij} - \bar{X}_j$:   *Exogenes Individualmerkmal X der Person i im Kontext j*
         am Gruppenmittelwert zentriert

e_{ij} :   *Level-1-Residuum bei der Vorhersage von Y für Proband i im Kontext j*

```
/TITLE
  National Education Longitudinal Study 1988: Random-Intercept-/Slope-Modell

/DATA
  file = nels8810.dat
  vars = 5
  id2 = 1
  cwc = v3

/MODEL
  b0 = g0 + u0
  b1 = g1 + u1
  v2 = b0 + b1*v3 + e
/END
```

Mit Hilfe des Random-Intercept-Random-Slope-Modells überprüfen wir die beiden folgenden Forschungshypothesen:

1. Die adjustierten Gruppenmittelwerte der Schulen für den Mathematiktest unterscheiden sich in statistisch signifikanten Ausmaß.
2. Die Schulen weisen spezifische Lerneffekte bei den Mathematikhausaufgaben auf.

Wir erhalten im Ausgabeprotokoll die geschätzten festen Regressionskoeffizienten und Varianzkomponenten der zehn Schulen:

```
National Education Longitudinal Study 1988:Random-Intercept-/Slope-Modell

   Full information maximum likelihood estimates (BFGS)

  Fixed parameters

     Label      Estimate         SE             T          Prob(T)

        G0      48.829991      1.809431        26.99        0.0000
        G1       2.033209      1.473934         1.38        0.1678

  Random parameters

     Label      Estimate         SE             T          Prob(T)

     U0*U0      30.867610     14.641618         2.11        0.0350
     U1*U0       3.515442      8.505305         0.41        0.6794
     U1*U1      20.000108      9.706927         2.06        0.0394

         E      43.067678      3.931334        10.95        0.0000

  Conditional intra-class correlation = 30.87/(43.07+30.87) = 0.4175

  # iterations = 8
  -2*Log(L)    = 1772.289494
```

Unabhängig von ihrer Kontextzugehörigkeit erwarten wir für diejenigen Schüler, die das spezifische Hausaufgabenpensum ihrer Schule erledigt haben, ein Testergebnis von 48,83 Punkten im Durchschnitt. Wie dem zugehörigen T-Wert von 26,99 zu entnehmen ist, ist dieser Erwartungswert in der Grundgesamtheit signifikant von Null verschieden. Für jede Stunde, die sie mehr in die Prüfungsvorbereitung investieren, erwarten wir eine Verbesserung ihres Testergebnisses um durchschnittliche 2,03 Punkte. Dieser Populationseffekt ist aber nicht auf 5-%-Niveau signifikant, wie der T-Test mit einem Wert von 1,38 belegt. Sowohl die geschätzten adjustierten Gruppenmittelwerte als auch die schulspezifischen Lerneffekte variieren in statistisch signifikanten Ausmaß über die zehn untersuchten Schulen. Die geschätzte Varianz der Konstanten der Binnenregressionen beträgt rd. 30,9 Einheiten und ist auf dem 5-%-Niveau statistisch signifikant, wie dem T-

Wert von 2,11 zu entnehmen ist. Die Varianz der schulspezifischen Lerneffekte beträgt rd. 20,0 Einheiten und ist ebenfalls auf dem 5-%-Niveau signifikant, wie der T-Wert von 2,06 belegt. Die geschätzte Kovarianz zwischen den adjustierten Gruppenmittelwerten und den schulspezifischen Lerneffekten erreicht einen Wert von rd. 3,52, der nicht statistisch signifikant ist. Dies bedeutet, dass in der Grundgesamtheit kein systematischer Zusammenhang zwischen den geschätzten adjustierten Mittelwerten der Schulen und ihren Lerneffekten besteht.

Die Interpretation der Kovarianz zwischen den geschätzten Schulenmittelwerten und ihren Lerneffekten vereinfacht sich, wenn wir statt ihrer die Korrelation der beiden sie konstituierenden Varianzkomponenten betrachten. Wir erhalten die zugehörige Korrelation r, indem wir sie am Produkt der Standardabweichungen der zugehörigen Varianzkomponenten normieren.

(30)   *Berechnung der Korrelation der kontextspezifischen Schätzer b_{0j} und b_{1j} über die Varianzkomponenten u_{0j} und u_{1j}*

$$r_{b_{0j},b_{1j}} = \frac{\hat{\sigma}_{u1j,u0j}}{\sqrt{\hat{\sigma}^2_{u_{0j}}} * \sqrt{\hat{\sigma}^2_{u_{1j}}}}$$

$$= \frac{3,52}{\sqrt{30,87} * \sqrt{20,00}} = \frac{3,52}{5,56 * 4,47} = \frac{3,52}{24,85} = +0,14$$

Legende:

$\hat{\sigma}_{u1j,u0j}$:   *Kovarianz der Level-2-Residuen u_{1j} und u_{0j} ($U1*U0$)*

$\hat{\sigma}^2_{u_{0j}}$:   *Varianz des Level-2-Residuums u_{0j} ($U0*U0$)*

$\hat{\sigma}^2_{u_{1j}}$:   *Varianz des Level-2-Residuums u_{1j} ($U1*U1$)*

Die geschätzte Korrelation zwischen Schulwerten und den schulspezifischen Lerneffekten fällt mit einem Wert von +0,14 eher gering aus. Wir müssen daher davon ausgehen, dass die spezifischen Lerneffekte der Schulen nicht in bedeutsamen Maße mit ihrem Leistungsniveau in Mathematik zusammenhängen.

Um zu überprüfen, ob die geschätzten Regressionskoeffizienten und Varianzkomponenten insgesamt signifikant von Null verschieden sind, benötigen wir erneut den Likelihood-Ratio-χ^2-Test, wobei wir als Vergleichsbasis wieder das Nullmodell mit dem geschätzten Grand-Mean verwenden.

(31)   *Berechnung des Likelihood-Ratio-χ^2-Tests für den Vergleich von*
             Random-Slope-Random-Intercept-(M_A) und Nullmodell (M_0)

$$L.R.-\chi^2\text{-}Prüfgröße = -2*\log L(M_0) - [-2*\log L(M_A)]$$

$$= 1990,124174 - 1772,289494 = 217,83$$

$$F.G.(M_A - M_0) = F.G._{\cdot M_A} - F.G._{\cdot M_0} = 6 - 2 = 4$$

Kritischer χ^2-Wert $(\alpha = 0,05 \; ; \; F.G. = 4) = 9,49$

Testentscheidung: $\chi^2_{Prüf} \geq \chi^2_{Krit.}$, *daher Nullhypothese verwerfen!*

Da der empirische Prüfwert größer als der kritische χ^2-Wert ist, verwerfen wir mit
einer Irrtumswahrscheinlichkeit von weniger als fünf Prozent die Nullhypothese,
dass alle Regressionskoeffizienten und Varianzkomponenten in der Grundgesamtheit Null sind. Um die praktische Bedeutsamkeit des geschätzten RC-Modells zu
beurteilen, berechnen wir zunächst das Maddala-ML-R^2 und betrachten anschließend die bedingte Intraklassenkorrelation (Conditional-Intra-Class Correlation)
sowie das Bryk-Raudenbush-R^2 für die exogenen Merkmale der ersten Ebene.

(32)   *Die Berechnung des Maximum-Likelihood-R^2 von Maddala (1986)*

$$R^2_{ML} = 1 - \exp\left[\frac{-(L.R.-\chi^2)}{n_{ij}}\right] = 1 - \exp\left[\frac{-(217,83)}{260}\right]$$

$$= 0,5673 \; oder \; 56,73\%$$

Durch die Einbeziehung der Schulzugehörigkeit und des schulspezifischen Lerneffektes erzielen wir eine sehr beachtliche Varianzaufklärung von rd. 56,73 %. Die
von MLA geschätzte bedingte Intraklassenkorrelation beträgt 0,4175. Dies bedeutet, dass wir rd. 41,8 % der nichtadjustierten Varianz des Mathematiktestergebnisses auf die Schulzugehörigkeit des Schülers zurückführen können. Ohne die
Berücksichtigung der schulspezifischen Lerneffekte haben wir zuvor diesen Kontexteffekt im ANCOVA-Modell mit einem ρ-Wert (ICC) von 0,32 deutlich unterschätzt.

Dem Bryk-Raudenbush-PRE-R^2 folgend, erklärt der schulspezifischen Lerneffekt rd. 40,4 % der Binnenvarianz des Mathematiktestergebnisses. Er erweist

sich damit als bedeutsamer Prädiktor für die Testergebnisse der Schüler innerhalb der einzelnen Schulen.

(33)   *Berechnung des Bryk-Raudenbush-R^2 für die Ebene 1*

$$Bryk\text{-}Raudenbush\text{-}R^2{}_{Level\ 1} = \frac{\hat{\sigma}^2{}_{e_{ij}}(M_{ANOVA}) - \hat{\sigma}^2{}_{e_{ij}}(M_{RIRS})}{\hat{\sigma}^2{}_{e_{ij}}(M_{ANOVA})}$$

$$= \frac{72{,}24 - 43{,}07}{72{,}24} = \frac{29{,}17}{72{,}24} = 0{,}4038 * 100 = 40{,}38\%$$

Legende:

$\hat{\sigma}^2{}_{e_{ij}}$:   *Geschätzte Varianz der Residuen der Binnenregression*

M_{ANOVA}:   *Random-Intercept-Only-Modell*

M_{RIRS}:   *Random-Intercept-Random-Slope-Modell*

In Abschnitt 3.6 haben wir ein Kovarianzmodell mit schulspezifischen Lerneffekten geschätzt, bei dem die Schuldummies den Erwartungswert des Mathematiktestergebnisses für diejenigen Schüler erfassten, die keine Hausaufgaben gemacht haben. Daher haben wir unser Zufallskoeffizientenmodell dergestalt zu modifizieren, dass die Regressionskonstante der Binnenregression genau diesem Erwartungswert entspricht. Dies geschieht, indem wir die Zentrierung des exogenen Merkmals V3 wieder aufheben. Hierdurch erfasst die Regressionskonstante der jeweiligen Binnenregression das durchschnittliche Testergebnis der „faulen" Schüler der betrachteten Schule. Formal gesehen, stellen wir dies mit dem nachfolgenden Gleichungssystem des Mehrebenenmodells dar. Es dient zur Überprüfung zweier Forschungshypothesen:

1.   Die Mathematiktestergebnisse der „faulen" Schüler unterscheiden sich systematisch zwischen den Schulen.
2.   Die Lerneffekte der Schüler unterscheiden sich systematisch zwischen den Schulen.

(34)   *Die Gleichungen des Random-Intercept-Random-Slope-Modells ohne Zentrierung des exogenen Merkmals*

Level / Ebene 2: *Between–Context Regression*

2a) *Intercept–as–Outcome Model*:

$$b_{0j} = \gamma_{00} + u_{0j}$$

2b) *Slope–as–Outcome Model*:

$$b_{1j} = \gamma_{10} + u_{1j}$$

Level / Ebene 1: *Within–Context Regression*

1) $Y_{ij} = b_{0j} + b_{1j} * X_{ij} + e_{ij}$

Eingleichungsform: (2a) *und* (2b) *in* (1):

$$Y_{ij} = \gamma_{00} + \gamma_{10} * X_{ij} + u_{1j} * X_{ij} + u_{0j} + e_{ij}$$

Interpretation der Residuen der Ebene 2:

in 2a) $u_{0j} = b_{0j} - \gamma_{00}$

in 2b) $u_{1j} = b_{1j} - \gamma_{10}$

Für die Schätzung dieses Modells benötigen wir die folgenden MLA-Befehle:

```
/TITLE
  National Education Longitudinal Study 1988: R-I-R-S ohne Zentrierung von V3

/DATA
  file = nels8810.dat
  vars = 5
  id2 = 1

/MODEL
  b0 = g0 + u0
  b1 = g1 + u1
  v2 = b0 + b1*v3 + e
/PLOT
  scat = pred,v3
/END
```

Mit Hilfe des „/PLOT"-Befehls fordern wir zusätzlich einfache Streudiagramme der geschätzten Werte der Kriteriumsvariablen bzw. ihren Residuen und der einzelnen Prädiktoren an. Dies geschieht mit der „scat = pred, v3"-Option. Wir erhalten dann das Ausgabeprotokoll mit den festen Populationsschätzern und den kontextspezifischen Varianzkomponenten:

```
National Education Longitudinal Study 1988:R-I-R-S ohne Zentrierung von V3

Full information maximum likelihood estimates (BFGS)

Fixed parameters

   Label      Estimate         SE            T         Prob(T)

      G0      44.772333     2.603174        17.20        0.0000
      G1       2.048907     1.472215         1.39        0.1640

Random parameters

   Label      Estimate         SE            T         Prob(T)

   U0*U0      61.804895     30.297405        2.04        0.0414
   U1*U0     -28.259636     15.538227       -1.82        0.0690
   U1*U1      19.978217      9.684745        2.06        0.0391

      E       43.067012      3.931051       10.96        0.0000

Conditional intra-class correlation = 61.80/(43.07+61.80) = 0.5893

# iterations = 10
-2*Log(L)    = 1769.385822
```

Für diejenigen Schüler, die keine Hausaufgaben gemacht haben, erwarten wir in der Grundgesamtheit ein Testergebnis von 44,77 Punkten. Wie der Wert von 17,20 des T-Tests belegt, ist dieser Erwartungswert in der Population signifikant von Null verschieden. Pro Stunde, die ein Schüler in Mathematikhausaufgaben investiert, erwarten wir eine Verbesserung seines Testergebnisses um rd. 2,05 Punkte. Dieser Lerneffekt erweist sich aber für die Grundgesamtheit als nicht signifikant, wie dem T-Wert von 1,39 zu entnehmen ist. Die geschätzte kontextspezifische Varianz der Konstanten der Binnenregressionen beträgt rd. 61,8 Einheiten und erweist sich als statistisch signifikant. Dies bedeutet, dass die Mathematiktestergebnisse der „faulen" Schüler sich systematisch zwischen den Schulen unterscheiden. Die geschätzte Varianz der Steigungen der Binnenregressionen beträgt rd. 19,98 Einheiten und ist ebenfalls statistisch signifikant. Dies besagt, dass die schulspezifischen Lerneffekte sich ebenfalls systematisch zwischen den betrachteten Schulen unterscheiden. Die geschätzte Kovarianz der Residuen der zweiten Ebene beträgt rd. $-28,26$ Einheiten und verfehlt knapp die übliche Signifikanzgrenze von 5 %. Der negative Wert der Kovarianz weist darauf hin, dass die kontextspezifischen Konstanten und Steigungen der Binnenregression negativ miteinander korrelieren. Mit Hilfe der Formel 30 berechnen wir die geschätzte Korrelation der kontextspezifischen Schätzer b_{0j} und b_{1j}.

(35) *Berechnung der Korrelation der kontextspezifischen Schätzer b_{0j} und $b1j$ über die Varianzkomponenten u_{0j} und u_{1j}*

$$r_{b_{0j},b_{1j}} = \frac{\hat{\sigma}_{u1j,u0j}}{\sqrt{\hat{\sigma}^2_{u_{0j}}} * \sqrt{\hat{\sigma}^2_{u_{1j}}}}$$

$$= \frac{-28,26}{\sqrt{61,80} * \sqrt{19,98}} = \frac{-28,26}{7,86 * 4,47} = \frac{-28,26}{35,13} = -0,80$$

Die geschätzte Korrelation zwischen der kontextspezifischen Regressionskonstanten und Steigungen beträgt $-0,80$. Das negative Vorzeichen weist auf eine starke inverse Beziehungen zwischen beiden kontextspezifischen Koeffizienten hin. Verwenden wir das Mathematiktestergebnis der „faulen" Schüler als Indikatorfür die Unterrichtsqualität ihrer Schulen, so bedeutet dies, dass Schüler, die eine Schule mit hoher Unterrichtsqualität besuchen, sich durch zusätzliche Mathematikhausaufgaben in erheblichen Maße eher schaden. Vice versa können Schüler einer Schule, deren Unterrichtsqualität „schlecht" ist, dieses Defizit durch ihren Fleiß bei den Mathematikhausaufgaben deutlich kompensieren.

(36) *Berechnung des Likelihood-Ratio-χ^2-Tests für den Vergleich des Random-Intercept-Random-Slope-Modells ohne Zentrierung (M_A) mit dem Nullmodell (M_0)*

$$L.R.-\chi^2-Prüfgröße = -2 * \log L(M_0) - [-2 * \log L(M_A)]$$

$$= 1990,124174 - 1769,385822 = 220,74$$

$$F.G.(M_A - M_0) = F.G._{M_A} - F.G._{M_0} = 6 - 2 = 4$$

Kritischer χ^2-Wert ($\alpha = 0,05$; $F.G. = 4$) = 9,49

Testentscheidung: $\chi^2_{Prüf} \geq \chi^2_{Krit.}$, daher Nullhypothese verwerfen!

Um zu überprüfen, ob die geschätzten Regressionskoeffizienten und Varianz-komponenten insgesamt signifikant von Null verschieden sind, benötigen wir erneut den Likelihood-Ratio-χ^2-Test, wobei wir als Vergleichsbasis das Null-modell mit dem geschätzten Grand-Mean verwenden. Mit einer Irrtumswahr-scheinlichkeit von weniger als fünf Prozent verwerfen wir die Nullhypothese, dass alle Regressionskoeffizienten des Populationsmodells und alle kontextspezifischen Varianzkomponenten in der Grundgesamtheit Null sind.

Um die praktische Bedeutsamkeit des geschätzten Mehrebenenmodells zu beurteilen, berechnen wir zunächst das Maddala-ML-R^2 und betrachten anschlie-ßend die bedingte Intraklassenkorrelation sowie das Bryk-Raudenbush-R^2 für die exogenen Merkmale der ersten Ebene.

(37)   *Die Berechnung des Maximum-Likelihood-R^2 von Maddala (1986)*

$$R^2_{ML} = 1 - \exp\left[\frac{-(L.R.-\chi^2)}{n_{ij}}\right] = 1 - \exp\left[\frac{-(220,74)}{260}\right]$$

$$= 0,5721 \ oder \ 57,21\%$$

Die durch die Einbeziehung der Schulzugehörigkeit und des schulspezifischen Lerneffektes erreichte Reduktion der Fehlerzahl beträgt beachtliche 57,21 %.

Die von MLA geschätzte bedingte Intraklassenkorrelation erreicht einen Wert von 0,5893. Dies bedeutet, dass wir rd. 58,3 % der Varianz des Mathematiktesterg ebnisses der „faulen" Schüler auf ihre Kontextzugehörigkeit zurückführen können. Sie liegt damit deutlich über derjenigen des Vormodells mit dem kontextzen-trierten Arbeitsaufwands für Mathematikhausaufgaben. Dies besagt, dass die Gruppenunterschiede für die „anpassten" Schüler deutlich geringer ausfallen als diejenigen der „faulen" Schüler.

Dem Bryk-Raudenbush-PRE-R^2 folgend, erklärt der schulspezifischen Lern-effekt erneut rd. 40,4 % der Binnenvarianz des Mathematiktestergebnisses. Er erweist sich damit als bedeutsamer Prädiktor für die Testergebnisse der Schüler innerhalb der einzelnen Schulen. Da die Zentrierung am Gruppenmittelwert keinen Einfluss auf die Steigung der Binnenregression ausübt, unterscheiden sich die Residualvarianzen der 1. Ebene nicht zwischen dem betrachten Modell und seinem Vorgänger. Daher erhalten wir ein identisches Bryk-Raudenbush-PRE-R^2 für diese Ebene in beiden Modellen.

(38)   *Berechnung des Bryk-Raudenbush-R^2 für die Ebene 1*

$$Bryk-Raudenbush-R^2_{Level\ 1} = \frac{\hat{\sigma}^2_{e_{ij}} (M_{ANCVA}) - \hat{\sigma}^2_{e_{ij}} (M_{RIRS})}{\hat{\sigma}^2_{e_{ij}} (M_{ANOVA})}$$

$$= \frac{72,24 - 43,07}{72,24} = \frac{29,17}{72,24} = 0,4038 * 100 = 40,38\%$$

Legende:

$\hat{\sigma}^2_{e_{ij}}$:   *Geschätzte Varianz der Residuen der Binnenregression*

M_{ANOVA}:   *Random-Intercept-Only-Modell*

M_{RIRS}:   *Random-Intercept-Random-Slope-Modell ohne*
        Zentrierung von V3

Mit Hilfe der von MLA erstellen Streudiagramme (Scatterplots) überprüfen wir,
ob erstens die Linearitätsannahme für die Kausalität weiterhin gilt und zweitens ob
eine Heteroskedastizität der Residuen vorliegt.

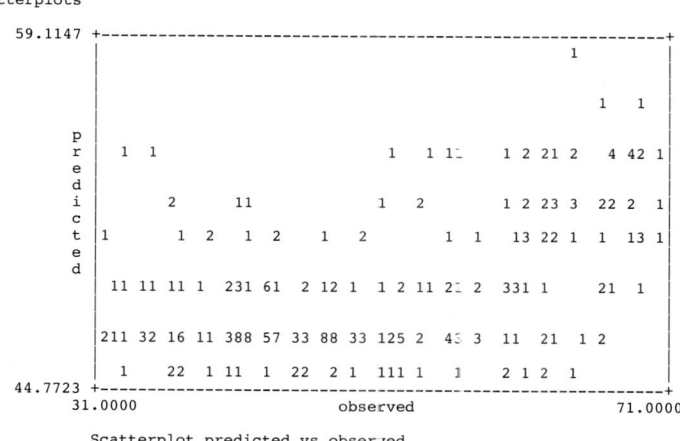

```
Scatterplots

      59.1147 +-----------------------------------------------------+
                                                         1
      
                                                    1    1
          p
          r  1  1                  1   1 1:   1 2 21 2   4 42 1
          e
          d      2      11         1   2      1 2 23 3  22 2  1
          i
          c
          t 1      1  2  1  2   1   2       1  1  13 22 1  1  13 1
          e
          d
             11 11 11 1  231 61  2 12 1  1 2 11 2: 2  331 1    21  1

             211 32 16 11 388 57 33 88 33 125 2  4: 3  11  21  1 2

             1    22  1 11  1  22  2 1  111 1  ]   2 12 2  1
      44.7723 +-----------------------------------------------------+
          31.0000              observed                71.0000

              Scatterplot predicted vs observed
```

Abb. 50:   Streudiagramm der vorhergesagten vs. beobachteten Werte der Kriteriums-
        variablen

Beim ersten Streudiagramm in Abbildung 50 plottet MLA die geschätzten Werte der Kriteriumsvariablen gegen ihre Beobachtungswerte. Hierbei entsprechen die Zahlenangaben der jeweiligen Häufigkeit von übereinanderliegenden Datenpunkten. Zumindest per Augenschein lässt sich keine systematische Abweichung der vorhergesagten von den beobachteten Werten des Testergebnisses erkennen. Im zweiten Streudiagramm trägt MLA die Residuen der Binnenregressionen gegen die Wochenstundenzahl für Mathematikhausaufgaben ab.

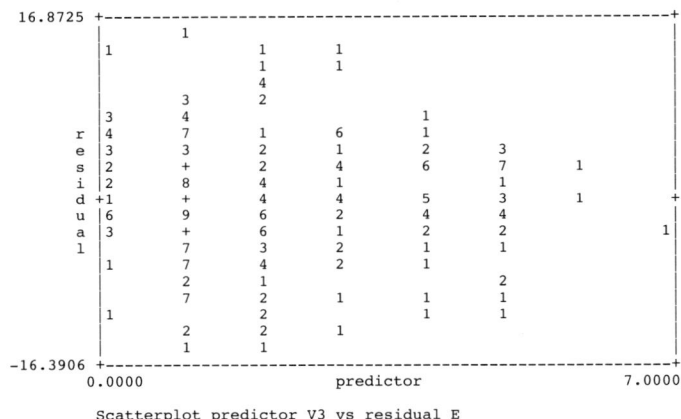

Scatterplot predictor V3 vs residual E

Abb. 51:   Streudiagramm der Residuen der Kriteriumsvariablen vs. V3

In Abbildung 51 zeichnet sich eine deutliche Heteroskedastizität der Residuen des Mehrebenenmodells ab. Mit der Zunahme der exogenen Variablen verringert sich die Streuung der Residuen sichtbar. Da dies das Schätzverfahren berücksichtigt, führt die Varianzheterogenität aber nicht zu einer Verzerrung der Schätzer für die Regressionskoeffizienten und Varianzkomponenten.

4.5 Das Mehrebenenmodell mit Kontexteffekten

Bisher haben wir lediglich überprüft, ob die kontextspezifischen Effekte der exogenen Merkmale variieren und ob sie gegebenenfalls untereinander korrelieren. Ist dies der Fall, so stellt sich die Frage, wie wir diese Varianz der kontextspezifischen Effekte wiederum erklären können. Hierzu bieten sich im Sinne von Davis und Blau Merkmale des Kontextes an, die aus sozialen Normen oder Eigenschaften des Kontextes selbst bestehen. In unserem Schulbeispiel gibt es zwei Kontextmerkmale, die moderierend auf die schulspezifischen Lerneffekte der Schüler wirken. Die schulspezifische Leistungsnorm für die Mathematikhausaufgaben haben wir auf dem Wege der Aggregation über die Mittelwertsbildung aus den Daten selbst gewonnen. Zusätzlich unterscheiden wir zwischen den Schulen in öffentlicher („public") und privater („private") Trägerschaft. Die zu erwartende Cross-Level-Wechselwirkung lässt sich als Pfaddiagramm folgendermaßen darstellen:

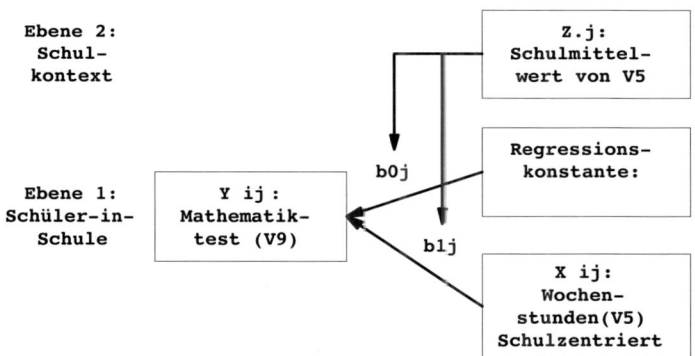

Abb. 52: *Mehrebenenmodell zur Erklärung des Mathematiktestergebnisse mit Cross-Level-Wechselwirkung*

Mit Hilfe des in Abbildung 52 dargestellten Mehrebenenmodells zerlegen wir die Varianz des Mathematiktestergebnisses in ihre Zwischen- und Binnenbestandteile. Formal gesehen spezifizieren wir dieses RC-Modell mit Hilfe der folgenden Strukturgleichungen:

(39)   *Die Gleichungen des Mehrebenenmodells mit einer Kontextvariablen*

Level / Ebene 2: *Between−Context Regression*

2a)   *Intercept−as−Outcome Model*:

$$b_{0j} = \gamma_{00} + \gamma_{01} * \bar{X}_{.j} + u_{0j}$$

2b)   *Slope−as−Outcome Model*:

$$b_{1j} = \gamma_{10} + \gamma_{11} * \bar{X}_{j} + u_{1j}$$

Level / Ebene 1: *Within−Context Regression*

1) $Y_{ij} = b_{0j} + b_{1j} * (X_{ij} - \bar{X}_{j}) + e_{ij}$

Eingleichungsform: *(2a) und (2b) in (1)*:

$$Y_{ij} = \gamma_{00} + \gamma_{01} * \bar{X}_{j} + \gamma_{10} * (X_{ij} - \bar{X}_{j}) + \gamma_{11} * [\, \bar{X}_{j} * (X_{ij} - \bar{X}_{j})\,]$$
$$+ u_{1j} * (X_{ij} - \bar{X}_{j}) + u_{0j} + e_{ij}$$

Interpretation der Residuen der Ebene 2:

in 2a) $u_{0j} = b_{0j} - [\, \gamma_{00} + \gamma_{01} * \bar{X}_{j}\,]$

in 2b) $u_{1j} = b_{1j} - [\, \gamma_{10} + \gamma_{11} * \bar{X}_{j}\,]$

Legende:

Y_{ij} : *Abhängiges Merkmal Y des Probanden i im Kontext j*

γ_{00} : *Mittlere Regressionskonstante der Population für Schulen*
ohne Mathematikhausaufgaben (Fixed−Effect)

γ_{01} : *Mittlerer Regressionskoeffizient der Population für Testergebnis pro*
Hausaufgabenstunde der Schulnorm für normkonforme Schüler (Fixed−Effect)

u_{0j} : *Level−2−Residuum der kontextspezifischen Regressionskonstanten b_{0j}:*
Nicht erklärte Abweichung der Regressionskonstante b_{0j} des Kontextes j von
derjenigen der Population (Random−Part)

γ_{10} : *Mittlerer Regressionskoeffizient des endogenen Merkmals X in der*
Population für Schulen ohne Hausaufgaben (Fixed−Effect)

γ_{11} : *Mittlerer Regressionskoeffizient des Effekts der schulspezifischen*
Überstunden pro Anstieg der Leistungsnorm um 1 Stunde (Fixed−Effect):
Cross−Level−Wechselwirkung

u_{1j}:   *Level-2-Residuum der kontextspezifischen Regressionskoeffizienten b_{1j}:*
                 Nicht erklärte Abweichung der Regressionskoeffizienten b_{1j} des
                 Kontextes j von demjenigen der Population (Random-Part)

b_{0j}:   *Regressionskonstante der Binnenregression des*
                 Kontextes j: Geschätztes Testergebnis für normkonforme Schüler

b_{1j}:   *Regressionskoeffizient des Merkmal X_{ij} der Binnenregression des*
                 Kontextes j: Schulspezifischer Lerneffekt pro Überstunde

$X_{ij} - \bar{X}_{\cdot j}$:   *Exogenes Individualmerkmal X der Person i im Kontext j*
                 am Gruppenmittelwert zentriert

$\bar{X}_{\cdot j}$:   *Norm der Schule j für Mathematikhausaufgaben*

e_{ij}:   *Level-1-Residuum bei der Vorhersage von Y für Proband i im Kontext j*

Mit Hilfe dieses RC-Modells überprüfen wir die folgenden vier Forschungshypothesen:

1.   Die Schulen unterscheiden sich systematisch im Hinblick auf das erzielte Testergebnis in Mathematik.
2.   Die Lerneffekte für Hausaufgabenüberstunden unterscheiden sich systematisch zwischen den Schulen.
3.   Die Leistungsunterschiede in Mathematik der Schulen sind auf ihre Unterschiede in den Hausaufgabenpensen zurückzuführen.
4.   Ihre differentiellen Lerneffekte lassen sich durch die Unterschiede ihrer Hausaufgabenpensen erklären.

Für die Schätzung dieses RC-Modells benötigen wir die folgenden MLA-Befehle:

```
/TITLE
   National Education Longitudinal Study 1988: RC-Modell mit Kontextmerkmal

/DATA
   file = nels8810.dat
   vars = 5
   id2 = 1
   cwc = v3

/MODEL
   b0 = g0 + g1*v5 + u0
   b1 = g10 + g11*v5 + u1
   v2 = b0 + b1*v3 + e
/END
```

Wir erhalten für die festen Regressionskoeffizienten und kontextabhängigen Varianzkomponenten die folgenden FIML-Schätzer:

```
National Education Longitudinal Study 1988: RC-Modell mit Kontextmerkmal

Full information maximum likelihood estimates (BFGS)

Fixed parameters

    Label        Estimate           SE              T          Prob(T)

       G0       39.785603       4.040942          9.85          0.0000
       G1        5.145087       2.139362          2.40          0.0162
      G10        0.113777       4.156453          0.03          0.9782
      G11        1.085417       2.186621          0.50          0.6196

Random parameters

    Label        Estimate           SE              T          Prob(T)

    U0*U0       18.728989       9.211656          2.03          0.0420
    U1*U0        1.048071       6.633337          0.16          0.8745
    U1*U1       19.593771       9.525361          2.06          0.0397

        E       43.090768       3.933417         10.96          0.0000

Conditional intra-class correlation = 18.73/(43.09+18.73) = 0.3030

# iterations = 9
-2*Log(L)     = 1767.753697
```

Wenden wir uns zunächst der Interpretation der festen Regressionskoeffizienten der kontextübergreifenden Schätzung zu. Für diejenigen Schüler, die eine Schule besuchen, die keine Hausaufgaben auferlegt, erwarten wir im Durchschnitt ein Testergebnis von rd. 39,8 Punkten. Dieser Erwartungswert (*G0*) ist signifikant von Null verschieden, wie dem T-Testwert von 9,85 zu entnehmen ist. Wenn das Hausaufgabenpensum sich um eine Stunde erhöht, erwarten wir für diejenigen Schüler, die exakt dieser Leistungsnorm entsprechen, eine durchschnittliche Verbesserung ihres Testergebnisses um rd. 5,2 Punkte (*G1*). Wie der Wert von 2,40 des T-Tests belegt, ist diese Verbesserung statistisch signifikant. In denjenigen Schulen, die keine Hausaufgaben auferlegen, erzielen deren Schüler durch ihren häuslichen Fleiß keine Verbesserung ihres Testergebnisses, wie dem Regressionskoeffizienten *G10* zu entnehmen ist. Der zugehörige Schätzer ist nicht signifikant von Null verschieden. Die Zunahme des schulischen Hausaufgabenpensums führt ebenfalls nicht zu einer statistisch bedeutsamen Verbesserung des individuellen Lerneffekts. Zumindest deskriptiv stellen wir fest, dass die Erhöhung der Hausaufgabennorm um eine Wochenstunde zu einer Zunahme des individuellen Lerneffektes um rd. 1,1 Punkte im Durchschnitt führt *(G11)*. Wie dem Wert von 0,50 des T-Tests zu entnehmen ist, erweist sich dieser Effekt aber nicht als signifikant. Folglich liegt in der Grundgesamtheit keine Wechselwirkung des exogenen Merkmals der Hausaufgabenstunden zwischen der Schüler- und Schulebene vor. Bei der Interpretation der geschätzten Varianzkomponenten haben wir zu beachten, dass es sich bei ihnen um die Residuen der kontextspezifischen Regressionskonstanten und Steigungen handelt, die nach der statistischen Kontrolle der Kontextmerkmale auf der zweiten Ebene übrigbleiben. Daher überprüfen wir zunächst mit Hilfe der T-Tests, ob diese speziellen Residuen systematisch über die Kontexte hinweg variieren. Ist dies der Fall, so bedeutet dies, dass das Regressionsmodell der zweiten Ebene für die Vorhersage der Regressionskoeffizienten der Binnen- oder kontextspezifischen Regressionsmodelle eindeutig fehlspezifiziert ist. Folglich enthält es nur in ungenügendem Maße wichtige Prädiktoren auf der Kontextebene. Es gilt umgekehrt, dass in einem korrekt spezifizierten Kontextmodell die Varianzen der Residuen der kontextabhängigen Konstanten und Steigungen sich nicht signifikant von Null unterscheiden. Mit einem Wert von rd. 18,73 bzw. 19,59 variieren aber die Residuen der kontextspezifischen Regressionskonstanten bzw. Steigungen systematisch über die Schulen hinweg. Ihre zugehörigen T-Werte von 2,03 bzw. 2,06 belegen ihre statistische Signifikanz. Hingegen ist ihre Kovarianz über die Kontexte hinweg nicht statistisch bedeutsam, wie der zugehörige T-Wert von 0,16 zeigt. Dies deutet darauf hin, dass jeweils spezifische Kontextmerkmale auf die kontextabhängigen Konstanten bzw. Steigungen wirken, die wir auf der zweiten Ebene aber nicht gemessen haben.

Mit Hilfe des Likelihood-Ratio-χ^2-Test überprüfen wir erneut, ob die geschätzten Regressionskoeffizienten und Varianzkomponenten ebenfalls für die Grundgesamtheit gelten.

(40)   *Berechnung des Likelihood-Ratio-χ^2Tests für den Vergleich von*
RC-Modell (M_A) und Nullmodell (M_0)

$$L.R.-\chi^2-Prüfgröße = -2 * \log L(M_0) - [-2 * \log L(M_A)]$$

$$= 1990,124174 - 1767,753697 = 222,37$$

$$F.G.(M_A-M_0) = F.G._{\cdot M_A} - F.G._{\cdot M_0} = 8 - 2 = 6$$

Kritischer χ^2-Wert ($\alpha = 0,05$; $F.G.=6$) = 12,6

Testentscheidung: $\chi^2_{Prüf} \geq \chi^2_{Krit.}$, *daher Nullhypothese verwerfen!*

Mit einer Irrtumswahrscheinlichkeit von weniger als fünf Prozent verwerfen wir die zugehörige Nullhypothese, die besagt, dass alle geschätzten Koeffizienten in der Grundgesamtheit Null sind. Um die Modellanpassung im Sinne der praktischen Signifikanz zu beurteilen, benötigen wir das Maddala-ML-R^2 und die von Bryk & Raudenbush vorgeschlagenen PRE-R^2e für die beiden Ebenen der Schulen und ihrer Schüler.

(41)   *Die Berechnung des Maximum-Likelihood-R^2 von Maddala (1986)*

$$R^2_{ML} = 1 - \exp\left[\frac{-(L.R.-\chi^2)}{n_{ij}}\right] = 1 - \exp\left[\frac{-(222,37)}{260}\right]$$

$$= 0,5748 \; oder \; 57,48\%$$

Mit einem Fehlerreduktion um rd. 57,48 % liegt das RC-Modell mit dem schul-spezifischen Hausaufgabenpensum als Kontextvariable knapp über derjenigen des Random-Intercept-Random-Slope-Vorgängermodells. Daher gehen wir davon aus, dass die Einbeziehung dieser Kontextvariablen nur zu einer geringfügigen Verbesserung der Modellanpassung geführt hat.

Einen detaillierteren Einblick vermittelt uns das von Byrk & Raudenbush entwickelte PRE-R^2 für die Schul- bzw. Schülerebene. Analog zu ihrem bereits vorgestellten PRE-R^2 für die Varianzzerlegung der Kriteriumsvariablen auf der ersten Ebene haben Bryk & Raudenbush (1992: 65 ff.) ein Pendant für die Vorhersage der kontextspezifischen Regressionskonstanten und Steigungskoeffizienten der zweiten Ebene entwickelt.

„Variance Explained at Level 2: By comparing the τ_{00} estimates across the two models, we can develop an index of the proportion reduction in variance or, loosely speaking, the variance explained by the Level-2 predictor, in this case MEAN SES. In this application,

Proportion variance explained in β_{0j}

$$= \frac{\hat{\tau}_{00}(random \; ANOVA) - \hat{\tau}_{00}(MEAN \; SES)}{\hat{\tau}_{00}(random \; ANOVA)} \quad [4.8]$$

where $\hat{\tau}_{00}(random \; ANOVA) = \text{Var}(\beta_{0j})$ and $\hat{\tau}_{00}(MEAN \; SES) = \text{Var}(\beta_{0j}|MEANSES)$ refer to the estimates of τ_{00} unter the alternative Level 2 model specified by Equations 4.2 and 4.7, respectively. Note the $\hat{\tau}_{00}(random \; ANOVA)$ provides the base in this application, because it represents the total variance in the school means that is potentially explainable by alternative Level-2 models for β_{0j}." (Bryk & Raudenbush 1992: 65)

Bryk & Raudenbush generalisieren ihr PRE-R^2 für alle kontextabhängigen Zufalls-koeffizienten der zweite Ebene. Daher eignet es sich für die Varianzzerlegung sowohl der kontextspezifischen Regressionskonstanten als auch der Steigungs-koeffizienten der ersten Ebene.

„Variation Explained at Level 2. Table 4.5 also presents the estimates and test statistics for residual variances of the intercepts and slopes. Analogous to Equation 4.8, we can develop a proportion reduction in variance or variance explained statistic for each of the random coeffi-cients (intercepts and slopes) in the level-1 model. The variance estimate from the random-coefficient regression model estimated earlier provides the base for these statistics:

Proportion variance explained in β_{qj}

$$= \frac{\mathbf{t}_{qq}(\textit{random regression}) - \mathbf{t}_{qq}(\textit{fitted model})}{\mathbf{t}_{qq}(\textit{random regression})} \qquad [4.17]$$

where $\mathbf{t}_{qq}$(*random regression*) denotes the qth diagonal element of T estimated under the ran-dom-regression model [Equation 4.11 and 4.12] and $\mathbf{t}_{qq}$(*fitted model*) denotes the correspon-ding element in the T matrix estimated under an intercept-and-slopes-as-outcomes model." (Bryk & Raudenbush 1992: 74)

Tabelle 13:	Geschätzte Varianzkomponenten für die kontextspezifischen Regressions-konstanten und Steigungen des 10-Schulen-NELS-1988 Datensatzes	
Varianzkomponenten:	Random-Intercept / Random-Slope-Modell	Random-Coefficient-Modell mit V5MEAN
$\hat\partial^2_{u_{0j}} =$	30,87	18,73
$\hat\partial^2_{u_{1j}} =$	20,00	19,60
$\hat\partial^2_{e_{ij}} =$	43,07	43,09

Als Vergleichsmodell für die Berechnung der PRE-R^2e verwenden wir das Random-Intercept-Random-Slope-Modell des Abschnitts 4.4 mit dem zentrierten Arbeitsaufwand für Hausaufgaben. Seine geschätzten Varianzkomponenten der kontextspezifischen Konstanten und Steigungen definieren das jeweilige Maximum der „aufklärbaren Varianz" des betrachteten Zufallskoeffizienten. Die für die Kalkulation der Bryk-Raudenbush-PRE-R^2e benötigten Varianzkomponenten entnehmen wir Tabelle 13. Auf ihrer Grundlage berechnen wir jeweils getrennt für die kontextspezifischen Regressionskonstanten und Steigungskoeffizienten ein eigenes PRE-R^2 für die zweite Ebene.

(42)   *Berechnung des Bryk-Raudenbush-R^2 für die Ebene 2*

$$Bryk\text{-}Raudenbush\text{-}R^2_{Level\ 2} = \frac{\hat{\sigma}^2_{u_{kj}}(M_{RIRS}) - \hat{\sigma}^2_{u_{kj}}(M_{Random\ Coefficient})}{\hat{\sigma}^2_{u_{kj}}(M_{RIRS})}$$

$$Level\ 2\text{-}PRE\text{-}R^2\ (b_{0j}) = \frac{30,87 - 18,73}{30,87} = \frac{12,14}{30,87} = 0,3933 * 100 = 39,33\%$$

$$Level\ 2\text{-}PRE\text{-}R^2\ (b_{1j}) = \frac{20,00 - 19,60}{20,00} = \frac{0,40}{20,00} = 0,02 * 100 = 2,00\%$$

Legende:

$\hat{\sigma}^2_{u_{kj}}$:   *Geschätzte Varianz der Residuen des kontextspezifischen Regressionsparameters* b_{kj}

$M_{Random\ Coefficient}$:   *Random-Coefficient-Modell mit Kontextvariable V5MEAN*

M_{RIRS}:   *Random-Intercept-Random-Slope-Modell mit Zentrierung von V3*

Die schulspezifischen Hausaufgabenpensen erklären rd. 39,3 % der Varianz der kontextspezifischen Regressionskonstanten. Aufgrund der am Schulmittelwert erfolgten Zentrierung entspricht dies einer Varianzaufklärung der durchschnittlichen Testergebnisse auf der Schulebene in derselben Höhe. Die differentiellen Lerneffekte der Schüler, welche die kontextspezifischen Regressionskoeffizienten b_{1j} erfassen, lassen sich aber nur zu rd. 2,0 % durch die Varianz der schulspezifischen Hausaufgabenpensen erklären.

Für die Ebene 1 berechnen wir ebenfalls das PRE-R^2, wie dies bereits in Abschnitt 4.4 dargestellt worden ist. Als Vergleichsmaßstab auf der Schülerebene benötigen wir hierzu die geschätzte Varianzkomponente der Residuen e_{ij} des

Random-Intercept-Only-Modells, für das wir die Abkürzung M_{ANOVA} eingeführt haben.

(43)   *Berechnung des Bryk-Raudenbush-R^2 für die Ebene 1*

$$Level\ 1\text{-}PRE\text{-}R^2 = \frac{\hat\sigma^2_{e_{ij}}\,(M_{ANOVA}) - \hat\sigma^2_{e_{ij}}\,(M_{Random\ Coefficient})}{\hat\sigma^2_{e_{ij}}\,(M_{ANOVA})}$$

$$= \frac{72,24 - 43,09}{72,24} = \frac{29,15}{72,24} = 0,4035 * 100 = 40,35\%$$

Legende:

$\hat\sigma^2_{e_{ij}}$:   *Geschätzte Varianz der Residuen der Binnenregression*
M_{ANOVA}:   *Random-Intercept-Only-Modell*
$M_{Random\ Coefficient}$:   *Random-Coefficient-Modell mit Kontextvariable V5MEAN*

Der häusliche Fleiß der Schüler erklärt rd. 40,4 % der Varianz des Mathematiktestergebnisses innerhalb der untersuchten Schulen und erweist sich somit als praktisch bedeutsamer Prädiktor.

Snijders & Bosker (1999) sowie Kreft & De Leuuw (1998) haben die Nachteile der von Bryk & Raudenbush (1992) entwickelten PRE-R^2 für die verschiedenen Ebenen herausgearbeitet:

„Using the estimates for the variance components obtained by the null model and substracting the newly found variance components, we hope to find a reduction in error variance. For instance, in our data we expect that the addition of a student-level variable will mainly reduce the within-schools variance, that a group mean certered score will only reduce the between-schools variance, and that a school-level explanatory variable will only reduce the between-school variance. A reduction of error variance at one or other level can be stated in a percentage reduction, which is the value for ‚explained variance‘ or R^2. ... This simple approach has its limitations, since it can lead to negative multiple correlation coefficients. As noted before, the $\hat\tau^2$ defined by (5.10c) can be negative." (Kreft & De Leuuw 1998: 118)

„However, this definition of R^2 now and then leads to unpleasant surprises: it sometimes happens that adding explanatory variables increases rather than decreases some of the variance components. Even negative values of R^2 are possible. Negative values of R^2 clearly are undesirable and are not in accordance with its intuitive interpretation." (Snijders & Bosker 1999: 99)

Snijders & Bosker (1994a, 1994b) haben daher für das Zweiebenenmodell zwei eigene Determinationskoeffizienten vorgeschlagen, die ebenfalls auf dem Prinzip der Proportionalen Fehlerreduktion beruhen und die Defizite der Bryk-Raudenbush-Koeffizienten überwinden sollen. Snijders & Bosker (1994b) weisen zwar nach, dass bei Totalerhebungen und korrekt spezifizierten Zweiebenenmodellen die beiden von ihnen vorgeschlagenen PRE-R^2e im zulässigen Wertebereich [0;1] liegen. Hingegen ist es bei Stichprobenerhebungen und fehlspezifizierten Modellen aber durchaus möglich, dass ihre Bestimmtheitsmaße R_1^2 und R_2^2 sogar negative Werte annehmen.[19] Diesen offensichtlichen Nachteil versuchen sie aber in einen Vorteil dergestalt umzudeuten, dass ihres Erachtens negative Bestimmtheitsmaße einen deutlichen Hinweis auf die Fehlspezifikation des geschätzten Mehrebenenmodells liefern. Beide Autoren erklären in ihrem Lehrbuch (1999) ausdrücklich, dass selbst die Streichung von Prädiktoren zu einer Erhöhung ihrer Determinationskoeffizienten führen kann. Ihres Erachtens belegt dieses Phänomen, dass der Fixed-Part des Mehrebenenmodells in erheblichen Maße falsch spezifiziert worden ist.[20]

Angesichts dieses späten Eingeständnisses von Snijders & Bosker stellt sich die Frage, ob die von ihnen vorgeschlagenen Determinationskoeffizienten R_1^2 and R_2^2 denjenigen von Bryk & Raudenbush (1992) wirklich überlegen sind. Ihr selbstgestecktes Ziel, ein PRE-Maß zu präsentieren, das keine negativen Werte annehmen kann, haben sie eindeutig für die gängigen Stichprobenerhebungen nicht erreicht. Für die Verwendung des Bryk-Raudenbush-PRE-R^2s sprechen hingegen zwei Gründe. Erstens ist es bei Random-Slope-Modellen erheblich einfacher zu berechnen als dasjenige von Snijders & Bosker. Im Gegensatz zu letzterem führt es auf der zweiten Ebene nicht nur eine Berechnung des mittleren Prognosefehlers für die Gruppenmittelwerte durch, sondern Bryk & Raudenbush sehen zweitens eine separate Varianzzerlegung für jeden einzelnen kontextabhängigen Effekt (Random-Effect) vor. Hierdurch eignet es sich deutlich besser für eine differenzierte Bestimmung der Effekte der Kontextmerkmale als dasjenige von Snijders & Bosker. Daher stützt sich die Beurteilung der Modellanpassung für die verschiedenen Ebenen bei den folgenden Analysen hauptsächlich auf das von Bryk & Raudenbush vorgeschlagene PRE-R^2.

---

19   S. Snijders & Bosker (1994a: 357)

20   S. Snijders & Bosker (1999: 104)

4.5.1   Grand-Mean-Zentrierung von Kontextmerkmalen

In unserem bisherigen Mehrebenenmodell haben wir zur Vorhersage des Mathematiktestergebnisses der Schüler die Leistungsnorm ihrer Schule für die Hausaufgaben als Kontextmerkmal verwendet. Da die Schulnorm selbst nicht zentriert worden ist, haben die beiden Regressionskonstanten der zweiten Ebene γ_{00} und γ_{10} jeweils die Erwartungswerte für das Testergebnis derjenigen Schüler erfasst, deren Schulen ihnen keine Mathematikhausaufgaben auferlegt haben.

Da es sich hierbei eher um einen seltenen Fall handelt, empfiehlt es sich, die schulspezifische Hausaufgabennorm am Grand-Mean der Gesamtstichprobe zu zentrieren. Hierdurch ändert sich die Interpretation der Regressionskonstanten der zweiten Ebene γ_{00} und γ_{10} dergestalt, dass sie nunmehr den Erwartungswert für die Befolgung der durchschnittlichen Leistungsnorm aller Schulen erfassen. Dies ist bei der Varianzzerlegung der kontextspezifischen Regressionskonstanten der Fall. Bei der Vorhersage der schulspezifischen Lerneffekte erfasst die Regressionskonstante γ_{10} nunmehr den Erwartungswert des Lerneffektes derjenigen Schüler, die eine Schule mit der mittleren Hausaufgabennorm besuchen.

(44)   *Die Gleichungen des Mehrebenenmodells mit einer Grand-Mean-zentrierten Kontextvariablen*

Level / Ebene 2: Between-Context Regression

2a)   *Intercept-as-Outcome Model:*

$$b_{0j} = \gamma_{00} + \gamma_{01} * (\bar{X}_j - \bar{X}_{..}) + u_{0j}$$

2b)   *Slope-as-Outcome Model:*

$$b_{1j} = \gamma_{10} + \gamma_{11} * (\bar{X}_j - \bar{X}_{..}) + u_{1j}$$

Level / Ebene 1: Within-Context Regression

1) $Y_{ij} = b_{0j} + b_{1j} * (X_{ij} - \bar{X}_j) + e_{ij}$

Eingleichungsform: (2a) und (2b) in (1):

$$
\begin{aligned}
Y_{ij} = {} & \gamma_{00} + \gamma_{01} * (\bar{X}_j - \bar{X}_{..}) + \gamma_{10} * (X_{ij} - \bar{X}_j) \\
& + \gamma_{11} * [\, (\bar{X}_j - \bar{X}_{..}) * (X_{ij} - \bar{X}_j)\,] \\
& + u_{1j} * (X_{ij} - \bar{X}_{..}) + u_{0j} + e_{ij}
\end{aligned}
$$

Interpretation der Residuen der Ebene 2:

in 2a) $u_{0j} = b_{0j} - [\; \gamma_{00} + \gamma_{01} * (\overline{X}_{.j} - \overline{X}_{..})\;]$

in 2b) $u_{1j} = b_{1j} - [\; \gamma_{10} + \gamma_{11} * (\overline{X}_{.j} - \overline{X}_{..})\;]$

Mit Hilfe der „CGM="-Option des „/DATA"-Befehls fordern wir in MLA die Grand-Mean-Zentrierung eines exogenen Merkmals an. MLA unterscheidet hierbei nicht, ob es sich um eine Individual- oder Kontextvariable handelt.

```
/TITLE
  National Education Longitudinal Study 1988: RC-Modell mit Kontextmerkmal

/DATA
  file = nels8810.dat
  vars = 5
  id2 = 1
  cwc = v3
  cgm = v5

/MODEL
  b0 = g0 + g1*v5 + u0
  b1 = g10 + g11*v5 + u1
  v2 = b0 + b1*v3 + e
/END
```

In der nachfolgenden MLA-Ausgabe haben sich im Vergleich zu unserem Kontextmodell ohne Zentrierung nur die Koeffizienten für die Regressionskonstanten der zweiten Ebene geändert. Alle anderen festen Effekte, die Varianzkomponenten, die Intraklassenkorrelation sowie die geschätzte Deviance stimmen mit denjenigen des Vorgängermodells bis zur zweiten Nachkommastelle vollständig überein. Daher beschränkt sich die Interpretation auf die festen Regressionskonstanten der zweiten Ebene, γ_{00} und γ_{10}. Für diejenigen Schüler, die eine Schule mit mittlerer Hausaufgabennorm besuchen und diese erfüllen, erwarten wir ein durchschnittliches Mathematiktestergebnis von 50,19 Punkten. Dieser Effekt ist statistisch signifikant, wie dem zum Schätzer *G0* gehörenden T-Wert von 32,65 zu entnehmen ist. Für jede Erhöhung der Leistungsnorm um eine Wochenstunde, verbessert sich das Mathematikergebnis der „konformen" Schüler um jeweils 5,14 Punkte im Durchschnitt. Dieser Kontexteffekt erweist sich als statistisch signifikant, da der zum Schätzer *G1* gehörende T-Wert von 2,40 die übliche Signifikanzgrenze von fünf Prozent deutlich unterschreitet. Wie der Regressionskonstante

G10 zu entnehmen ist, beträgt der zusätzliche Ertrag pro Überstunde für diejenigen Schüler, die eine Schule mit mittlerer Hausaufgabennorm besuchen, jeweils rd. 2,31 Punkte im Mathematiktest. Mit einem T-Wert von 1,49 ist dieser Lerneffekt statistisch nicht signifikant. Nimmt die Leistungsnorm der Schule um eine Wochenstunde zu, so erhöht sich der Lerneffekt pro geleisteter Überstunde um rd. 1,09 Punkte, wie dem Schätzer *G11* zu entnehmen ist. Diese Wechselwirkung erweist sich aber nicht als statistisch signifikant, wie der T-Wert von 0,50 zeigt.

```
National Education Longitudinal Study 1988: RC-Modell mit Kontextmerkmal

Full information maximum likelihood estimates (BFGS)

Fixed parameters

    Label      Estimate          SE             T          Prob(T)

       G0     50.194449       1.537260         32.65        0.0000
       G1      5.144876       2.139396          2.40        0.0162
      G10      2.309543       1.554158          1.49        0.1373
      G11      1.085816       2.186767          0.50        0.6195

Random parameters

    Label      Estimate          SE             T          Prob(T)

    U0*U0     18.729615       9.211952          2.03        0.0420
    U1*U0      1.048618       6.633885          0.16        0.8744
    U1*U1     19.596521       9.526609          2.06        0.0397

        E     43.091598       3.933493         10.96        0.0000

Conditional intra-class correlation = 18.73/(43.09+18.73) = 0.3030

# iterations = 9
-2*Log(L)    = 1767.753697
```

Da alle Schätzer der Varianzkomponenten sowie die Log-Likelihood der Kontextmodelle ohne bzw. mit Grand-Mean-Zentrierung der schulspezifischen Leistungsnorm identisch sind, weicht die Anpassung des betrachteten Modells nicht von seinem Vorgänger ab. Eine gesonderte Interpretation des Modellfits ist daher nicht erforderlich.

4.5.2   Dummyvariablen als Kontextmerkmale

Als weiteres Kontextmerkmal haben wir die Unterscheidung zwischen Schulen in öffentlicher und privater Trägerschaft verwendet. Auf der Schulebene überprüfen wir mit Hilfe der Dummyvariablen PUBLIC (V4), ob sich die öffentlichen von den privaten Schulen sowohl im Hinblick auf das durchschnittliche Testergebnis ihrer „konformen" Schüler als auch hinsichtlich der Lerneffekte durch zusätzliche Hausaufgabenstunden unterscheiden. Dieses Mehrebenenmodell lässt sich in graphischer Form folgendermaßen darstellen:

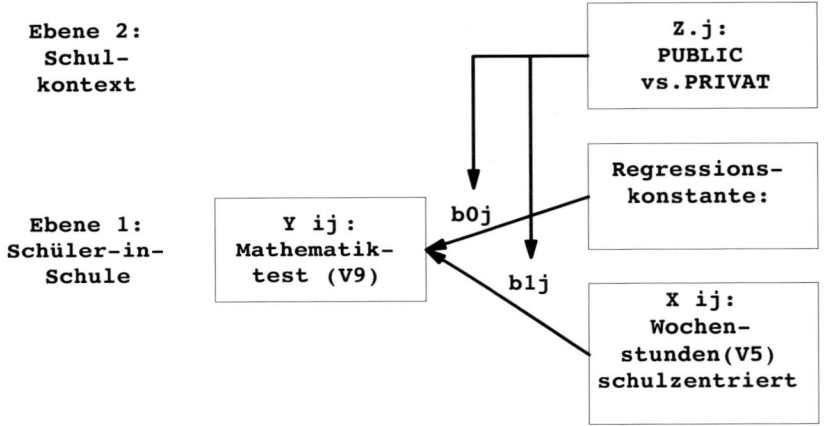

Abb. 53: Mehrebenenmodell zur Erklärung des Mathematiktestergebnisses mit der Kontextvariablen „Öffentliche vs. Private Schule"

Für die Schätzung des Mehrebenenmodells in Abbildung 53 benötigen wir das folgende Gleichungssystem:

(45)   Die Gleichungen des Mehrebenenmodells mit der Kontextvariablen
            Öffentliche vs. Private Schulen (PUBLIC)

        Level / Ebene 2: Between-Context Regression

        2a) Intercept-as-Outcome Model:

$$b_{0j} = \gamma_{00} + \gamma_{01} * PUBLIC + u_{0j}$$

        2b) Slope-as-Outcome Model:

$$b_{1j} = \gamma_{10} + \gamma_{11} * PUBLIC + u_{1j}$$

Level / Ebene 1: *Within-Context Regression*

1) $Y_{ij} = b_{0j} + b_{1j} * (X_{ij} - \bar{X}_j) + e_{ij}$

Eingleichungsform: (2a) *und* (2b) *in* (1):

$$Y_{ij} = \gamma_{00} + \gamma_{01} * PUBLIC + \gamma_{10} * (X_{ij} - \bar{X}_j) + \gamma_{11} * [\, PUBLIC * (X_{ij} - \bar{X}_j)\,]$$
$$+ u_{1j} * (X_{ij} - \bar{X}_j) + u_{0j} + e_{ij}$$

Interpretation der Residuen der Ebene 2:

in 2a) $u_{0j} = b_{0j} - [\, \gamma_{00} + \gamma_{01} * PUBLIC\,]$

in 2b) $u_{1j} = b_{1j} - [\, \gamma_{10} + \gamma_{11} * PUBLIC\,]$

Legende:

Y_{ij} : *Abhängiges Merkmal Y des Probanden i im Kontext j (Testergebnis)*

γ_{00} : *Mittlere Regressionskonstante der Population der Privatschulen:*
Erwartungswert für leistungskonforme Privatschüler (Fixed-Effect)

γ_{01} : *Mittlerer Regressionskoeffizient für die Abweichung der leistungs-*
konformen Schüler der öffentlichen von den Privatschulen (Fixed-Effect)

u_{0j} : *Level-2-Residuum der kontextspezifischen Regressionskonstanten b_{0j}:*
Nicht erklärte Abweichung der Regressionskonstante b_{0j} des Kontextes j
von derjenigen der Population (Random-Part)

γ_{10} : *Mittlerer Regressionskoeffizient des endogenen Merkmals X in den*
Privatschulen und deren leistungskonforme Schüler (Fixed-Effect):
Erwartungswert für den Lerneffekt pro Überstunde bei Privatschülern

γ_{11} : *Mittlerer Regressionskoeffizient der Abweichung öffentlichen*
Schüler beim Lerneffekt pro Überstunde (Fixed-Effect):
Cross-Level-Wechselwirkung

u_{1j} : *Level-2-Residuum der kontextspezifischen Regressionskoeffizienten b_{1j}:*
Nicht erklärte Abweichung der Regressionskoeffizienten b_{1j} des Kontextes j
von demjenigen der Population (Random-Part)

b_{0j} : *Regressionskonstante der Binnenregression*
des Kontextes j: Geschätztes Testergebnis für normkonforme Schüler

b_{1j} : *Regressionskoeffizient des Merkmal X_{ij} der Binnenregression des*
Kontextes j: Schulspezifischer Lerneffekt pro Überstunde

$X_{ij} - \bar{X}_j$: *Exogenes Individualmerkmal X der Person i im Kontext j*
am Gruppenmittelwert zentriert

$\bar{X}_j$: *Norm der Schule j für Mathematikhausaufgaben*

e_{ij} : *Level-1-Residuum bei der Vorhersage von Y für Proband i im Kontext j*

Mit Hilfe dieses Random-Coefficient-Modells überprüfen wir die folgenden Forschungshypothesen:

1. Die öffentlichen Schulen unterscheiden sich systematisch im Hinblick auf das erzielte Testergebnis in Mathematik von den Privatschulen.
2. Die Lerneffekte für Hausaufgabenüberstunden unterscheiden sich systematisch zwischen den öffentlichen und den Privatschulen.
3. Die Leistungsunterschiede in Mathematik der Schulen sind auf die Unterschiede ihrer Trägerschaft zurückzuführen.
4. Ihre differentiellen Lerneffekte lassen sich durch die Unterschiede ihrer Trägerschaft erklären.

Für die Schätzung dieses RC-Modells benötigen wir die folgenden MLA-Befehle:

```
/TITLE
   National Education Longitudinal Study 1988: RC-Modell mit PUBLIC (V4)

/DATA
   file = nels8810.dat
   vars = 5
   id2 = 1
   cwc = v3

/MODEL
   b0 = g0 + g1*v4 + u0
   b1 = g10 + g11*v4 + u1
   v2 = b0 + b1*v3 + e

/END
```

Die von MLA geschätzten Regressionsparameter der Grundgesamtheit und ihre zugehörigen Varianzkomponenten interpretieren wir wie folgt. Da wir den individuellen Arbeitsaufwand für Mathematikhausaufgaben am jeweiligen Schulmittelwert zentriert haben, können wir die geschätzten Testergebnisse der leistungskonformen Schüler privater und öffentlicher Schulen direkt miteinander vergleichen. Der feste Regressionskoeffizient γ_{00} (G0) erfasst unmittelbar das geschätzte Testergebnis dieser speziellen Privatschüler. Für sie erwarten wir im Durchschnitt ein Ergebnis von rd. 62,82 Punkten. Wie dem T-Wert von 22,42 zu entnehmen ist, ist dieser geschätzte Gruppenmittelwert signifikant von Null verschieden.

```
National Education Longitudinal Study 1988: RC-Modell mit PUBLIC (V4)

Full information maximum likelihood estimates (BFGS)

Fixed parameters

    Label      Estimate         SE            T         Prob(T)

       G0      62.820824      2.801787       22.42       0.0000
       G1     -15.598907      2.979087       -5.24       0.0000
      G10       1.093866      4.441731        0.25       0.8055
      G11       1.100898      4.701936        0.23       0.8149

Random parameters

    Label      Estimate         SE            T         Prob(T)

    U0*U0       7.205668      4.049713        1.78       0.0752
    U1*U0       5.356038      4.699652        1.14       0.2544
    U1*U1      19.508748      9.485008        2.06       0.0397

        E      43.170792      3.940293       10.96       0.0000

Conditional intra-class correlation = 7.21/(43.17+7.21) = 0.1430

# iterations = 9
-2*Log(L)    = 1758.364396
```

Das Testergebnis derjenigen Schüler, die öffentliche Schulen besuchen, fällt um rd. 15,60 Punkte niedriger aus als dasjenige der Privatschüler, wie dem Koeffizienten *G1* (γ_{01}) zu entnehmen ist. Diese deutliche Verschlechterung des Testergebnisses gilt ebenfalls für die Grundgesamtheit, wie der T-Wert von $-5,24$ eindeutig belegt. Der Ertrag für jede geleistete Überstunde bei den Mathematikhausaufgaben beträgt für die Privatschüler rd. 1,09 Punkte im Leistungstest, wie dies der Regressionskoeffizient γ_{10} (*G10*) angibt. Dieser Trainingseffekt der untersuchten Privatschüler gilt aber nicht für die Grundgesamtheit, da der zugehörige T-Wert die Signifikanzgrenze von fünf Prozent nicht erreicht. Für die untersuchten Schüler öffentlicher Schulen fällt dieser Trainingsertrag sogar um rd. 1,10 Testpunkte höher aus, da der Regressionskoeffizient γ_{11} (*G11*) ein positives Vorzeichen hat. Da der zugehörige T-Wert von 0,23 nicht signifikant ist, ist dieser Befund nicht auf die Grundgesamt übertragbar. Aufgrund ihrer fehlenden statistischen Signifikanz eignen sich die ermittelten Lerneffekte nur zur Beschreibung der untersuchten Schulstichproben. Sie tuen dies aber nicht im Sinne einer Verallgemeinerung auf die Grundgesamtheit.

Bei den geschätzten Varianzkomponenten der Residuen der zweiten Ebene zeigt sich, dass sich durch die Berücksichtigung der Schulträgerschaft die Restvarianz der kontextspezifischen Regressionskonstanten faktisch auf Null verringert. Der zugehörige Komponentenschätzer *U0*U0* weist zwar einen Wert von 7,21 auf, er ist aber nicht mehr statistisch signifikant. Dies bedeutet, dass die Varianz der Gruppenmittelwerte leistungskonformer Schüler durch die Unterscheidung zwischen öffentlichen und privaten Schulen weitgehend aufgeklärt wird. Dies ist ebenfalls an der deutlichen Verringerung des bedingten Intraklassenkorrelationskoeffizienten erkennbar, der im Vergleich zum einfachen Random-Intercept- Random-Slope-Modell von 0,4175 auf 0,1430 absinkt. Bei den kontextspezifi-schen Lerneffekten zeigt sich aber ein konträres Bild. Ihre Residualvarianz ist einem Wert von rd. 19,51 signifikant von Null verschieden, wie wir dem Komponentenschätzer *U1*U1* entnehmen. Daher ist die Schulträgerschaft nur unzureichend zur Erklärung dieser kontextspezifischen Lerneffekte geeignet. Die geschätzte Kovarianz der Residuen der kontextspezifischen Regressionskonstanten und Steigungen beträgt ihrem Schätzer *U1*U0* zufolge rd. 5,36 Einheiten. Wie dem zugehörigen T-Test zu entnehmen ist, erweist sich diese Kovarianz als nicht statistisch signifikant und ist daher in der Grundgesamtheit nicht von Null verschieden. Dies bedeutet, dass es praktisch kein weiteres Kontextmerkmal gibt, dass gleichermaßen die Varianz der kontextspezifischen Regressionskonstanten und Steigungen erklären kann.

Mit Hilfe des Likelihood-Ratio-χ^2-Test überprüfen wir zusätzlich, ob alle geschätzten festen Regressionskoeffizienten und Varianzkomponenten ebenfalls für die Grundgesamtheit Geltung beanspruchen können.

(46)   *Berechnung des Likelihood-Ratio-χ^2-Tests für den Vergleich von RC-(M_A) und Nullmodell (M_0)*

$$L.R.-\chi^2-\textit{Prüfgröße} = -2*\log L(M_0) - [-2*\log L(M_A)]$$

$$= 1990{,}124174 - 1758{,}364396 = 231{,}76$$

$$F.G.(M_A-M_0) = F.G._{M_A} - F.G._{M_0} = 8 - 2 = 6$$

Kritischer χ^2-*Wert* ($\alpha = 0{,}05$; *F.G.*=6) = 12,6

Testentscheidung: $\chi^2_{Prüf} \geq \chi^2_{Krit.}$, *daher Nullhypothese verwerfen!*

Mit einer Irrtumswahrscheinlichkeit von weniger als fünf Prozent verwerfen wir die zugehörige Nullhypothese, dass alle geschätzten Regressionskoeffizienten und Varianzkomponenten in der Grundgesamtheit Null sind.

Für die Beurteilung der Modellanpassung im Sinne der praktischen Signifikanz benötigen wir das Maddala-ML-R^2 sowie die Bryk-Raudenbush-PRE-R^2 für die unterschiedlichen Ebenen und kontextabhängigen Effekte.

(47)   *Die Berechnung des Maximum-Likelihood-R^2 von Maddala (1986)*

$$R^2_{ML} = 1 - \exp\left[\frac{-(L.R.-\chi^2)}{n_{ij}}\right] = 1 - \exp\left[\frac{-(231,76)}{260}\right]$$

$$= 0,5899 \; oder \; 58,99\%$$

Mit einer erzielten Varianzaufklärung von rd. 58,99 % verbessert sich die Anpassung dieses Kontextmodells im Vergleich zu demjenigen mit der schulspezifischen Hausaufgabennorm in eher geringfügigem Maße. Zur differentiellen Beurteilung der Modellanpassung auf der Schüler- und Schulebene eignen sich besser die von Bryk & Raudenbush (1992) vorgeschlagenen PRE-R^2e. Als Vergleichsmaßstab dient uns erneut das entsprechende Random-Intecept-Only- bzw. das Random-Intercept-Random-Slope-Modell.

Tabelle 14:	*Geschätzte Varianzkomponenten für die kontextspezifischen Regressionskonstanten und Steigungen*	
Varianzkomponenten:	Random-Intercept-Random-Slope-Modell	Random-Coefficient-Modell mit PUBLIC
$\hat{\sigma}^2_{u_{0j}} =$	30,87	7,21
$\hat{\sigma}^2_{u_{1j}} =$	20,00	19,51
$\hat{\sigma}^2_{e_{ij}} =$	43,07	43,17

Auf der Basis dieser Varianzkomponenten berechnen wir für die kontextspezifischen Regressionskonstanten und Steigungen das jeweilige PRE-R^2 nach Bryk & Raudenbush. Mit Hilfe unserer Unterscheidung zwischen öffentlichen und privaten Trägern erklären wir rd. 76,6 % der Varianz der Testunterschiede leistungskonformer Schüler auf der Schulebene. Damit fällt die Varianzaufklärung fast doppelt so hoch aus wie im Kontextmodell mit der schulspezifischen Hausaufgabennorm. Die Trägerschaft allein erklärt aber nur rd. 2,5 % der Varianz der schulspezifischen

Trainingseffekte bei den Hausaufgaben. Bezogen auf diesen kontextabhängigen Effekt fällt die Varianzaufklärung nur um ein halbes Prozent höher aus als bei demjenigen mit der Leistungsnorm für die Hausaufgaben. Aufgrund ihrer geringfügigen Varianzaufklärung ist die Schulträgerschaft kaum zur Vorhersage der differentiellen Lerneffekte der Schulen geeignet.

(48)   *Berechnung des Bryk-Raudenbush-R^2 für die Ebene 2*

$$Bryk\text{-}Raudenbush\text{-}R^2_{Level\ 2} = \frac{\hat{\sigma}^2_{u_{kj}}(M_{RIRS}) - \hat{\sigma}^2_{u_{kj}}(M_{Random\ Coefficient})}{\hat{\sigma}^2_{u_{kj}}(M_{RIRS})}$$

$$Level\ 2\text{-}PRE\text{-}R^2\ (b_{0j}) = \frac{30,87 - 7,21}{30,87} = \frac{23,66}{30,87} = 0,7664 * 100 = 76,64\%$$

$$Level\ 2\text{-}PRE\text{-}R^2\ (b_{1j}) = \frac{20,00 - 19,51}{20,00} = \frac{0,49}{20,00} = 0,02 * 100 = 2,45\%$$

Legende:

$\hat{\sigma}^2_{u_{kj}}$:   *Geschätzte Varianz der Residuen des kontextspezifischen*
                 Regressionsparameters b_{kj}
$M_{Random\ Coefficient}$: *Random-Coefficient-Modell mit Kontextvariable PUBLIC*
M_{RIRS}:   *Random-Intercept-Random-Slope-Modell mit*
                 Zentrierung von V3

(49)   *Berechnung des Bryk-Raudenbush-R^2 für die Ebene 1*

$$Level\ 1\text{-}PRE\text{-}R^2 = \frac{\hat{\sigma}^2_{e_{ij}}(M_{ANOVA}) - \hat{\sigma}^2_{e_{ij}}(M_{Random\ Coefficient})}{\hat{\sigma}^2_{e_{ij}}(M_{ANOVA})}$$

$$= \frac{72,24 - 43,17}{72,24} = \frac{29,07}{72,24} = 0,4024 * 100 = 40,24\%$$

Legende:

$\hat{\sigma}^2_{e_{ij}}$:   *Geschätzte Varianz der Residuen der Binnenregression*
M_{ANOVA}:   *Random-Intercept-Only-Modell*
$M_{Random\ Coefficient}$: *Zufallskoeffizientenmodell mit Kontextvariablen*
                 Hausaufgabenpensum und Zentrierung von V3

Für die Schülerebene bestimmen wir erneut den Modellfit mit Hilfe des PRE-R^2 von Bryk & Raudenbush. Im Sinne der PRE-Logik betrachten wir hierbei die Reduktion der Residualvarianz des aktuellen Kontextmodells auf der Schülerebene im Vergleich zu derjenigen des Random-Intercept-Only-Modells.

Der individuelle Arbeitsaufwand der Schüler erklärt rd. 40,24 % der Varianz des Mathematiktestergebnisses innerhalb der zehn untersuchten Schulen. Dieser Erklärungsbeitrag fällt nur geringfügig niedriger als im Kontextmodell mit der schulspezifischen Hausaufgabennorm (40.35 %) aus. Gemessen an den üblichen Standards für Felduntersuchungen verfügt unser RC-Modell über eine sehr gute Anpassung sowohl auf der Schul- als auch auf der Schülerebene. Lediglich die kontextspezifischen Lerneffekte der Schüler kann dieses Random-Coefficient-Modell nicht hinreichend erklären.

4.6   Resümee der Random-Coefficient-Modelle

Der Ende der 80er Jahr erzielte Durchbruch bei den Random-Coefficient-Modellen hat praktisch alle Defizite des Boyd-Iversen-Ansatzes zur Schätzung von Wechselwirkungseffekten zwischen den Ebenen überwunden. Durch die Einführung neuer Schätzverfahren wie der Full-Information- und der Restricted-Maximum-Likelihood-Methode ermitteln die Mehrebenenprogramme nunmehr korrekt die Standardfehler bei geklumpten Stichproben, wie sie bei hierarchischen Datenstrukturen stets vorliegen. Das RC-Modell versetzt uns in die Lage, die uns zuvor unbekannte Heterogenität der Effekte exogener Variablen zwischen unseren Kontexteinheiten von ihrem Ausmaß her zu bestimmen und statistisch zu testen. Ist diese Varianz der kontextabhängigen Effekte signifikant von Null verschieden, so können wir sie mit Hilfe der exogenen Kontextmerkmale erklären. Hierbei berücksichtigen wir gleichermaßen intervallskalierte und nominale Merkmale, wobei wir letztere in Dummyform verwenden. Ebenfalls haben sich die von Cronbach & Webb eingeführten und von Boyd & Iversen weiterentwickelten Formen der Zentrierung exogener Merkmale an ihrem Gruppen- bzw. Gesamtmittelwert in der Praxis bewährt und gehören nunmehr zum Standard der Mehrebenenanalyse. Hierbei ist aber zu beachten, dass es sich bei der Zentrierung exogener Merkmale nicht nur um eine Strategie zur Vermeidung von Multikollinearität handelt, sondern dass ihr immer auch inhaltliche Entscheidungen zugrunde liegen, welche die Vergleichsgruppe innerhalb der Level-2-Einheiten und den Vergleichskontext selbst definieren. Wir haben dies besonders bei der Verwendung des T-Tests zu beachten, da der jeweilige Fixed-Effect des exogenen Individual- oder Kontextmerkmals die Abweichung von der zuvor definierten Referenzgruppe im Referenzkontext misst. Dieser Vergleichsmaßstab sollte aber in der sozialen Wirklichkeit existieren, da ansonsten sich der T-Test auf einen irrealen Gruppenvergleich bezieht. Mit dem Maddala-Maximum-Likelihood-R^2 und dem Bryk-Raudenbush-PRE-R^2 bestimmen wir die Modellanpassung im Sinne der praktischen Signifikanz sowohl für das Gesamtsystem als auch die einzelnen Ebenen. Mit Hilfe der zugehörigen globalen und partiellen Likelihood-Ratio-χ^2-Tests sichern wir diese praktischen Befunde in inferenzstatistischer Hinsicht ab. Anhand unseres 10-Schulen-Beispiels haben wir die Grundmodelle des RC-Ansatzes kennengelernt, die sukzessive aufeinander aufbauen. Zunächst haben wir als Ausgangspunkt das Nullmodell mit der festen Regressionskonstanten geschätzt, dessen Log-Likelihood wir als Vergleichsmaßstab für den Likelihood-Ratio-χ^2-Test und das Maddala-Maximum-Likelihood-R^2 benötigen. Mit Hilfe des Random-Intercept-only-Modells haben wir abgeschätzt, wie viel Prozent der Varianz unserer Kriteriumsvariablen die Kontextzugehörigkeit maximal erklären kann. Die Variabilität der Effekte unserer exogenen Merkmale zwischen den Kontexteinheiten haben wir mit Hilfe des Random-Intercept/Random-Slope-Modells bestimmt und auf ihre statistische Signifikanz hin getestet. Im Intercept-as-Outcome- und Slope-as-Outcome-Modell erklären wir die Variabilität unserer kontextabhängigen Effekte mit Hilfe der exogenen Kontextvariablen. Anhand unseres 10-Schulen-Beispiels haben wir die verschiedenen Modellkonzepte vorgestellt und mit dem Freeware-Programm MLA geschätzt.

5. Die praktische Datenanalyse mit MLA 2.2

Bevor wir MLA für die Analyse des Gesamtdatensatzes der NELS-1988-Studie mit 21.580 Schüler in 1003 Oberschulen einsetzen, klären wir zunächst, ob das Programm für solche großen Datensätze überhaupt geeignet ist. Busing (2000) dokumentiert die Beschränkungen des MLA-Programm in der Version 2.2 auf seiner Homepage.[21] MLA kann in bis zu 32 Gleichungen maximal 128 Parameter schätzen, wobei die Anzahl der Kontext- und Beobachtungseinheiten theoretisch unbegrenzt ist. Dies gilt ebenfalls für die Anzahl der Bootstrapreplikationen. Die einzige Obergrenze stellt die Größe des Hauptspeichers dar, wobei die NELS-1988-Studie mit 128 MB RAM problemlos auszuwerten ist. MLA kann maximal 256 Variablen verwalten, die als ASCII-Rohdaten im freien Format jeweils durch ein Leerzeichen getrennt einzulesen sind.

Tabelle 15: Obergrenzen von MLA

Anzahl der Gleichungen:	**32**
Anzahl zu schätzender Parameter	**128**
Anzahl der Level-1 Einheiten	**unbegrenzt**
Anzahl der Level-2 Einheiten	**unbegrenzt**
Anzahl der Variablen	**256**
Anzahl der Bootstrap-Replikationen	**unbegrenzt**

---

21 Über die folgenden Websites erhalten Sie das Freeware-Programm MLA:
http://www.soziologie.uni-halle.de/langer/buecher/mehrebener. Menüpunkt: Freeware
http://athena.leidenuniv.nl/fsw/personal/busing/index.php3

Die NELS-1988-Studie liegt in zwei Aufbereitungsformen vor. Die vom Autor aufbereitete SPSS-Datei „NELS88TOT.SAV" beinhaltet sowohl die Individual-merkmale der Schüler als auch die bereitgestellten oder selbstaggregierten Kontextmerkmale ihrer Schulen. Sie enthält alle 21.500 Schüler der untersuchten 1003 Schulen. Es handelt sich bei ihr um eine repräsentative Zufallsauswahl der 3 Millionen US-Schüler, die im Frühjahr 1988 die achte Klasse in 38.000 Schulen in den Vereinigten Staaten besucht haben. Um Analysen allein auf der Schulebene durchführen, benötigen wir eine zusätzliche Datendatei, die neben dem Schul-mittelwert des Mathematikleistungstest die zugehörigen Kontextmerkmale enthält. Die SPSS-Datendatei „NELSAGGR.SAV" beinhaltet diese Angaben auf der Schulebene. Beide Datensätze und ihre ausführliche Dokumentation stellt der Autor dem geneigten Leser auf seiner Website zum Download zur Verfügung.[22]

5.1   Aggregation von Kontextmerkmalen mit SPSS

Der Schuldatensatz enthält neben dem Schulmittelwert des Mathematiktestergeb-nisses die ursprünglichen sowie die vom Autor aggregierten Kontextmerkmale, wobei erstere über ihre ursprüngliche Variablenbezeichnung identifiziert werden. Für die Bildung der Kontextmerkmale bzw. deren Übernahme aus dem NELS-1988-Internetdatensatz benötigen wir den folgenden AGGREGATE-Befehl von SPSS:

```
AGGREGATE
/OUTFILE='D:\multilev\spss\nelsaggr.sav'
/BREAK=v1
/v6 'Schultyp/-traeger'=FIRST(V6)
/v10 'Einschaetzung Klassenstruktur'=FIRST(V10)
/v11 'Schulgroesse'=FIRST(V11)
/v12 'Urbanitaet'=FIRST(V12)
/v13 'Geographische Region der USA'=FIRST(V13)
/v14 'Prozentsatz Minoritaetenschueler auf der Schule'=FIRST(V14)
/v15 'Schueler-pro-Lehrer Quote'=FIRST(V15)
/v7MEAN 'Schulmittelwert der SES-Komponente' = MEAN(v7)
/v5mean 'Schulmittelwert Hausaufgabenstunden Mathematik' = MEAN(v5)
/v8MEAN 'Schulmittelwert des Bildungsabschlusses der Eltern'=MEAN(v8)
/v9MEAN 'Schulmittelwert Mathematiktest'=MEAN(v9)
```

---

22   http://www.soziologie.uni-halle.de/langer/buecher/mehrebenen Menüpunkt: Datensätze

```
/GIRLSPCT 'Prozentsatz der Mädchen in Klasse'=PIN(V3,2,2)
/BOYSPCT 'Prozentsatz der Jungen in Klasse'=PIN(V3,1,1)
/ASIANPCT 'Prozentsatz Asiaten in der Schule'=PIN(V4,1,1)
/HISPAPCT 'Prozentsatz Hispanics in der Schule'=PIN(V4,2,2)
/BLACKPCT 'Prozentsatz Farbige/Schwarze in der Schule'=PIN(V4,3,3)
/WHITEPCT 'Prozentsatz Weisse in der Schule'=PIN(V4,4,4)
/INDIAPCT 'Prozentsatz Indianer in der Schule'=PIN(V4,5,5)
/nstudent=N.
EXECUTE.
```

Mit der Option „/OUTFILE=" geben wir den Dateinamen für die neu anzulegende SPSS-Datendatei an, die dann die aggregierten Kontextmerkmale enthält. Um das entsprechende Kontextmerkmal zu generieren, geben wir zunächst einen Variablennamen an und versehen ihn mit einem Etikett in Hochkommata. Mit der Funktion „FIRST" übernehmen wir dann für die genuinen Kontextmale den Wert aus ihrer jeweiligen Gruppe und speichern ihn unter demselben Variablennamen in der Kontextdatei. SPSS übernimmt in diesem Fall die Variablendefinition und Dokumentation vollständig. Die Funktion „MEAN" berechnet uns für jede Kontexteinheit den Gruppenmittelwert des Individualmerkmals, das wir in Klammern angeben. SPSS bietet aber auch die Möglichkeit, sich für metrische Merkmale ihre Standardabweichung, ihre Summe, ihr Minimum oder Maximum in der jeweiligen Kontexteinheit berechnen zu lassen.

Bei nominalen Individualmerkmalen wie dem Geschlecht oder dem ethnischen Status des untersuchten Schülers eröffnet uns SPSS die Möglichkeit, für die einzelnen Ausprägungen dieser Variablen die entsprechenden Anteilswerte oder Prozentwerte in den einzelnen Kontexteinheiten zu berechnen. Hierbei unterscheidet SPSS zwischen der Ermittlung des Prozent- oder Anteilswertes aller Ausprägungen unterhalb (PLT bzw. FLT) oder oberhalb einer vorgegebenen Ausprägung (PGT bzw. FGT) sowie innerhalb eines vorgegebenen Bereichs von Ausprägungen (PIN bzw. FIN). Zusätzlich kann SPSS auch die Prozentsätze bzw. Anteile außerhalb eines vorgegebenen Wertebereichs auszählen (POUT bzw. FOUT). Bei Wertebereichen geben wir nach der zu aggregierenden Individualvariablen die Werte für die untere und obere Grenze des Ausprägungsintervalls an. Sind bei der „PIN" bzw. „FIN"-Funktion die untere und obere Intervallgrenze identisch, so erhalten wir den Prozentsatz bzw. Anteilswert der betrachteten Ausprägung in der jeweiligen Kontexteinheit. Mit Hilfe der Funktionen „N" bzw. „NU" ermitteln wir die gewichteten bzw. ungewichteten Fallzahlen innerhalb der einzelnen Kontexteinheiten.

5.2   Die Entwicklung eines Auswertungsdesign für die Mehrebenenanalyse

Wir können die Mehrebenenanalyse nur dann sinnvoll anwenden, wenn wir zuvor einen Auswertungsplan erstellen, der die Einzelschritte der Datenanalyse mit ihren jeweiligen Zielen klar festlegt und sie in ihrer Reihenfolge aufeinander abstimmt.

Tabelle 16:   *Auswertungsplan für die Durchführung einer sinnvollen Mehrebenenanalyse*

1. Arbeitsschritt:

Genaue Analyse des Erhebungsdesigns der Untersuchung:

1. Wie lautete die zentrale Forschungsfrage?
2. Wie viele Kontextebenen beinhaltet die Untersuchung?
3. Welche Forschungshypothesen wurden für die Individualebene (Level 1) abgeleitet und formuliert?
4. Welche Forschungshypothesen wurden für die Wirkung der Kontextmerkmale (Level 2) abgeleitet und formuliert?
5. Wie wurde die Kriteriumsvariable operationalisiert?
6. Welches Messniveau weist die Kriteriumsvariable auf?
7. Welche exogenen Individualmerkmale wurden wirklich erhoben?
8. Welche exogenen Kontextvariablen wurden auf welcher Ebene erhoben?
9. Wie viele Codes für „fehlende Angaben" verwendet die Untersuchung?
10. Welche Kontextmerkmale können wir durch die Aggregierung der exogenen Individualmerkmale selbst generieren?

---

2. Arbeitsschritt:

Explorative Analysen der Kriteriumsvariablen auf den verschiedenen Ebenen der Untersuchung

2.1 Welche exogenen Individual- und Kontextmerkmale beeinflussen die Verteilung der Kriteriumsvariablen? (Analyse der Individualdaten)

   Verfahren: 1.   Graphische Datenanalyse mit Tukey's Box-&-Wiskers Plots
                  2.   Multiple lineare Regression / logistische Regression

2.1 Welche exogenen Kontextmerkmale sind zur Vorhersage der Kontextmittelwerte der Kriteriumsvariablen geeignet: (Analyse der Aggregatdaten / „ökologische Analysen")

   Verfahren: 1.   Graphische Datenanalyse mit Tukey's Box-and-Wiskers Plots
                  2.   Multiple lineare Regression

3. Arbeitsschritt:

Festlegung der im Mehrebenenmodell zu berücksichtigenden Ebenen

3.1   Wie viele Kontexteinheiten umfassen jeweils die erhobenen Ebenen?
3.2   Sind die ineinander geschachtelten Ebenen ausbalanciert?
3.3   Welche der erhobenen Ebenen tragen zur Erklärung der Kriteriumsvariablen bei?

Verfahren: 1.   Schätzung der Random-Intercept-Only-Modells mit der VARCOMP-Prozedur von SPSS
               2.   Berechnung der Intraklassenkorrelation ρ (ICC) für jede einzelne Kontextebene

4. Arbeitsschritt:

Portierung der Daten in das für die Mehrebenenanalyse zu benutzende Statistikprogramm

4.1   Kann das Mehrebenenprogramm SPSS-SAV-Dateien lesen?
4.2   Kann das Statistikprogramm eine ASCII-Datei mit den Rohdaten lesen?
4.3   Welche Variablen enthalten die Kontextkennungen der verschiedenen Ebenen?
4.4   Wie viele Codes für „fehlende Angaben" lässt das Mehrebenenprogramm zu?

5. Arbeitsschritt:

Schätzung des Random-Intercept-Only-Modells für die im Mehrebenenmodell tatsächlich zu berücksichtigenden Ebenen.

Bestimmung des Varianzanteils der Kriteriumsvariablen, der durch die jeweilige Kontextzugehörigkeit maximal erklärt werden kann.

6. Arbeitsschritt:

Schätzung des Nullmodells zur Bestimmung der maximalen Deviance, die wir für die Berechnung des Likelihood-Ratio-χ^2-Tests und des Maddala-Maximum-Likelihood-R^2 benötigen

7. Arbeitsschritt:

Entwicklung eines kausalen Erklärungsmodells für die Binnenvarianz der Kriteriumsvariable (Within-Context-Regression mit Random-Intercept)

7.1   Welche exogenen Individualmerkmale sind zur Erklärung der Varianz der Kriteriums-variablen innerhalb der Kontexte aus inhaltlicher Sicht geeignet?
7.2   Welche Referenzgruppe ist aus inhaltlicher Sicht am besten für die Regressionskonstante der Binnenregression geeignet?
7.2   Wieviel Prozent der Binnenvarianz der Kriteriumsvariablen erklären sie?

Verfahren: Berechnung der Bryk-Raudenbush-PRE-R^2 für die Residualvarianz in-nerhalb der Kontexteinheiten $\sigma^2(e_{ij})$

8. Arbeitschritt:

Klärung der Frage, wie stark die Effekte der exogenen Individualmerkmale über die Kontextein-heiten hinweg variieren:

8.1   Welche exogenen Merkmale verfügen überhaupt über eine Varianz innerhalb der einzelnen Kontexteinheiten?
8.2   Wie groß ist die Varianz der Effekte der einzelnen exogenen Individualmerkmale auf die Kriteriumsvariable über die Kontexteinheiten hinweg?
8.3   Wie stark variiert die Regressionskonstante der einzelnen Binnenregressionen und damit der Erwartungswert der Referenzgruppe über die Kontexteinheiten hinweg?
8.4   Welche Effekte der exogenen Individualmerkmale lassen sich nur als Steigungskoeffizienten der Grundgesamtheit (Fixed-Effects) kontextübergreifend schätzen?

Verfahren: Schätzung des Random-Intercept-Random-Slope-Modells

9. Arbeitsschritt:

Entwicklung des Between-Context-Regressionsmodells:

9.1   Welche Kontextmerkmale sind zur Erklärung der Varianz der kontextspezifischen Regres-sionskonstanten und Steigungskoeffizienten geeignet?
9.2   Ist die Grand-Mean-Zentrierung intervallskalierter Kontextmerkmale erforderlich?
9.3   Wie lässt sich beim Vorhandensein nominaler Kontextmerkmale der Referenzkontext aus inhaltlicher Sicht sinnvoll definieren?
9.4   Wie viel Prozent der Varianz der kontextspezifischen Regressionskonstanten und Stei-gungskoeffizienten lässt sich jeweils durch die Kontextmerkmale erklären?

Verfahren: 1.   Schätzung des Intercept-as-Outcome-Modells / Slope-as-Outcome-Modells
               2.   Berechnung des jeweiligen Bryk-Raudenbush-PRE-R^2

---

10. Arbeitsschritt:

Präsentation der Ergebnisse der Mehrebenenanalyse:

Verfahren: 1. Darstellung der geschätzten Fixed-Effects als Strukturgleichungen
2. Graphische Darstellung der geschätzten Erwartungswerte bzw. ihrer Differenzen

---

5.3 Explorative Analysen auf der Schüler- und Schulebene

Aufgrund der bereits geleisteten Vorarbeiten überspringen wir den ersten Arbeitsschritt unseres Auswertungsplans und wenden uns direkt dem zweiten zu. Zuerst führen wir die explorativen Analysen auf der Ebene der Schüler und anschließend auf der Schulebene durch. Danach folgen klassische Regressionsanalysen, die neben den exogenen Individualmerkmalen ebenfalls Kontextvariablen enthalten.

5.3.1 Explorative Analysen auf der Schülerebene

Auf der Schülerebene untersuchen wir unabhängig von seiner spezifischen Kontextzugehörigkeit, ob sich sein Mathematiktestergebnis aus seinem wöchentlichen Aufwand für Mathematikhausaufgaben, dem sozio-ökonomischen Status seines Elternhauses, seiner ethnischen Zugehörigkeit sowie seinem Geschlecht vorhersagen lässt.

Abbildung 54 zeigt deutlich, dass sich das Testergebnis erkennbar verbessert, wenn der Schüler bis zu drei Stunden in der Woche in Mathematikhausaufgaben investiert. Ein weiterer Arbeitsaufwand führt nur noch zu einer marginalen Verbesserung.

Der Einfluss der sozialen Ungleichheit auf das erzielte Mathematiktestergebnis zeichnet sich in Abbildung 55 deutlich ab, wenn wir seine Abhängigkeit vom höchsten Bildungsabschluss der Eltern betrachten. Je höher der Bildungsabschluss der Eltern ist, um so besser schneiden ihre Kinder im Mathematiktest ab. Die mittlere Punktzahl liegt bei Kindern von High-School-Abbrechern bei rd. 42,1 Punkten. Hingegen erzielen Kinder von Vollakademikern ein mittleres Testergebnis von rd. 61,9 Punkten. Da die Faktorscores der von Kreft gebildeten SES-Hauptkomponente mit den Bildungsabschlüssen der Eltern mit $r = +0,856$ korrelieren, empfiehlt es sich, für die weiteren Analysen nur einen der beiden Indikatoren sozialer Ungleichheit bzw. des Bildungskapitals der Familie zu verwenden.

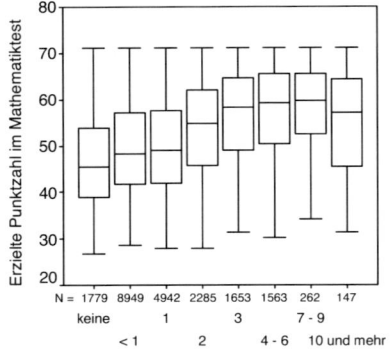

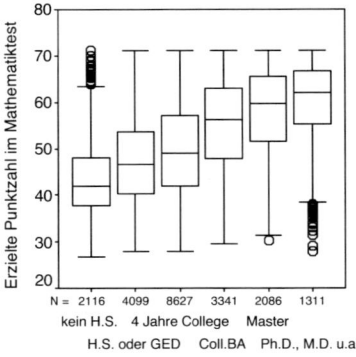

Abb. 54:   Testergebnis auf Wochenstunden Ma-   Abb. 55:   Testergebnis in Abhängigkeit vom
           thematikhausaufgaben (NELS 1988;   höchsten Bildungsabschluss der
           n=21.500)   Eltern (NELS 1988; n=21.580)

Mit Hilfe des in Abbildung 56 enthaltenen Box-Plots überprüfen wir, ob sich die Angehörigen ethnischer Minoritäten bedeutsam von ihren weißen Mitschülern bei ihren Testergebnissen unterscheiden.

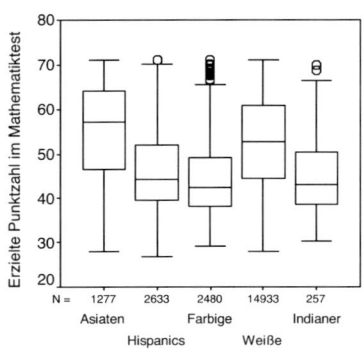

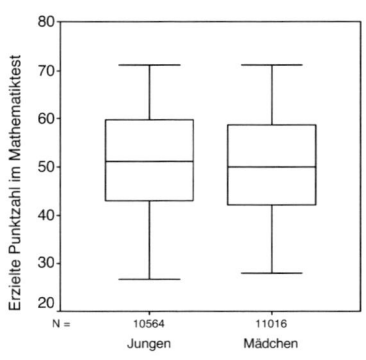

Abb. 56:   Testergebnis auf ethnischen Status   Abb. 57:   Testergebnis auf Geschlecht der
           (NELS 1988; n=21.580)   Schüler (NELS 1988; n=21.500)

Weiße Schüler erzielen ein mittleres Testergebnis von rd. 52,6 Punkten. Sie werden nur von ihren asiatischen Mitschülern übertroffen, deren Median bei rd. 57,2 Punkten liegt. Spanischstämmige Schüler erreichen mit mittleren rd. 44,4 Punkten ein deutlich schlechteres Testergebnis als ihre weißen Mitschüler. Schüler indianischer Abstammung folgen ihnen unmittelbar mit einem mittleren Testscore von rd. 43,2. Das schlechteste Ergebnis erzielen farbige Schüler (Afroamerikaner) mit einem Median von rd. 42,2 Punkten. Bis auf die Asiaten realisieren alle betrachteten ethnischen Minoritäten ein deutlich schlechteres Testergebnis als ihre weißen Mitschüler, wobei ihre Binnenvarianz im Sinne der Interquartilsabstände ebenfalls geringer ausfällt als in der weißen Vergleichsgruppe.

Wie dem Box-Plot in Abbildung 57 zu entnehmen ist, fallen im Hinblick auf das Mathematiktestergebnis die geschlechtsspezifischen Unterschiede zwischen Jungen und Mädchen sehr gering aus. Unabhängig von ihrer speziellen Schulzugehörigkeit erzielen Jungen ein mittleres Testergebnis von rd. 51,3 Punkten, während Mädchen einen Median von rd. 50,2 erreichen. Ob diese geringe Differenz von 1,11 Punkten statistisch signifikant ist, lässt sich anhand des von SPSS produzierten Box-Plots nicht erkennen, da dieser nicht die zugehörigen Konfidenzintervalle der Mediane enthält. Im Gegensatz zu SPSS bietet SYSTAT seit seiner Einführung Ende der 80er Jahre die Möglichkeit, sich die zugehörigen Konfidenzintervalle in der Form von Kerben („notches") darstellen zu lassen. Hierdurch lässt sich bei der explorativen, graphischen Datenanalyse die Signifikanz der Medianunterschiede nichtparametrisch testen.

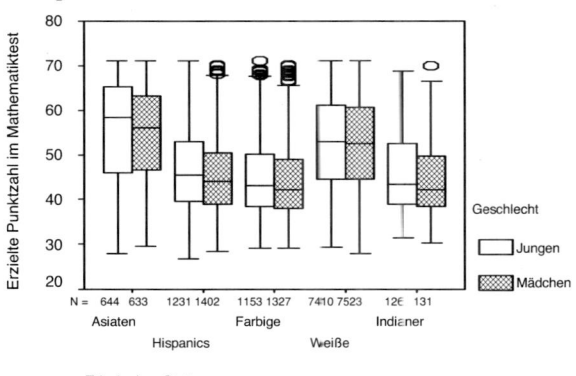

Abb. 58: Testergebnis auf Geschlecht und ethnischen Status (NELS 1988; n=21.580)

Die Frage, ob die geschlechtsspezifischen Unterschiede zwischen Jungen und Mädchen abhängig von ihrer ethnischen Zugehörigkeit sind, überprüfen wir mit dem gruppierten Box-Plot in Abbildung 58. Wenn wir die geschlechtsspezifischen Differenzen der mittleren Testergebnisse in den einzelnen Ethnien betrachten, so zeichnen sich deutlich Interaktionseffekte zwischen den beiden exogenen Merkmalen ab. Die Differenz der Mediane von Jungen und Mädchen ist in der Gruppe der asiatischstämmigen Schüler mit einem Wert von +2,36 Punkten am höchsten. Ihnen folgen die spanischstämmigen Schüler mit einer Mediandifferenz von +1,30 Punkten. In den Gruppen der afroamerikanischen, indianischen und weißen Schüler fallen die Geschlechterdifferenzen mit Werten von +0,81, +0,70 und +0,37 deutlich geringer aus, als aus der Gesamtstichprobe mit einer Differenz von +1,11 Punkten zu erwarten ist.

5.3.2   Schätzung eines kontextunabhängigen Regressionsmodells auf der Schülerebene

Aufbauend auf unseren explorativen Analysen schätzen wir zunächst ein kontextunabhängiges Regressionsmodell zur Vorhersage des Mathematiktestergebnisses auf der Schülerebene. Es beinhaltet zunächst nur die Individualvariablen Wochenstunden Hausaufgaben (V5), ethnischer Status (V4), sozioökonomischer Status (V7) sowie das Geschlecht des Schülers (V3). Wir zerlegen zuerst die Variablen V4 und V3 in Dummyvariablen, wobei beim ethnischen Status die Weißen und beim Geschlecht die Jungen als Vergleichskategorie dienen. Anschließend berücksichtigen wir als Kontextmerkmale der Schule die Art ihres Trägers sowie ihre sozialräumliche Lage. Bei ersterer bilden die öffentlichen Schulen die Vergleichskategorie, bei letzterer sind dies die Innenstadtbezirke. Zur Schätzung dieser hierarchischen Folge von Regressionsmodellen benötigen wir den folgenden SPSS-Befehl:

```
REGRESSION
 /MISSING LISTWISE
 /STATISTICS COEFF OUTS R ANOVA CHA
 /CRITERIA=PIN(.05) POUT(.10)
 /NOORIGIN
 /DEPENDENT v9
 /METHOD=ENTER v5 asian hispanic black indian v7 frau
 /METHOD=ENTER catholic areligio  privnrel suburban rural .
```

Wir erhalten folgendes Ausgabeprotokoll mit der Modellanpassung und den geschätzten Regressionskoeffizienten für die 21.580 Schüler der NELS-1988-Studie:

Modellzusammenfassung

Modell	R	R^2	Korrigier-tes R^2	Standard-fehler des Schätzers	Änderungsstatistiken				
					Änderung in R^2	Änderung in F	df1	df2	Änderung in Signifikanz von F
1	,547	,299	,299	8,52355	,299	1316,766	7	21572	,000
2	,554	,307	,306	8,47993	,007	45,502	5	21567	,000

ANOVA

Modell		Quadrat-summe	df	Mittel der Quadrate	F	Signifikanz
1	Regression	669649,551	7	95664,222	1316,766	,000
	Residuen	1567224,524	21572	72,651		
	Gesamt	2236874,075	21579			
2	Regression	686009,546	12	57167,462	794,996	,000
	Residuen	1550864,530	21567	71,909		
	Gesamt	2236874,075	21579			

Koeffizienten

Modell		B	Standard-fehler	Beta	T	Signifi-kanz
1	(Konstante)	49,712	,121		409,838	,000
	Wochenstunden Hausaufgaben	1,309	,040	,189	32,443	,000
	Asiate	1,950	,249	,045	7,844	,000
	Mexikaner, Latino	-2,834	,187	-,091	-15,155	,000
	Farbiger	-5,055	,190	-,158	-26,663	,000
	Indianer, Eskimo	-4,493	,538	-,048	-8,357	,000
	SES	4,928	,079	,383	62,471	,000
	Mädchen	-,480	,116	-,024	-4,130	,000

Modell	B	Standard-fehler	Beta	T	Signifi-kanz
2 (Konstante)	49,119	,169		290,709	,000
Wochenstunden Haus-aufgaben	1,262	,040	,183	31,335	,000
Asiate	2,108	,250	,049	8,440	,000
Mexikaner, Latino	-2,717	,191	-,087	-14,261	,000
Farbiger	-4,933	,194	-,155	-25,456	,000
Indianer, Eskimo	-4,431	,535	-,047	-8,278	,000
SES	4,503	,086	,350	52,652	,000
Mädchen	-,469	,116	-,023	-4,056	,000
Katholische Schule	,284	,194	,009	1,462	,144
Privat andere Konfession, Religion	1,648	,294	,030	5,611	,000
Privat keine religiöse Bindung	3,844	,263	,092	14,617	,000
Vorort	,402	,145	,019	2,777	,005
Ländlicher Raum	,408	,165	,018	2,477	,013

Die von uns berücksichtigten exogenen Merkmale binden rd. 30,2 % der Varianz des Mathematiktestergebnisses auf der Schülerebene. Dieser Erklärungsbeitrag ist statistisch signifikant, wie dem zugehörigen F-Wert von 1169,28 bei 8 respektive 21.571 Freiheitsgraden zu entnehmen ist. Die zusätzliche Berücksichtigung der Kontextmerkmale führt zu einer Erhöhung der erklärten Varianz von 0,7 %, die ebenfalls statistisch signifikant ist, wie der partielle F-Wert von 41,78 bei 5 bzw. 21.566 belegt. Hierbei ist aber zu beachten, dass die Kontextmerkmale innerhalb der Schulen keinerlei Varianz aufweisen. Daher stimmen die zweiten Freiheits-grade nicht für den partiellen F-Test. Die entsprechenden Testergebnisse sind mit Vorsicht zu betrachten, da aufgrund der hierarchischen Datenstruktur die serielle Unabhängigkeit der Residuen verletzt wird. Zumindest auf der Ebene der prakti-schen Signifikanz tragen die berücksichtigten Schulmerkmale im kontextunabhän-gigen Regressionsmodell nur unwesentlich zur Vorhersage des Testergebnisses bei.

Betrachten wir kurz die Regressionskoeffizienten des Modells 1. Für weiße Jungen, die keine Mathematikhausaufgaben gemacht haben, erwarten wir ein Test-ergebnis von 49,71 Punkten im Durchschnitt. Mit jeder Stunde, die sie in Hausauf-gaben inverstieren, verbessert sich ihr Testergebnis um rd. 1,31 Punkte. Asiatische Schüler übertreffen das Testergebnis der weißen Vergleichsschüler im Durch-schnitt um rd. 1,95 Punkte. Im Gegensatz zu ihnen fallen im Durchschnitt die Test-ergebnisse der spanischstämmigen Schüler um rd. 2,83 Punkte, der afroamerikanischen Schüler um rd. 5,06 Punkte sowie der indianischstämmigen Schüler um rd. 4,49 Punkte schlechter aus als dasjenige ihrer weißen Mitschüler. Alle geschätzten Gruppendifferenzen sind statistisch signifikant, wie die zugehörigen T-Tests zeigen. Erhöht sich der sozioökonomische Status des Schülers um eine Standardabweichung, so verbessert sich sein Testergebnis um rd. 4,93 Punkte. Dieser Effekt sozialer Ungleichheit erweist sich als statistisch signifikant, wie der T-Wert von 62,47 zeigt. Mädchen erzielen im Durchschnitt ein um rd. 0,48 Punkte niedrigeres Testergebnis als ihre männlichen Mitschüler. Beim Vergleich der relativen Effektstärken der metrischen Merkmale zeigt sich, dass der sozioökonomische Status mit einem standardisierten Regressionskoeffizienten von $\beta = +0,38$ einen doppelt so hohen Einfluss ausübt wie die investierten Hausaufgabenstunden mit einem $\beta = +0,19$. Aufgrund der hierarchischen Datenstruktur empfiehlt es sich, die T-Tests ebenfalls mit Vorsicht zu betrachten, da die Voraussetzung unabhängiger Residuen nicht erfüllt ist.

Durch die Einführung der Kontextmerkmale Schulträger und Sozialraum ändert sich im zweiten Modell die Interpretation der Regressionskonstanten. Sie erfasst nunmehr das zu erwartende Testergebnis für weiße Schüler mit durchschnittlichem sozioökonomischen Status, die keine Hausaufgaben gemacht haben und eine öffentliche Schule im Innenstadtbereich besuchen. Alle bereits dargestellten Effekte fallen für diese Schüler etwas geringer aus. Besucht diese Gruppe hingegen eine katholische Privatschule, so verbessert sich ihr erwartetes Testergebnis lediglich um 0,28 Punkte. Geht sie aber auf eine Privatschule einer anderen Religionsgemeinschaft, so verbessert sich ihr Testergebnis um rd. 1,65 Punkte im Durchschnitt. Besuchen diese Schüler statt dessen eine nichtreligiöse Privatschule, so steigt ihr Testwert erwartungsgemäß um rd. 3,84 Punkte. Schüler, deren Schule in einem Vorort bzw. im ländlichen Raum liegt, erzielen ein um rd. 0,40 Punkte besseres Testergebnis als diejenigen aus der Innenstadt.

Inwieweit diese Ergebnisse vom konkreten Schulkontext und seinen Charakteristika abhängig sind, können wir erst im Rahmen der Mehrebenenanalyse genauer überprüfen.

5.3.3   Explorative Datenanalyse auf der Schulebene

Bei der explorativen Analyse auf der Schuleebene untersuchen wir, in welchem Ausmaß die Schulmittelwerte des Testergebnisses von den Kontextmerkmalen der Schulen abhängen. Hierzu gehören die Art des Schulträgers (V6), die Hausaufgabenorm der Schule (V5MEAN), der Schüler-Lehrer-Quotient (V15) sowie die klassifizierte Schulgröße (V11). Zusätzlich analysieren wir die Auswirkungen der Selektion der Schülerschaft nach dem ethnischen und sozioökonomischen Status auf das Testergebnis der Schule.

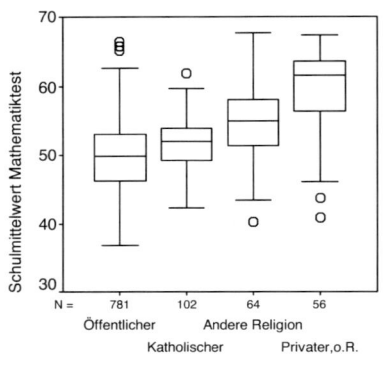
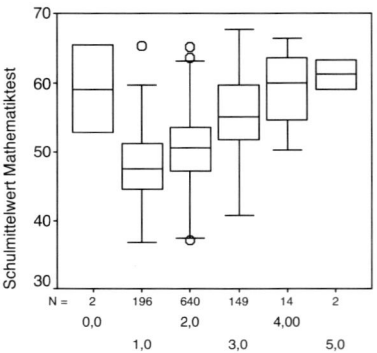

Abb. 59:   Schulmittelwert des Testergebnisses   Abb. 60:   Schulmittelwert Testergebnis auf
           auf Schulträger (NELS 1988; n=1003   Hausaufgabennorm der Schule (NELS
           Schulen)   1988; n=1003 Schulen)

Das beste Testergebnis von mittleren 61,87 Punkten erzielen Privatschulen ohne religiöse Bindung. Ihnen folgen mit deutlichem Abstand konfessionell gebundene Schulen, wobei katholische Schulen ein mittleres Testergebnis von 52,02 Punkten erreichen. Andere religiös ausgerichtete Privatschulen übertreffen mit einem Median von 55,42 dieses Ergebnis noch um rd. 3,4 Punkte. Mit einem Median von 49,82 Punkten erzielen öffentliche Schulen im Vergleich zu denjenigen privater Träger das schlechteste Testergebnis.

Die Darstellung des Effektes der schulspezifischen Hausaufgabennorm auf das Mathematiktestergebnis erfordert eine ganzzahlige Aufrundung der durchschnittlichen Wochenstundenzahl, da wir ansonsten den Box-and-Whiskers-Plot nicht zeichnen können. Wie wir dem Box-Plot in Abbildung 60 entnehmen, steigen die Testergebnisse der Schulen deutlich mit der zunehmenden Stundenzahl der Hausaufgaben. Wenn wir von der Extremgruppe absehen, die keine Hausgaben ihren Schüler abverlangt, so steigen die Mediane des Testergebnisses von 47,51 Punkten bei einer Stunde auf 61,7 Punkten bei vier Wochenstunden an. Da nur zwei Schulen eine Hausaufgabennorm von fünf Stunden haben, können wir für diese Gruppe keinen eindeutigen Median berechnen. SPSS gibt ihn daher auch nicht an, trägt aber seinen theoretischen Wert im Box-Plot ein. Hingegen vermittelt das Streudiagramm in Abbildung 61 ein genaueres Bild, das die zugehörige Regressionsgerade ebenfalls enthält.

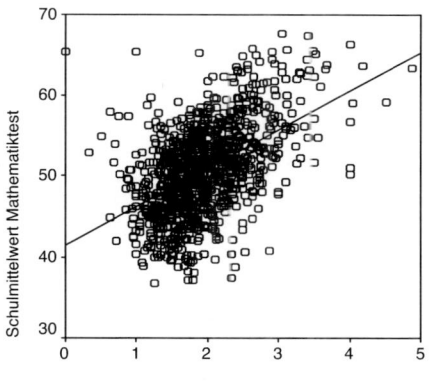

Abb. 61:   Schulmittelwert Mathematiktest auf schul-
spezifische Hausaufgabennorm (NELS 1988;
n=1003 Schulen; R^2=24,83 %)

Die schulspezifische Hausaufgabennorm erklärt rd. 24,8 % der Varianz des Mathematiktestergebnisses auf der Schulebene. Dies entspricht einer positiven bivariaten Korrelation von r =+0,489. Somit erweist sich die Hausaufgabennorm als eine wichtige Kontextvariable für die Vorsage der Testergebnisse auf der Schulebene.

Kreft & De Leeuw verwenden den Schüler-pro-Lehrer-Quotienten als Indikator für die Klassengröße und somit auch für die pädagogische Leistungsfähigkeit

des Unterrichts. Abbildung 62 stellt den Zusammenhang zwischen den Mathematiktestergebnissen der Schulen und ihren Klassengrößen dar. Das mittlere Testergebnis korreliert mit $-0,19$ mit der durchschnittlichen Klassengröße der Schule,
was einem Anteil von 3,77 % erklärter Varianz entspricht.

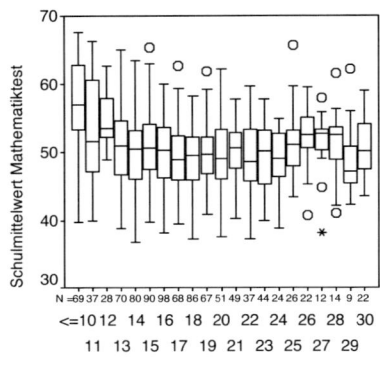

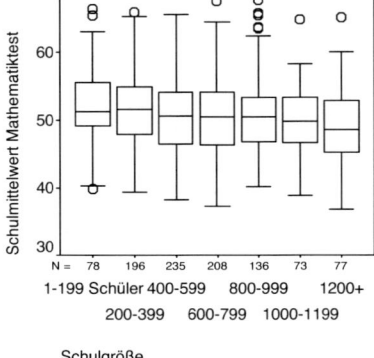

Abb. 62: *Schulmittelwert Mathematiktest*   Abb. 63: *Schulmittelwert Mathematiktest*
          auf Schüler-pro-Lehrer-Quote   *auf gruppierte Schulgröße*
          (NELS 1988; n=1003 Schulen)   *(NELS 1988, n=1003 Schulen)*

Als weiteren kontextuellen Faktor untersuchten Kreft & De Leeuw den Einfluss
der Schulgröße auf das durchschnittliche Mathematiktestergebnis. Für die in Zwei-
hunderterschritten gruppierte Schulgröße ließen sie sich den Box-Plot in Abbildung 63 erstellen. Die Betrachtung der Veränderung der Mediane für den
Schulmittelwert des Testergebnisses zeigt nur einen schwach ausgeprägten Zusammenhang, der sich in der Differenz der Mediane von $-2,82$ Punkten im Vergleich der größten (1200+ Schüler) mit der kleinsten Schulgrößenklasse (1–199
Schüler) abzeichnet.

    Seit Ende der 50er Jahre kämpfte die amerikanische Bürgerrechtsbewegung
für die Aufhebung der Rassentrennung in den Schulen. Nach dem Verbot der
Rassentrennung durch den Supreme Court zu Beginn der 60er Jahre legten die
Regierungen der Präsidenten Kennedy und Johnson große Sozialprogramme auf,
um die Rassentrennung in den Schulen zu überwinden. Angesichts der vorhandenen ethnischen Segregation war dies nur durch ein großangelegtes „Busing"-Pro-
gramm möglich. Per Schulbus wurden hierfür Kinder ethnische Minitäten aus

den Innenstadtghettos in vormals weiße Mittelschichtsschulen der Vororte gefahren. Vice versa erfolgte der Transport weißer Kinder aus den Vorstädten in die Innenstadtbezirke. Kreft & De Leeuw betrachten den Prozentsatz der Minderheitenschüler als Indikator für die ethnische Segregation der jeweiligen Schule. Daher untersuchten sie, inwieweit sich der Prozentsatz der ethnischer Minoritäten auf das durchschnittliche Testergebnis auswirkt.

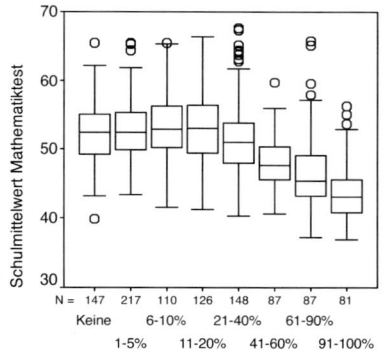
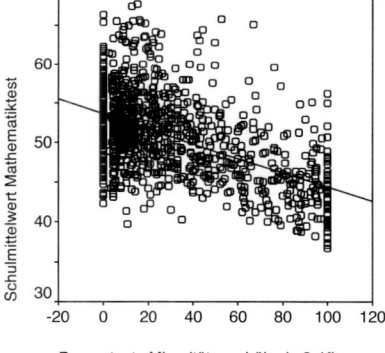

Abb. 64:   Schulmittelwert Mathematiktest auf gruppierten Anteil ethnischer Minoritäten (NELS 1988; n=1003 Schulen)

Abb. 65:   Schulmittelwert Mathematiktest auf Anteil ethnischer Minoritäten (NELS 1988; n=1003 Schulen; R^2= 26,47%)

Der Verlauf der Mediane in Abbildung 64 zeigt deutlich, dass sich das mittlere Mathematiktestergebnis deutlich verschlechtert, wenn die Minderheitenquote den landesweiten mittleren Anteil von rd. 20 % überschreitet. In rein weißen Schulen liegt der Median bei rd. 52,27 Punkten. Er steigt bis zu 52,98 Punkten in der Größenklasse 11-20 %. Danach fällt er kontinuierlich auf rd. 43,0 Punkte für Schulen mit einem Minderheitenanteil von über 90 %. Der Anteil ethnischer Minoritäten erklärt rd. 26,5 % der Varianz des Mathematiktestergebnisses auf der Schulebene. Dies entspricht einer negativen bivariaten Korrelation von $r = -0,514$. Somit erweist sich der Minderheitenanteil als ein wichtiger Prädiktor für das Testergebnis auf der Schulebene.

Für eine differentielle Analyse der Anteile der unterschiedlichen ethnischen Minoritäten wurden auf der Schulebene ihre Prozentanteile berechnet und als gemeinsamer Box-Plot dargestellt. In Abbildung 66 zeichnet sich deutlich die immer noch vorhandene ethnische Segregation des amerikanischen Schulsystems ab. Angesichts der Vielzahl von Ausreißern empfiehlt es sich aber, die Mediane zur Charakterisierung der Verteilung der einzelnen Ethnien zu benutzen. Fünfzig Prozent aller Schulen haben keine Schüler asiatischer, afroamerikanischer oder indianischer Herkunft. Der mittlere Anteil der spanischstämmigen Schüler liegt bei rd. 4,3 %. Für alle Minoritäten zusammengenommen liegt der mittlere Anteil bei rd. 18,75 %. Angesichts der sehr geringen Prozentsätze der einzelnen ethnischen Minoritäten haben wir sehr genau zu überlegen, welchen Gruppenvergleich wir überhaupt im Rahmen der Mehrebenenmodells sinnvoll durchführen können. Wenn mehr als 50 % aller Schulen keine asiatischen, farbigen oder indianischen Schüler haben, lassen sich deren Testergebnisse auch nicht mit denjenigen ihrer weißen Mitschüler vergleichen. Dies bedeutet dann aber, dass wir mehr als 50 % der untersuchten Schulen bei der Mehrebenenanalyse verlieren.

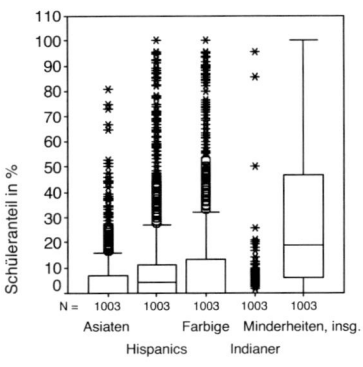 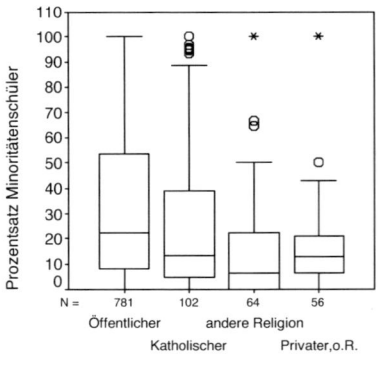

Abb. 66: *Verteilung der ethnischen Minoritäten auf der Schuleebene (NELS 1988; n=1003 Schulen)*

Abb. 67: *Verteilung der ethnischen Minoritäten auf die Schulträger (NELS 1988; n=1003 Schulen)*

Angesichts der schiefen Verteilung der einzelnen Ethnien auf der Schulebene beschränken wir uns bei den Mehrebenenmodellen auf den Vergleich von weißen Schülern mit denjenigen der ethnischen Minderheiten insgesamt.

Um zu überprüfen, ob es bei den unterschiedlichen Schulträgern zu einer ethnischen Segregation kommt, betrachten wir genauer ihren jeweiligen Minoritätenanteil. Öffentlichen Schulen weisen mit einem Median von 22,22 % den höchsten Minderheitenanteil auf. Ihnen folgen mit deutlichem Abstand die Privatschulen der katholischen Kirche und diejenigen ohne religiöse Bindung mit mittleren 13,41 bzw. 13,19 %. Der mittlere Minoritätenanteil liegt bei den Privatschulen anderer Konfessionen mit mittleren 7,17 % am niedrigsten. Die Streuungen innerhalb der Schultypen dokumentiert der Box-Plot in Abbildung 67. Wenn wir die Art der Schulträgerschaft auf die Unterscheidung „öffentlich vs. privat" reduzieren, so zeigt sich, dass der mittlere Minoritätenanteil der Privatschulen mit 12,59 % um fast 10 % niedriger als in den öffentlichen Schulen ausfällt, wobei der Interquartilsabstand in letzteren fast doppelt so hoch ist wie in den Privatschulen.

Neben der beschriebenen ethnischen Segregation gibt es im amerikanischen Schulsystem auch eine Trennung der Schüler nach dem sozioökonomischen Status ihrer Eltern. Nach der Einführung des „Busing-Programms" Anfang der 60er Jahre unterliefen viele Mittelschichtseltern die Aufhebung der Rassentrennung, indem sie ihre Kinder auf Privatschulen schickten. Letztere waren nicht gezwungen, Schüler ethnischer Minoritäten aufzunehmen. Daher untersuchten Kreft & De Leeuw, inwieweit sich die Segregation nach dem sozioökonomischen Status und dem höchsten Bildungsabschluss der Eltern auf den Schulmittelwert des Testergebnisses auswirkt. Für beide Indikatoren der sozialen Segregation erstellten sie jeweils ein Streudiagramm und ließen sich jeweils ein bivariates Regressionsmodell schätzen. Die Schulmittelwerte des sozioökonomischen Status erklären rd. 64,38 % der Varianz des Testergebnisses auf der Schulebene. Dies entspricht einer positiven bivariaten Korrelation von +0,802. Der durchschnittliche Bildungsabschluss der Eltern erklärt rd. 61,95 % der Varianz des Testergebnisses auf der Schulebene. Die zugehörige bivariate Korrelation beträgt +0,787. Somit stellt die soziale Segregation einen sehr wichtigen Prädiktor für das Mathematiktestergebnis auf der Schulebene dar. Da es sich beim sozioökonomischen Status um die erste Hauptkomponente einer Faktorenanalyse handelt, die ebenfalls den Bildungsabschluss der Eltern beinhaltet, korrelieren beide Indikatoren auf der Schulebene mit $r = +0,964$. Um Multikollinearität zu vermeiden, verwenden wir bei der Mehrebenenanalyse nur einen der beiden Indikatoren. Da das Bildungskapital in der SES-Komponente enthalten ist, können wir darauf ohne Informationsverlust verzichten.

Um zu überprüfen, ob bei den unterschiedlichen Schulträgern eine soziale Segregation der Elternschaft vorliegt, untersuchen wir die Verteilung der Schulmittelwerte des sozioökonomischen Status genauer. Wie der Box-Plot in Abbildung 69 veranschaulicht, liegt eine deutliche soziale Segregation vor, wenn die Eltern eine Schule für die Erziehung ihrer Kinder auswählen. Hierbei zeigt sich, dass statushohe Eltern ihre Kinder vor allem auf Privatschulen schicken. Privat-

schulen ohne religiöse Bindung können sich nur diejenigen Eltern leisten, die
mindestens der oberen Mittelschicht angehören.

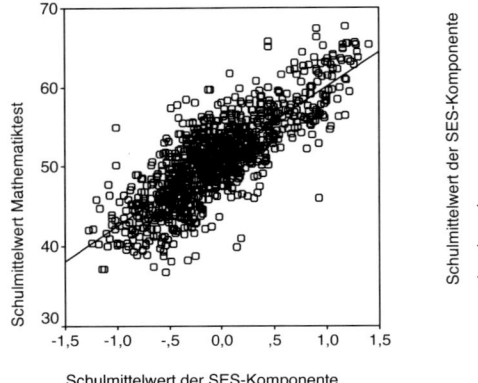

Schulmittelwert der SES-Komponente

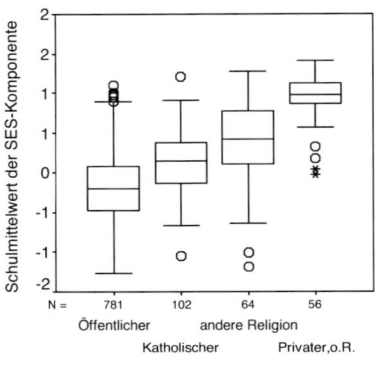

Schulträger

Abb. 68: Schulmittelwert des Mathematiktests   *Abb. 69: Schulmittelwert der SES-Komponente*
          auf durchschnittliches SES-Niveau   *auf Art des Schulträgers (NELS 1988;*
          der Schule (NELS 1988; n=1003   *n=1003 Schulen)*
          Schulen; R² = 64,38 %)

Um zu klären, ob sich die schulspezifischen Normen der einzelnen Schulträger für
Mathematikhausaufgaben unterscheiden, bietet sich ein Blick auf den Box-Plot in
Abbildung 70 an. Bis auf die Ausnahme der nichtreligiösen Privatschulen di-
vergieren die mittleren Hausaufgabennormen nur geringfügig. Zumindest zeichnet
sich der Trend ab, dass die öffentlichen Schulen weniger Hausaufgaben aufgeben
als die Privatschulen.

Im Hinblick auf ihre Klassengröße liegen erhebliche Unterschiede zwischen
den einzelnen Schulträgern vor. Die mittlere Klassengröße öffentlicher Schulen
beträgt rd. 17 Schüler. In Privatschulen mit katholischer Trägerschaft erreicht sie
hingegen einen Wert von 23 Schülern. Bei anderen Religionsgemeinschaften sinkt
sie erneut auf mittlere 17 Schüler ab. Nichtreligiöse Privatschulen verfügen mit
mittleren zehn Schülern über die kleinste Klassenfrequenz.

Da wir für die Schätzung der Binnenregressionen der Schulen hinreichend
viele Fälle benötigen, ist es erforderlich zu prüfen, wie sich die Anzahl der Schüler
pro Schule verteilt.

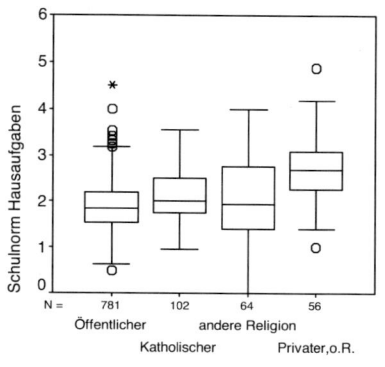

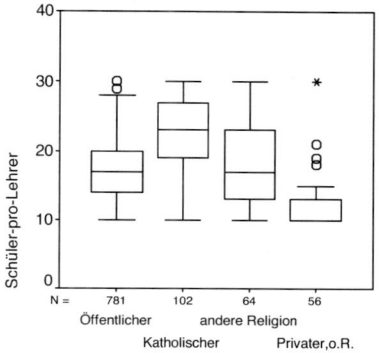

Abb. 70:   Schulnorm Mathematikhausaufgaben   Abb. 71:   Schüler-pro-Lehrer-Quote auf Art des
           auf Art des Schulträgers (NELS 1988;   Schulträgers (NELS 1988; n=1003
           n=1003 Schulen)   Schulen)

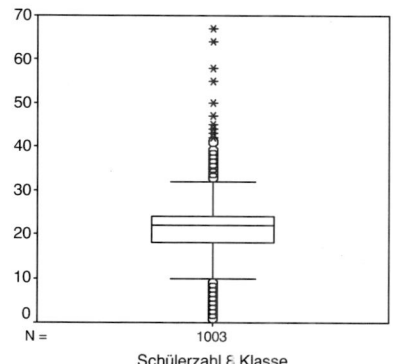

Abb. 72:   Verteilung der Schülerzahlen der
           8. Klassen (NELS 1988)

Wie wir Abbildung 72 entnehmen, liegt die mittlere Klassenstärke bei 22 Schülern.
Die untere Quartilsgrenze erreichen wir bei einer Klassenstärke von maximal 18

Schülern. Nur die unteren 5 % der Schulen haben weniger als 10 Schüler in ihren achten Klassen. Diese Gruppe schließen wir von den Mehrebenenanalysen aus, da wir für sie keine Binnenregressionen sinnvoll schätzen können.

5.3.4   Schätzung eines „ökologischen" Regressionsmodells auf der Schulebene

Bei der Schätzung des Regressionsmodells auf der Schulebene ist zu beachten, dass seine Regressionskonstante ebenfalls den Erwartungswert für diejenige Merkmalskombination misst, bei der alle Kontextmerkmale Null sind. Um zu vermeiden, dass wir einen Erwartungswert für eine nichtexistente Schulform schätzen, empfiehlt es sich, alle metrischen Kontextmerkmale an ihrem eigenen Mittelwert zu zentrieren. Hierfür berechnen wir zunächst die Mittelwerte für die schulspezifische Hausaufgabennorm, die SES-Komponente der Elternschaft, den Minoritätenanteil sowie die Klassenfrequenz.

Deskriptive Statistik

	N	Minimum	Maximum	Mittelwert	Standard-abweichung
Schulmittelwert Hausaufgabenstunden Mathematik	1003	,00	4,88	1,96	,58
Schulmittelwert der SES-Komponente	1003	-1,27	1,41	-,06	,51
Minderheitenanteil in %	1003	,00	100,00	30,73	31,18
Schueler-pro-Lehrer-Quote	1003	10,00	30,00	17,62	4,89
Gültige Werte (Listenweise)	1003				

Für die Grand-Mean-Zentrierung dieser Kontextmerkmale und die Schätzung des Regressionsmodells benötigen wir die nachfolgenden SPSS-Befehle. Die Zentrierung des Mittelwerts der SES-Komponente erfolgt an ihrem Erwartungswert von Null und nicht am empirischen Schulmittelwert. Bei der Zentrierung mit Hilfe des „Compute"-Befehls haben wir zu beachten, dass die Dezimalstellen mit einem

Punkt anzugeben sind. Ansonsten gibt es trotz deutscher Bedienungsoberfläche eine Fehlermeldung.

```
* Grand-Mean-Zenterierung der metrischen Kontextmerkmale.

COMPUTE v5mcgm=v5mean-1.96.
COMPUTE v7mcgm=v7mean-0.00.
COMPUTE minorcgm=minorpct-30.73.
COMPUTE v15cgm=v15-17.62.
VARIABLE LABELS v5mcgm 'Schulnorm Hausaufgaben (CGM)'/
v7mcgm 'Schulmittelwert SES (CGM)'/
minorcgm 'Minoritätenanteil in % (CGM)'/
v15cgm 'Schueler-Lehrer-Quotient (CGM)'.

REGRESSION
 /DESCRIPTIVES MEAN STDDEV CORR SIG N
 /MISSING LISTWISE
 /STATISTICS COEFF OUTS R ANOVA
 /CRITERIA=PIN(.05) POUT(.10)
 /NOORIGIN
 /DEPENDENT v9mean
 /METHOD=ENTER v5mcgm v7mcgm minorcgm public v15cgm.
```

Auf der Schulebene erhalten wir für unser ökologisches Regressionsmodell die folgenden Angaben zur Modellanpassung und die geschätzten Regressionskoeffizienten. Zusätzlich lassen wir uns die Korrelationsmatrix für das Testergebnis und die einbezogenen Kontextmerkmale berechnen.

Modellzusammenfassung

Modell	R	R-Quadrat	Korrigiertes R-Quadrat	Standardfehler des Schätzers
1	,837	,700	,698	3,0631

ANOVA

Modell		Quadrat-summe	df	Mittel der Quadrate	F	Signifi-kanz
1	Regression	21812,277	5	4362 455	464,950	,000
	Residuen	9354,475	997	9 383		
	Gesamt	31166,752	1002			

Korrelationen

Korrelation nach Pearson Signifikanz (2-seitig) N	Schul-mittelwert Mathema-tiktest	Schul-norm Hausauf-gaben (CGM)	Schulmittel-wert SES (CGM)	Minoritäten-anteil in % (CGM)	Öffentliche vs.Privat-Schule	Schüler-Lehrer-Quo-tient (CGM)
Schulmittelwert Mathematiktest	1,000	,498(**)	,802(**)	-,514(**)	-,374(**)	-,194(**)
	,	,000	,000	,000	,000	,000
	1003	1003	1003	1003	1003	1003
Schulnorm Hausaufgaben (CGM)	,498(**)	1,000	,466(**)	-,211(**)	-,260(**)	-,127(**)
	,000	,	,000	,000	,000	,000
	1003	1003	1003	1003	1003	1003
Schulmittelwert SES (CGM)	,802(**)	,466(**)	1,000	-,429(**)	-,496(**)	-,171(**)
	,000	,000	,	,000	,000	,000
	1003	1003	1003	1003	1003	1003
Minoritätenanteil in % (CGM)	-,514(**)	-,211(**)	-,429(**)	1,000	,169(**)	,147(**)
	,000	,000	,000	,	,000	,000
	1003	1003	1003	1003	1003	1003
Öffentliche vs.Privatschule	-,374(**)	-,260(**)	-,496(**)	,169(**)	1,000	-,124(**)
	,000	,000	,000	,000	,	,000
	1003	1003	1003	1003	1003	1003
Schüler-Lehrer-Quotient (CGM)	-,194(**)	-,127(**)	-,171(**)	,147(**)	-,124(**)	1,000
	,000	,000	,000	,000	,000	,
	1003	1003	1003	1003	1003	1003

** Die Korrelation ist auf dem Niveau von 0,01 (2-seitig) signifikant.

Die fünf einbezogenen Kontextmerkmale erklären rd. 70,0 % der Varianz des Testergebnisses auf der Schulebene. Wie dem F-Test zu entnehmen ist, erweist sich dieser Erklärungsbeitrag als statistisch signifikant. Angesichts des Stichprobenumfangs von 1003 Schulen ist dies aber auch nicht anders zu erwarten.

Gemäß der nachfolgenden Koeffiziententabelle erwarten wir ein Mathematiktesterergebnis von rd. 51,46 Punkten im Durchschnitt für eine Privatschule, die bei der Hausaufgabennorm, dem sozioökonomischen Status der Eltern, dem Minoritätenanteil sowie der Klassenfrequenz dem Landesdurchschnitt entspricht. Erhöht sich die schulspezifische Hausaufgabennorm um eine Stunde, so steigt das Testergebnis um rd. 1,48 Punkte. Nimmt der sozioökonomische Status der Elternschaft um eine Standardabweichung zu, so verbessert sich das Testergebnis ihrer Kinder um rd. 7,07 Punkte im Durchschnitt. Erhöht sich der Anteil der Schüler ethnischer Minoritäten um ein Prozent, so verschlechtert sich das zu erwartende Testergebnis um rd. 0,04 Punkte. D.h., bei einer Zunahme um fünfzig Prozent erwarten wir eine durchschnittliche Verschlechterung von rd. 2 Punkten im Mathematiktest. Unter Kontrolle der anderen Kontextmerkmale leistet die Unterscheidung zwischen „öffentlichen vs. privaten Schulen" keinen signifikanten Erklärungsbeitrag mehr. Dies ist bereits am geschätzten Gruppenunterschied klar ersichtlich. Die öffentliche Schulen, die ebenfalls dem Landesdurchschnitt entsprechen, erzielen ein nur um rd. 0,22 Punkte besseres Testergebnis als die Privatschulen. Wie dem T-Test zu entnehmen ist, erweist sich diese geschätzte Differenz als nicht statistisch signifikant. Erhöht sich die Klassenfrequenz um zehn Schüler, so erwarten wir eine Verschlechterung des Testergebnisses um rd. 0,36 Punkte. Der zugehörige Schätzer erreicht ebenfalls nicht die angestrebte Irrtumswahrscheinlichkeit von weniger als fünf Prozent.

Koeffizienten

		B	Standard-fehler	Beta	T	Signi-fikanz
1	(Konstante)	51,463	,226		228,212	,000
	Schulnorm Haus aufgaben (CGM)	1,477	,188	,155	7,874	,000
	Schulmittelwert SES (CGM)	7,068	,261	,646	27,036	,000
	Minoritätenanteil in % (CGM)	-,036	,003	-,203	-10,516	,000
	Öffentliche vs. Privatschule	,218	,277	,016	,787	,431
	Schüler-Lehrer-Quotient (CGM)	-,036	,021	-,032	-1,747	,081

Wenn wir die relativen Effektstärken anhand der standardisierten Regressionskoeffizienten betrachten, so übt die soziale Selektivität der Elternschaft mit einem β-Koeffizienten von +0,646 den stärksten Einfluss aus. Ihr folgt mit deutlichem Abstand die ethnische Selektivität der Schülerschaft und die schulspezifische Hausaufgabennorm, deren β-Koeffizienten bei -0,203 bzw. +0,155 liegen.

Zusammenfassend haben wir festzuhalten, dass die soziale und ethnische Segregation innerhalb des amerikanischen Schulsystems die wichtigsten Prädiktoren für das Ergebnis des Mathematikleistungstests auf der Schulebene darstellen, wobei die schulinternen Leistungsnormen eher von geringerer Bedeutung sind. Daher sollte ein Mehrebenenmodell diese Kontextmerkmale ausdrücklich enthalten, um sowohl die Unterschiede des Leistungsniveaus der Schulen als auch die Testunterschiede spezieller Schülergruppen erklären zu können.

5.4   Die Feinplanung der Mehrebenenanalyse

Bei der Planung einer Mehrebenenanalyse müssen wir zwischen dem explorativen und hypothesentestenden Vorgehen unterscheiden. Für die explorative Variante hat Hox (2002: 51 ff.) eine Strategie entwickelt, die fünf Analyseschritte umfasst.

„Step 1:

Analyze a model with no explanatory variables. This model, the intercept-only model, is given by the model of equation (2.8), which is repeated here:

$$Y_{ij} = \gamma_{00} + u_{0j} + e_{ij} \qquad (4.2)$$

... The intercept-only model is useful because it gives us an estimate of the intra-class correlation ρ by applying equation (2.9), which is repeated here:

$$\sigma_{u0}^2 / (\sigma_{u0}^2 + \sigma_e^2) \qquad (4.3)$$

... The intercept-only model also gives us a benchmark value of the deviance, which is a measure of the degree of misfit of the Model. (cf. McCullagh & Nelder, 1989)[23]. ...

Step 2:

Analyze a model with all lower level explanatory variables fixed. This means that the corresponding variance components of the slopes are fixed at zero. This model is written as:

$$Y_{ij} = \gamma_{00} + \gamma_{p0}X_{pij} + u_{0j} + e_{ij} \qquad (4.4)$$

... In this step, we assess the contribution of each individual explanatory variable. If we use the FML estimation method, we can test the improvement of the final model chosen in this step by computing the difference of the deviance of this model and the previous (the intercept-only

---

23   S. McCullagh & Nelder (1989: 33 ff.)

model). This difference approximates a chi-square with as degrees of freedom the difference in the number of parameters of both models. ... In this case the degrees of freedom are simply the number of explanatory variables added in step 2.

Step 3:

Add the higher-level explanatory variables:

$$Y_{ij} = \gamma_{00} + \gamma_{p0}X_{pij} + \gamma_{0q}Z_{qj} + u_{0j} + e_{ij} \tag{4.5}$$

... This allows us to examine whether these variables explain between group variation in the dependent variable. Again, if we use FML estimation, we can use the global chi-square test to fomally test the improvement of fit. If there are more than two levels, this step is executed on a level-by-level basis. ...

Step 4:

Assess whether any of the slope of any of the explanatory variables has a significant variance component between the groups. This model, the random coefficient model is given by:

$$Y_{ij} = \gamma_{00} + \gamma_{p0}X_{pij} + \gamma_{0q}Z_{qj} + u_{pj}X_{pij} + u_{0j} + e_{ij} \tag{4.6}$$

... Testing random slope variation is best done on a variable-by-variable basis. When we start by including all possible variance components in a model, the result is most likely a model with serious estimation problems, such as convergence problems or extremely slow computations. Variables that were omitted in the previous step may be analyzed again at this step; it is quite possible for an explanatory variable to have no significant average regression slope (as tested in step 2) but to have a significant variance component for this slope.
After deciding which slopes have a significant variance between groups, we add all these variance components simultaneously in a final model, and use the chi-square test based on the deviances to test whether the final model of step 4 fits better than the final model of step 3. Since we are now introducing changes in the random part of the model, the chi-square test can also be used with RML estimation. ... When counting the number of parameters added, remember that step 3 also includes the covariances between the slopes ! ...

Step 5:

Add cross-level interactions between explanatory group level variables and those individual level explanatory variables that had significant slope variation in step 4. This leads to the full model already formulated in equation (2.15):

$$Y_{ij} = \gamma_{00} + \gamma_{p0}X_{pij} + \gamma_{0q}Z_{qj} + \gamma_{pq}Z_{qj}X_{pij} + u_{pj}X_{pij} + u_{0j} + e_{ij} \tag{4.7}$$

Again, if we use FML estimation, we can use the global chi-square test to formally test the improvement of fit."

Auf der Grundlage der explorativen Datenanalysen auf der Schüler- und Schulebene, wie sie Kreft & De Leeuw (1998: 59) ausdrücklich empfehlen, haben wir das folgende Mehrebenenmodell theoriegeleitet entwickelt.

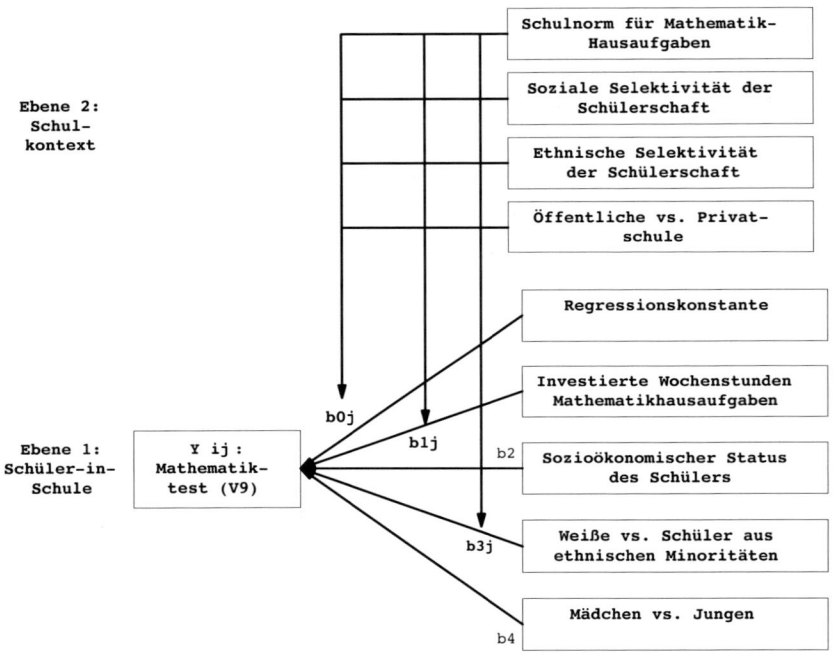

Abb. 73:   Mehrebenenmodell zur Erklärung des Mathematiktestergebnisses mit Schülermerkmalen und erwarteten Wechselwirkungen zwischen den Ebenen

Da die einzelnen ethnischen Gruppen in den untersuchten Schulen nur sehr sporadisch vertreten sind, beschränkt sich die Analysen auf den Vergleich der Weißen mit der Gesamtheit der Minoritätenschüler. Als Schülermerkmale enthält es zusätzlich den individuellen Arbeitsaufwand für Mathematikhausaufgaben, den sozioökonomischen Status der Eltern sowie die Unterscheidung zwischen Mädchen und Jungen. Als Kontextmerkmale berücksichtigt es die soziale und ethnische Selektivität der Schule sowie ihre spezifischen Hausaufgabennorm. Zusätzlich berücksichtigen wir die Art des Schulträgers mit der Unterscheidung von öffentlichen und Privatschulen.

Da die Schätzung der Varianzkomponenten nur bei einer geringen Zahl von Koeffizienten der Binnenregressionen zu einer konvergierenden Lösung führt, können wir erfahrungsgemäß nicht mehr als drei kontextabhängige Regressionskoeffizienten schätzen. In unserem Modell handelt es sich um die Regressionskonstante b_{0j}, den Effekt des individuellen Arbeitsaufwandes b_{1j} sowie den Leistungsunterschied zwischen weißen und Minoritätenschülern b_{3j}. Die Effekte des sozioökonomischen Status und des Geschlechts schätzen wir hingegen mit den kontextunabhängigen Parametern b_2 und b_4. Die kontextspezifische Regressionskonstante erfasst den Erwartungswert für das Mathematiktestergebnis derjenigen Jungen, die ihr Hausaufgabensoll erfüllen und aus einem Elternhaus mit durchschnittlichem sozioökonomischen Status stammen, welches einer ethnischen Minderheit angehört. Die Steigung b_{1j} ermittelt den Lerneffekt jeder zusätzlichen Hausaufgabenstunde derjenigen Schule, die der betreffende Schüler besucht. Den Leistungsunterschied zwischen den weißen und den Minderheitenschülern an der untersuchten Schule j erfasst der kontextabhängige Steigungskoeffizient b_{3j}. Der feste Regressionskoeffizient b_4 ermittelt die Testunterschiede zwischen Mädchen und Jungen in der untersuchten Schulpopulation. Im Rahmen unseres Mehrebenenmodells untersuchen wir, ob sich erstens die Varianz der Testergebnisse der Minderheitenschüler aus den Kontextmerkmalen ihrer Schulen erklären lässt. Zweitens fragen wir uns, ob sich die differentiellen Lerneffekte der Schulen ebenfalls durch ihre spezifischen Kontextmerkmale vorhersagen lassen. Drittens erkunden wir, ob sich der Testunterschied zwischen den weißen und den Minderheitenschülern derselben Schule durch deren Kontextmerkmale aufklären lässt.

Im Folgenden erweitern wir beginnend mit dem Nullmodell sukzessive unser Mehrebenenmodell, wobei wir uns weitgehend an den Fahrplan von Hox (2002) halten. Der aufbereitete ASCII-Rohdatensatz „NELS88B.DAT" enthält neben den Variablen des Originaldatensatzes die selbstaufbereiteten Dummy- und Kontextmerkmale, die Tabelle 17 ausführlich dokumentiert. Die Angabe der Anteile der einzelnen ethnischen Gruppen erfolgt jeweils in Prozent (PCT). Die Variablennummer entspricht ihrer Spaltennummer im Rohdatensatz. Er enthält 21.300 Schüler, die eine der 953 Schulen mit mindestens zehn Schülern in der 8. Klasse besucht haben. Fälle mit fehlenden Angaben wurden bereits bei der Datenaufbereitung ausgeschlossen. Anderenfalls hätten wir sie in MLA mit Hilfe der „missing="-Option des „/DATA"-Befehls deklarieren müssen. In diesem Fall vereinbaren wir nach dem Variablennamen jeweils in Klammern einen Wert für die Kennzeichnung der fehlender Angaben und trennen diese Angabe durch ein Komma von der folgenden Variable ab. MLA schließt dann automatisch alle Fälle mit fehlenden Angaben von der Schätzung des jeweiligen Mehrebenenmodells aus.

Tabelle 17:   *Variablenübersicht des NELS88B.DAT-Rohdatensatzes*

V1	schoolid	V15	student-teacher-ratio	V30	URBAN
V2	studentid	V16	V7MEAN: SESMEAN	V31	SUBURBAN
V3	sex	V17	V5MEAN	V32	RURAL
V4	race	V18	NSTUDENT	V33	V8MEAN
V5	time spent on home-	V19	SCHULNR	V34	MINORITY-PUPIL
	work	V20	FRAU vs. Mann	V35	PCT ASIANS
V6	schooltyp	V21	CATHOLIC school	V36	PCT HISPANICS
V7	ses (component score)	V22	ARELIGIO school	V37	PCT BLACKS
V8	parents education	V23	PRIVNREL school	V38	PCT WHITES
V9	math score	V24	PUBLIC school	V39	PCT INDIANS
V10	class structure	V25	ASIAN	V40	PCT MINORITIES
V11	school size	V26	HISPANIC		
V12	urbanicity	V27	BLACK		
V13	geographic region	V28	WHITE		
V14	percent minority	V29	INDIAN		

5.4.1   Schritt 1:   Die Schätzung des Null- und des Random-Intercept-Only-Modells

Zunächst schätzen wir das wenig informative Nullmodell, das nur die Regressionskonstante enthält. Seine Log-Likelihood oder Deviance benötigen wir später für den globalen Likelihood-Ratio-χ^2-Test auf der Grundlage des Full-Information-Maximum-Likelihood-Verfahrens. Für die Schätzung des Nullmodells verwenden wir die folgenden MLA-Befehle:

```
/TITLE
  National Education Longitudinal Study 1988 (insg.): Nullmodell
/DATA
  file = nels88b.dat
  vars = 40
  id2 = 1
/MODEL
  b0 = g0
  v9 = b0 + e
/END
```

Ohne Berücksichtigung der hierarchischen Datenstruktur beträgt der geschätzte Grand-Mean des Mathematiktestergebnisses rd. 51,02 Punkte. Die Deviance des Nullmodells beläuft sich auf rd. 159.319,76 Einheiten. Wir benötigen sie später als Vergleichsmaßstab für die Berechnung des globalen Likelihood-Ratio-χ^2-Tests sowie des Maddala-Maximum-Likelihood-R^2.

```
National Education Longitudinal Study 1988(insg.): Nullmodell

  Full information maximum likelihood estimates (BFGS)

  Fixed parameters

    Label        Estimate           SE            T         Prob(T)

       G0        51.018192      0.069790       731.03        0.0000

  Random parameters

    Label        Estimate           SE            T         Prob(T)

        E       103.743722      1.005280       103.20        0.0000

  # iterations = 1
  -2*Log(L)    = 159319.755229
```

Für die Schätzung des Random-Intercept-Only-Modells, das die hierarchische Datenstruktur adäquat berücksichtigt, verwenden wir die folgenden MLA-Befehle:

```
/TITLE
   National Education Longitudinal Study 1988 (insg.): Random-Intercept-Only- Modell

/DATA
   file = nels88b.dat
   vars = 40
   id2 = 1

/MODEL
   b0 = g0 + u0
   v9 = b0 + e

/END
```

Im Random-Intercept-Only-Modell beträgt der geschätzte Grand-Mean des Testergebnisses nunmehr rd. 50,80 Punkte. Die geschätzte Varianz der Schulmittelwerte beläuft sich auf rd. 26,58 Einheiten und ist signifikant von Null verschieden, wie dem T-Wert von 19,20 zu entnehmen ist. Die geschätzte Intraklassenkorrelation ρ gibt uns an, wie hoch der Anteil der Varianzaufklärung durch die Kontextzugehörigkeit des Schülers maximal ausfällt. Rd. 25,74 % der Varianz des Testergebnisses können wir maximal durch die Kontextzugehörigkeit der Schüler erklären.

```
National Education Longitudinal Study 1988:Random-Intercept-Only-Modell

  Full information maximum likelihood estimates (BFGS)

  Fixed parameters

      Label       Estimate           SE              T        Prob(T)

        G0       50.795086       0.178069         285.26       0.0000

  Random parameters

      Label       Estimate           SE              T        Prob(T)

      U0*U0       26.575644       1.384086          19.20       0.0000

        E        76.685478       0.760270         100.87       0.0000

  Intra-class correlation = 26.58/(76.69+26.58) = 0.2574

  # iterations = 4
  -2*Log(L)    = 154924.131142
```

Mit Hilfe des Likelihood-Ratio-χ^2-Tests überprüfen wir anschließend, ob dieser Erklärungsbeitrag auch für die Grundgesamtheit aller amerikanischen Oberschulen im Jahre 1988 gilt.

(50)   *Berechnung des Likelihood-Ratio-χ^2-Tests für den Vergleich*
        von Alternativ- (M_A) und Nullmodell (M_0)

$$L.R.-\chi^2-Prüfgröße = -2 * \log L(M_0) - [-2 * \log L(M_A)]$$

$$= 159.319,755229 - 154.924,131142 = 4.395,62$$

$$F.G.(M_A - M_0) = F.G._{M_A} - F.G._{M_0} = 3 - 2 = 1$$

Kritischer χ^2-Wert ($\alpha=0,05$; $F.G.=1$) = 3,84

Testentscheidung: $\chi^2_{Prüf} \geq \chi^2_{Krit.}$, daher Nullhypothese verwerfen!

Da der empirische den kritischen Prüfwert weit übersteigt, ist der Erklärungsbeitrag der Kontextzugehörigkeit auch in der Grundgesamt signifikant von Null
verschieden.

Für die Beurteilung der Modellanpassung im Sinne der praktischen Signifikanz verwenden wir vor allem das von Maddala (1986) entwickelte Maximum-
Likelihood-R^2. Durch die Kenntnis der Kontextzugehörigkeit erklären wir rd.
18,65 % der Varianz der Mathematiktestergebnisse, wenn wir das Maddala-ML-R^2
als Beurteilungsmaßstab verwenden. Im Vergleich zur Intraklassenkorrelation ρ,
die das Maximum des durch die Kontextzugehörigkeit erklärbaren Varianzanteils
der Kriteriumsvariable abschätzt, fällt das Maddala-ML-R^2 aber um rd. 7,1 %
niedriger aus.

(51)   *Die Berechnung des Maximum-Likelihood-R^2 von Maddala (1986)*

$$R^2_{ML} = 1 - \exp\left[\frac{-(L.R.-\chi^2)}{n_{ij}}\right] = 1 - \exp\left[\frac{-(4.395,62)}{21.300}\right]$$

$$= 0,1865 \; oder \; 18,65\%$$

5.4.2   Schritt 2:   *Die Schätzung der Populationsregression mit den
                          exogenen Individuaivariablen*

Im zweiten Arbeitschritt schätzen wir zunächst unser Populationsmodell mit den
kontextunabhängigen Regressionskoeffizienten der exogenen Individualmerkmale,
wobei wir nur die Variation der Regressionskonstanten über die Schulkontexte
zulassen. Die beiden metrischen Individualmerkmale Wochenstunden Hausaufgaben und sozioökonomischer Status der Eltern zentrieren wir jeweils an ihrem
Schulmittelwert. Hierdurch erfasst die Regressionskonstante den Erwartungswert
des Testergebnisses derjenigen Minderheitenschüler, welche die schulspezifische
Hausaufgabennorm erfüllen und deren Familie dem sozioökonomischen Durchschnitt ihrer Schule entspricht. Hierfür benötigen wir die folgenden MLA- Befehle:

```
/TITLE
   National Education Longitudinal Study 1988(insg.): Random-Intercept-Modell

/DATA
   file = nels88b.dat
   vars = 40
   id2 = 1
   cwc = v5, v7

/MODEL
   b0 = g0 + u0
   b1 = g1
   b2 = g2
   b3 = g3
   b4 = g4
   v9 = b0 + b1*v5 + b2*v7 + b3*v28 + b4*v20 + e
/END
```

Wir erhalten die folgenden Angaben für die FIML-Schätzung:

```
National Education Longitudinal Study 1988: Random-Intercept-Modell

   Full information maximum likelihood estimates (BFGS)

   Fixed parameters

      Label      Estimate          SE             T         Prob(T)

         G0     49.714879       0.209626       237.16       0.0000
         G1      1.212407       0.041265        29.38       0.0000
         G2      3.736916       0.094228        39.66       0.0000
         G3      1.967575       0.156814        12.55       0.0000
         G4     -0.555402       0.115952        -4.79       0.0000

   Random parameters

      Label      Estimate          SE             T         Prob(T)

      U0*U0     23.977918       1.243451        19.28       0.0000

          E     66.710360       0.661376       100.87       0.0000

   Intra-class correlation = 23.98/(66.71+23.98) = 0.2644

   # iterations = 9
   -2*Log(L)    = 151986.154699
```

Für Jungen, die einer ethnischen Minderheit angehören, ihr Hausaufgabensoll erfüllt haben und deren Elternhaus dem sozioökonomischen Durchschnitt ihrer Schule entspricht, erwarten wir ein Testergebnis von rd. 49,71 Punkten. Für jede

Überstunde bei den Mathematikhausaufgaben verbessert sich ihr Testergebnis um rd. 1,21 Punkte. Dieser Lerneffekt ist statistisch signifikant, wie dem T-Wert von 29,38 zu entnehmen ist. Erhöht sich der sozioökonomische Standard des Elternhauses um eine Standardabweichung im Vergleich zum Schulmittelwert, so verbessert sich das Testergebnis um rd. 3,74 Punkte. Dieser Effekt sozialer Ungleichheit innerhalb der Schulklasse erweist sich als statistisch signifikant, wie der T-Wert von 39,66 belegt. Im Durchschnitt erzielen weiße Jungen ein um rd. 1,97 Punkte besseres Testergebnis als die Jungen ethnischer Minoritäten in der Vergleichsgruppe. Dieser Gruppenunterschied ist ebenfalls statistisch signifikant, wie der T-Wert von 12,55 dokumentiert. Mädchen erreichen im Durchschnitt ein um 0,56 Punkte schlechteres Testergebnis als die Jungen der Vergleichsgruppe. Dieser Geschlechtseffekt erweist sich ebenfalls als statistisch signifikant, wie der T-Wert von $-4,79$ zeigt.

Mit Hilfe des Likelihood-Ratio-χ^2-Tests prüfen wir, ob die Gesamtheit der von uns berücksichtigten Schülermerkmale dazu geeignet ist, die Varianz der Testergebnisse der Schüler in der Grundgesamtheit der amerikanischen High Schools zu erklären.

(52) *Berechnung des Likelihood-Ratio-χ^2-Tests für den Vergleich von Alternativ- (M_A) und Nullmodell (M_0)*

$$L.R.-\chi^2-Prüfgröße = -2 * \log L(M_0) - [-2 * \log L(M_A)]$$

$$= 159.319{,}755229 - 151.986{,}154699 = 7.333{,}60$$

$$F.G.(M_A - M_0) = F.G._{M_A} - F.G._{M_0} = 7 - 2 = 5$$

$$Kritischer\ \chi^2-Wert\ (\alpha=0{,}05\ ;\ F.G.=5) = 11{,}1$$

$$Testentscheidung: \chi^2_{Prüf} \geq \chi^2_{Krit.},\ daher\ Nullhypothese\ verwerfen!$$

Wir verwerfen die zugehörige Nullhypothese mit einer Irrtumswahrscheinlichkeit von weniger als fünf Prozent, die besagt, dass alle Regressionskoeffizienten und Varianzkomponentenschätzer in der Grundgesamtheit jeweils Null sind.

Um die Gesamtanpassung des Mehrebenenmodells im Sinne der praktischen Signifikanz zu bestimmen, berechnen wir das von Maddala vorgeschlagene Maximum-Likelihood-R^2.

(53)   *Die Berechnung des Maximum-Likelihood-R^2 von Maddala (1986)*

$$R^2_{ML} = 1 - \exp\left[\frac{-(L.R.-\chi^2)}{n_{ij}}\right] = 1 - \exp\left[\frac{-(7.333,60)}{21.300}\right]$$

$$= 0,2913 \ oder \ 29,13\%$$

Dem Maddala-R^2 folgend, erklären wir mit Hilfe der Individualmerkmale der Schüler sowie ihrer Kontextzugehörigkeit rd. 29,13 % der Gesamtvarianz ihrer Mathematiktestergebnisse. Hingegen gibt uns das von Bryk & Raudenbush vorgeschlagene PRE-R^2 für die Ebene 1 darüber Aufschluss, wie viel Prozent der Binnenvarianz des Mathematiktestergebnisses wir durch die erhobenen Schülermerkmale erklären.

(54)   *Berechnung des Bryk-Raudenbush-R^2 für die Ebene 1*

$$Level \ 1-PRE-R^2 = \frac{\eth^2_{e_{ij}}(M_{ANOVA}) - \eth^2_{e_{ij}}(M_{Random \ Coefficient})}{\eth^2_{e_{ij}}(M_{ANOVA})}$$

$$= \frac{76,69 - 66,71}{76,69} = \frac{9,98}{76,69} = 0,1314 * 100 = 13,14\%$$

Mit allen vier Schülermerkmalen erklären wir rd. 13,1 % der Binnenvarianz der Testergebnisse in den Schulen. Hingegen bindet die Schulzugehörigkeit rd. 26,4 % der Varianz der Testergebnisse unserer Vergleichsgruppe, wie der bedingten Intraklassenkorrelation ρ zu entnehmen ist. Die Varianz der Testergebnisse der Referenzgruppe zwischen den Schulen beträgt rd. 23,98 Einheiten und erweist sich als statistisch signifikant, wie der T-Wert von 19,28 belegt.

5.4.3   Schritt 3:   Schätzung der Varianzkomponenten kontextabhängiger Steigungskoeffizienten

Im dritten Arbeitsschritt führen wir gemäß unseren theoretischen Überlegungen und den explorativen Vorstudien kontextabhängige Steigungskoeffizienten für den individuellen Arbeitsaufwand und den Testunterschied zwischen weißen und Schülern ethnischer Minoritäten ein. Sie sind in der Abbildung 74 anhand des nachgestellten „*j*" erkennbar.

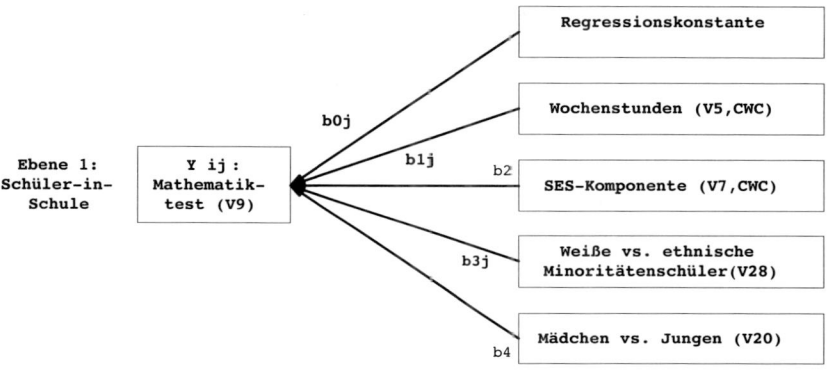

Abb. 74:   Modell der Binnenregression mit kontextspezifischen Regressionskoeffizienten

Das Mehrebenenmodell in Abbildung 74 entspricht dem folgenden Gleichungssystem:

(55)   *Die Gleichungen des Mehrebenenmodells im Schritt 3*

　　　　　Level / Ebene **2**: *Between–Context Regression*

　　　　　2 a)   *Random–Intercept Model*: b_{0j}

　　　　　　　　$b_{0j} = \gamma_{00} + u_{0j}$

　　　　　2 b)   *Random–Slope Model*: b_{1j}

　　　　　　　　$b_{1j} = \gamma_{10} + u_{1j}$

　　　　　2 c)   *Fixed Slope*: b_{2j}

　　　　　　　　$b_{2j} = \gamma_{20}$

2 d)   *Random−Slope Model*: b_{3j}

$$b_{3j} = \gamma_{30} + u_{3j}$$

2 e)   *Fixed Slope*: b_{4j}

$$b_{4j} = \gamma_{40}$$

Level / Ebene 1: *Within−Context Regression*

1) $Y_{ij} = b_{0j} + b_{1j} * (HOMEWORK_{ij} - \overline{HOMEWORK}_j) + b_{2j} * (SES_{ij} - \overline{SES}_j)$
     $+ b_{3j} * WHITE_{ij} + b_{4j} * GIRL_{ij} + e_{ij}$

Interpretation der Residuen der Ebene 2:

in 2a) $u_{0j} = b_{0j} - \gamma_{00}$
in 2b) $u_{1j} = b_{1j} - \gamma_{10}$
in 2d) $u_{3j} = b_{3j} - \gamma_{30}$

Für die Schätzung dieses Random-Intercept-Random-Slope-Modells benötigen wir die folgenden MLA-Befehle:

```
/TITLE
  National Education Longitudinal Study 1988 (insg.): R-I-R-S-Modell

/DATA
  file = nels88b.dat
  vars = 40
  id2 = 1
  cwc = v5, v7

/MODEL
  b0 = g0 + u0
  b1 = g1 + u1
  b2 = g2
  b3 = g3 + u3
  b4 = g4
  v9 = b0 + b1*v5 + b2*v7 + b3*v28 + b4*v20 + e

/PRINT
  olsq = yes

/END
```

Mit Hilfe der „olsq=yes"-Option des „/PRINT"-Befehls erhalten wir nach der Kleinste-Quadrate-Startschätzung Auskunft darüber, auf wie vielen Kontexteinheiten und Fällen unsere FIML-Schätzung beruht. Für jede Kontexteinheit, die keine Varianz einer exogenen Variablen aufweist, deren kontextabhängigen Effekt wir schätzen wollen, erhalten wir eine gesonderte Warnung, dass sie aus dem zu analysierenden Datensatz gestrichen wird. Fordern wir diese Startschätzung nicht an, so erhalten wir lediglich die FIML-Koeffizienten ohne Angaben darüber, auf wie vielen Kontexteinheiten und Fällen deren Schätzung beruht.

```
National Education Longitudinal Study 1988(ings.): R-I-R-S-Modell

Ordinary least squares estimates

Fixed parameters

    Label       Estimate              SE

       G0       48.077757         0.135812
       G1        1.201622         0.047811
       G2        3.487221         0.108714
       G3        4.755210         0.141546
       G4       -0.691527         0.129877

Random parameters

    Label       Estimate              SE

     E(1)       89.570290         0.868041

Warning(1): singular matrix in LUDCMP ()
.........................................
Warning(46): singular matrix in LUDCMP ()

    U0*U020044030405.341900941231400.252288
    U1*U0   12388.413305      7878.639894
    U1*U1       2.801169         0.131533
    U3*U0-20044030386.458100941231399.725761
    U3*U1  -12388.253152      7878.639615
    U3*U320044030398.258800941231399.919681

     E(2)       60.004183         0.593258

Problems were encountered during estimation
Estimates are based on 20465 of the 21300 level-1 units
and on 907 of the 953 level-2 units

E(1): one-step estimate of sigma squared (ignoring grouping)
E(2): two-step estimate of sigma squared
See documentation for further elaboration on these subjects
```

```
National Education Longitudinal Study 1988 (ings.):R-I-R-S-Modell

  Full information maximum likelihood estimates (BFGS)

  Fixed parameters

    Label    Estimate         SE             T         Prob(T)

       G0    49.778764    0.229696       216.72        0.0000
       G1     1.200159    0.047438        25.30        0.0000
       G2     3.697951    0.094231        39.24        0.0000
       G3     2.030852    0.176600        11.50        0.0000
       G4    -0.569016    0.115711        -4.92        0.0000

  Random parameters

    Label     Estimate           SE               T         Prob(T)

    U0*U0     30.472448      2.031619        15.00         0.0000
    U1*U0      0.631401      0.320549         1.97         0.0489
    U1*U1      0.447586      0.090684         4.94         0.0000
    U3*U0     -6.714500      1.275746        -5.26         0.0000
    U3*U1     -0.751281      0.247456        -3.04         0.0024
    U3*U3      4.540013      1.157173         3.92         0.0000

        E     65.334495      0.670813        97.40         0.0000

  Conditional intra-class correlation = 30.47/(65.33+30.47) = 0.3181

  # iterations = 23
  -2*Log(L)    = 151903.934606
```

MLA streicht vor der FIML-Schätzung 46 Schulen mit insgesamt 835 Schülern, da die exogenen Merkmale ihrer kontextspezifischen Schätzer nicht intern variieren. Die FIML-Schätzung beruht daher nur noch auf 907 Schulen mit insgesamt 20.465 Schülern. Bei allen weiteren Analysen beschränkt sich die Darstellung auf die Dokumentation der Anzahl der berücksichtigten Fälle und Kontexteinheiten.

(56)   *Berechnung des Likelihood-Ratio-χ^2-Tests für den Vergleich*
             von Alternativ- (M_A) und Nullmodell (M_0)

$$L.R.-\chi^2-Prüfgröße = -2 * \log L(M_0) - [-2 * \log L(M_A)]$$

$$= 159.319,755229 - 151.903,934606 = 7.415,82$$

$$F.G.(M_A - M_0) = F.G._{\cdot M_A} - F.G._{\cdot M_0} = 12 - 2 = 10$$

Kritischer χ^2-Wert (α=0,05 ; F.G.=10) = 18,3

Testentscheidung: $\chi^2_{Prüf} \geq \chi^2_{Krit.}$, daher Nullhypothese verwerfen!

Mit Hilfe des Likelihood-Ratio-χ^2-Tests entscheiden wir, ob das von uns geschätzte Mehrebenenmodell für die Grundgesamtheit der amerikanischen High Schools im Frühjahr 1988 gilt. Da wir die Nullhypothese verwerfen können, gilt unser Random-Intercept- Random-Slope-Modell ebenfalls für diese Grundgesamtheit. Seine praktische Signifikanz ermitteln wir mit Hilfe des Maddala-ML-R^2, des Bryk-Raudenbush PRE-R^2 sowie der bedingten Intraklassenkorrelation ρ.

(57)   *Die Berechnung des Maximum-Likelihood-R^2 von Maddala (1986)*

$$R^2_{ML} = 1 - \exp\left[\frac{-(L.R.-\chi^2)}{n_{ij}}\right] = 1 - \exp\left[\frac{-(7.415,82)}{20.465}\right]$$

$$= 0,3040 \; oder \; 30,40\%$$

(58)   *Berechnung des Bryk-Raudenbush-R^2 für die Ebene 1*

$$Level \; 1-PRE-R^2 = \frac{\hat{\sigma}^2_{e_{ij}}(M_{ANOVA}) - \hat{\sigma}^2_{e_{ij}}(M_{Random \; Coefficient})}{\hat{\sigma}^2_{e_{ij}}(M_{ANOVA})}$$

$$= \frac{76,69 - 65,33}{76,69} = \frac{11,36}{76,69} = 0,1481 * 100 = 14,81\%$$

Mit Hilfe der Kontextzugehörigkeit und der vier berücksichtigten Schülermerkmale erklären wir rd. 30,4 % der Gesamtvarianz der Testergebnisse. Innerhalb der untersuchten Schulklassen erreichen wir lediglich eine Aufklärung von rd. 14,8 %. Die geschätzte bedingte Intraklassenkorrelation $\rho = 0,3181$ besagt, dass bezogen auf die Referenzgruppe rd. 31,8 % der Varianz ihrer Testergebnisse durch ihre spezifische Kontextzugehörigkeit erklärbar ist.

Bei den festen Regressionsparametern handelt es sich um die kontextunabhängigen Schätzer für die Grundgesamtheit. Im Vergleich zum Random-Intercept-Modell haben sie sich nur unmerklich verändert. Für die fleißigen farbigen Jungen aus Elternhäusern, die dem sozioökonomischen Durchschnitt ihrer Schule entsprechen, erwarten wir ein Testergebnis von rd. 49,78 Punkten. Jede Überstunde bei den Hausaufgaben zahlt sich mit einer Testverbesserung um rd. 1,2 Punkte aus, wobei dieser Lerneffekt statistisch signifikant ist. Erhöht sich der sozioökonomische Status der Schüler im Vergleich zum Schulmittelwert um eine Standardabweichung, so erzielen sie ein um rd. 3,70 Punkte höheres Testergebnis als die Vergleichsgruppe. Dieser Effekt der sozialen Ungleichheit innerhalb der 8. Klasse fällt ebenfalls statistisch signifikant aus. Weiße Schüler erreichen im Durchschnitt ein um rd. 2,03 Punkte besseres Testergebnis als ihre farbigen Mitschüler aus der Referenzgruppe. Schulübergreifend erweist sich diese ethnische Differenz als statistisch signifikant. Hingegen erzielen Mädchen im Durchschnitt ein um rd. 0,57 Punkte schlechteres Testergebnis als ihre männlichen Mitschüler. Mit Hilfe der Varianzkomponenten untersuchen wir die Kontextabhängigkeit der von uns betrachteten Effekte b_{0j}, b_{1j} und b_{3j}. Die Testergebnisse der farbigen Schüler der Referenzgruppe variieren systematisch über die Schulkontexte hinweg. Ihre geschätzte Varianz von 20,47 ist mit einem T-Wert von 15,0 statistisch signifikant. Die geschätzte kontextabhängige Varianz des Trainingseffekts von 0,45 fällt zwar relativ gering aus, sie erweist sich gleichfalls als statistisch bedeutsam. Hingegen verfügt die geschätzte Testdifferenz zwischen den weißen und farbigen Schülern mit 4,54 über eine deutlich höhere Varianz, die ebenfalls mit einem T-Wert von 3,92 statistisch signifikant ist. Von den geschätzten Kovarianzen der kontextabhängigen Effekte interessiert uns vor allem diejenige zwischen dem Testergebnis der farbigen Schüler der Referenzgruppe und der Abweichung ihrer weißen Mitschüler. Um die Interpretation zu erleichtern, empfiehlt es sich, diese Kovarianz in die zugehörige Korrelation r umzurechnen.

(59)   *Berechnung der Korrelation der kontextabhängigen Schätzern b_{0j} und b_{3j} über die Varianzkomponenten u_{0j} und u_{3j}*

$$r_{b_{0j},b_{3j}} = \frac{\hat{\sigma}_{u3j,u0j}}{\sqrt{\hat{\sigma}^2_{u0j}} * \sqrt{\hat{\sigma}^2_{u3j}}} = \frac{-6,71}{\sqrt{30,47} * \sqrt{4,54}} = -0,57$$

(60)   *Berechnung der Korrelation der kontextabhängigen Schätzern b_{1j} und b_{3j} über die Varianzkomponenten u_{1j} und u_{3j}*

$$r_{b_{1j},b_{3j}} = \frac{\hat{\sigma}_{u3j,u1j}}{\sqrt{\hat{\sigma}^2_{u1j}} * \sqrt{\hat{\sigma}^2_{u3j}}} = \frac{-0,75}{\sqrt{0,45} * \sqrt{4,54}} = -0,52$$

Die geschätzte Korrelation zwischen dem Testergebnis der farbigen Vergleichsgruppe und der Abweichung ihrer weißen Mitschüler beträgt −0,57. Dies bedeutet, dass umso höher die erzielte durchschnittliche Punktzahl der farbigen Schüler in der Schule *j* desto weniger weichen ihre weißen Mitschüler beim Mathematiktest von ihnen ab.

Eine ähnliche Korrelation finden wir zwischen den kontextspezifischen Lerneffekten und der Testabweichung der weißen von den farbigen Schülern der
Referenzgruppe. Die geschätzte Korrelation von -0,52 zwischen diesen schulspezifischen Schätzern der Level-2-Residuen besagt, dass je höher der schulspezifische Lerneffekt im Vergleich zum Landesdurchschnitt ausfällt, desto weniger
unterscheiden sich die weißen von ihren farbigen Mitschülern beim Mathematiktest.

*5.4.4   Schritt 4:   Einführung von Kontextvariablen zur Erklärung des
                      Testergebnisses*

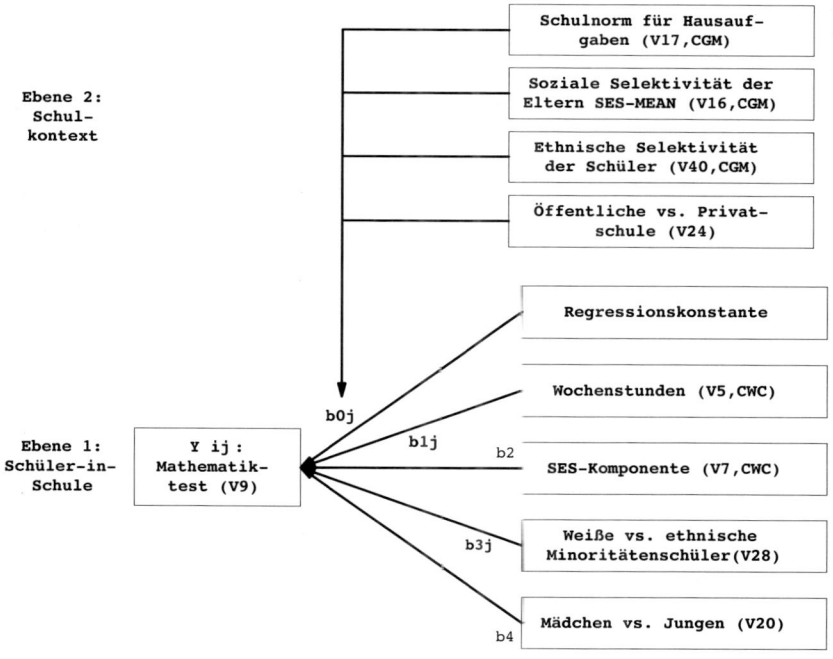

*Abb. 75:   Mehrebenenmodell mit Individual- und Kontextmerkmalen ohne Wechselwirkung
           zwischen den Ebenen (Kontextmodell 1)*

Kreft & De Leeuw (1998) empfehlen ausdrücklich zur Erklärung der Varianz eines kontextspezifischen Regressionsparameters nur wenige Kontextmerkmale zu verwenden und diese jeweils schrittweise einzuführen. Daher prüfen wir in unserem ersten Kontextmodell zunächst, ob die vorgestellten Kontextmerkmale Schulträgerschaft, soziale und ethnische Selektivität der Schülerschaft sowie die schulspezifische Hausaufgabennorm einen signifikanten Haupteffekt auf das Testergebnis ausüben. Dem Pfadmodell in Abbildung 75 entspricht das folgende Gleichungssystem mit den zu schätzenden Fixed- und Random-Effects.

(61)   *Die Schätzgleichungen des Kontextmodells 1*

Level/Ebene 2: *Between-Context Regression*

2*a*) *Intercept-as-Outcome Model*: b_{0j}

$$b_{0j} = \gamma_{00} + \gamma_{01} * PUBLIC + \gamma_{02} * (\overline{HOMEWORK}_{.j} - \overline{HOMEWORK}_{..})$$
$$+ \gamma_{03} * (\overline{SES}_{.j} - \overline{SES}_{..}) + \gamma_{04} * (\overline{\%MINORITIES}_{.j} - \overline{\%MINORITIES}_{..}) + u_{0j}$$

2*b*) *Random Slope*: b_{1j}

$$b_{1j} = \gamma_{10} + u_{1j}$$

2*c*) *Fixed Slope*: b_{2j}
$$b_{2j} = \gamma_{20}$$

2*d*) *Random Slope*: b_{3j}

$$b_{3j} = \gamma_{30} + u_{3j}$$

2*e*) *Fixed Slope*: b_{4j}
$$b_{4j} = \gamma_{40}$$

Level/Ebene 1: *Within-Context Regression*

1) $$Y_{ij} = b_{0j} + b_{1j} * (HOMEWORK_{ij} - \overline{HOMEWORK}_{.j}) + b_{2j} * (SES_{ij} - \overline{SES}_{.j})$$
$$+ b_{3j} * WHITE_{ij} + b_{4j} * GIRL_{ij} + e_{ij}$$

Interpretation der Residuen der Ebene 2:

in 2*a*) $u_{0j} = b_{0j} - \hat{b}_{0j}$
in 2*b*) $u_{1j} = b_{1j} - \gamma_{10}$
in 2*d*) $u_{3j} = b_{3j} - \gamma_{30}$

Hox (2002) empfiehlt zwar, das in unserem dritten Arbeitsschritt entwickelte Random-Intercept-Random-Slope-Modell um die ausgewählten Kontextmerkmale zu erweitern, dies ist aber beim NELS-1988-Datensatz nur bedingt möglich. Ein MLA-Modell mit den beiden zusätzlichen Zufallskoeffizienten für den sozio-ökonomischen Status und den Geschlechtsunterschied konvergierte bei der FIML-Schätzung nicht. Daher enthält das folgende Modell neben der Regressionskonstanten nur die Testdifferenz der ethnischen Gruppen sowie den Trainingseffekt als zu schätzenden kontextabhängige Zufallskoeffizienten. Die Effekte der sozialen Ungleichheit und des Geschlechterunterschieds werden hingegen als Fixed-Effects kontextübergreifend ermittelt. Für die Schätzung des ersten Kontextmodells benötigen wir die nachfolgende MLA-Befehlsdatei, wobei wir die Kontextmerkmale zunächst nur in die Gleichung für die kontextabhängige Regressionskonstante einsetzen. Die Kontextmerkmale Hausaufgabennorm der Schule (V17), ihre soziale (V16) und ethnische Selektivität (V40) werden vor der Schätzung am jeweiligen Gesamtmittelwert aller 953 Schulen mit mindestens 10 Schülern zentriert. Hierdurch erfasst die Regressionskonstante $g0$ (γ_{00}) den Erwartungswert des Testergebnis der Minoritätenschüler der-jenigen Schule, die der allgemeinen Hausaufgabennorm sowie der durchschnittlichen sozialen und ethnischen Segregation aller Schulen entspricht.

```
/TITLE
  National Education Longitudinal Study 1988(insg.): Kontextmodell 1

/DATA
  file = nels88b.dat
  vars = 40
  id2 = 1
  cwc = v5, v7
  cgm = v17,v16,v40

/MODEL
  b0 = g0 + g1*V24 + g2*v17 + g3*v16 + g4*v40 + u0
  b1 = g10 + u1
  b2 = g20
  b3 = g30 + u3
  b4 = g40
  v9 = b0 + b1*v5 + b2*v7 + b3*v28 + b4*v20 + e

/PRINT
  olsq = yes

/END
```

Die FIML-Schätzung basiert auf 907 Schulen mit insgesamt 20.465 Schülern. Wir erhalten das nachfolgende Ausgabeprotokoll mit den Parametern der hierarchischen Regression sowie der Intraklassenkorrelation. Mit Hilfe des Likelihood-Ratio-χ^2-Tests überprüfen wir anschließend, ob die geschätzten festen Regressionskoeffizienten und Varianzkomponenten in der Grundgesamtheit signifikant von Null verschieden sind.

```
National Education Longitudinal Study 1988(insg.): Kontextmodell 1

Full information maximum likelihood estimates (BFGS)

Fixed parameters

      Label       Estimate          SE             T        Prob(T)

         G0      49.815623      0.277750        179.35       0.0000
         G1       0.595393      0.272644          2.18       0.0290
         G2       1.593095      0.193223          8.24       0.0000
         G3       7.347691      0.257037         28.59       0.0000
         G4      -0.021553      0.003854         -5.59       0.0000
        G10       1.204242      0.047381         25.42       0.0000
        G20       3.762942      0.094355         39.88       0.0000
        G30       1.372669      0.185242          7.41       0.0000
        G40      -0.529393      0.114518         -4.62       0.0000

Random parameters

      Label       Estimate          SE             T        Prob(T)

      U0*U0       8.230536      0.872878          9.43       0.0000
      U1*U0       0.207464      0.222297          0.93       0.3507
      U1*U1       0.441837      0.090392          4.89       0.0000
      U3*U0      -4.204945      0.850612         -4.94       0.0000
      U3*U1      -0.512394      0.234587         -2.18       0.0289
      U3*U3       5.052030      1.093851          4.62       0.0000

          E      65.232551      0.668523         97.58       0.0000

Conditional intra-class correlation = 8.23/(65.23+8.23) = 0.1120

# iterations = 28
-2*Log(L)    = 150786.964718
```

Mit Hilfe des Likeliood-Ratio-χ^2 und des Maddala-ML-R^2s überprüfen wir die statistische und praktische Signifikanz unseres Kontextmodells 1. Da wir gemäß Formel 62 die Nullhypothese zu verwerfen haben, gilt unser geschätztes Mehrebenenmodell ebenfalls für alle Oberschulen der Grundgesamtheit im Frühjahr 1988.

(62)   *Berechnung des Likelihood-Ratio-χ^2-Tests für den Vergleich*
           von Alternativ- (M_A) und Nullmodell (M_0)

$L.R.-\chi^2-Prüfgröße = -2 * \log L(M_0) - [-2 * \log L(M_A)]$

$$= 159.319,755229 - 150.786,964718 = 8.532,79$$

$F.G.(M_A - M_0) = F.G._{M_A} - F.G._{M_0} = 13 - 2 = 11$

Kritischer χ^2-Wert ($\alpha = 0,05$; $F.G. = 11$) $= 19,68$

Testentscheidung: $\chi^2_{Prüf} \geq \chi^2_{Krit.}$, *daher Nullhypothese verwerfen!*

(63)   *Die Berechnung des Maximum-Likelihood-R^2 von Maddala (1986)*

$$R^2_{ML} = 1 - \exp\left[\frac{-(L.R.-\chi^2)}{n_{ij}}\right] = 1 - \exp\left[\frac{-(8.532,79)}{20.465}\right]$$

$$= 0,3409 \; oder \; 34,09\%$$

Mit Hilfe der erhobenen Schüler- und Kontextmerkmale erklären wir rd. 34,09 % der Gesamtvarianz der Mathematiktestergebnisse. Um die Interpretation der geschätzten Fixed-Effects zu erleichtern, setzen wir sie in das Gleichungssystem des Kontextmodell 1 ein, wobei wir signifikante Effekte jeweils mit einem Sternchen („*") markieren.

Für die farbigen Schüler der Referenzgruppe, die eine Privatschule mit durchschnittlicher Hausaufgabennorm, sozialer und ethnischer Segregation besuchen, erwarten wir ein Testergebnis von rd. 49,82 Punkten. Besuchen sie anstatt einer privaten eine öffentliche Schule, so verbessert sich ihr Testergebnis um rd. 0,60 Punkte im Durchschnitt. Steigt die Hausaufgabennorm ihrer Schule um eine Stunde, so zahlt sich dies für sie mit einer Verbesserung um rd. 1,59 Punkte aus. Pro Standardabweichung, die der sozioökonomische Status ihrer Schule den Durchschnitt aller Schüler übersteigt, erwarten wir eine Verbesserung des Testergebnisses der Referenzgruppe um jeweils rd. 7,35 Punkte. Pro Prozentpunkt, den der Anteil ethnischer Minderheiten ihrer Schule über dem Gesamtmittelwert liegt, erwarten wir eine Verschlechterung des Testergebnisses um durchschnittlich 0,02 Punkte. Der relativen Erhöhung des Minderheitenanteils um 50 Prozent entspräche dann eine Verschlechterung des Testergebnisses der farbigen Schüler um etwa einen Punktwert. Alle beschriebenen Kontexteffekte sind auf dem üblichen 5-%-Niveau statistisch signifikant.

(64)   *Die Gleichungen des Kontextmodells 1 mit den geschätzten Regressions-koeffizienten*

Level/Ebene 2: *Between-Context Regression*

2*a*)   *Intercept-as-Outcome Model*: b_{0j}

$$b_{0j} = +\ 49{,}82^{*)} + 0{,}60^{*)} * PUBLIC + 1{,}59^{*)} * (\overline{HOMEWORK}_j - \overline{HOMEWORK}_{..})$$
$$+ 7{,}35^{*)} * (\overline{SES}_j - \overline{SES}_{..}) - 0{,}02^{*)} * (\%\overline{MINORITIES}_j - \%\overline{MINORITIES}_{..}) + u_{0j}$$

2*b*)   *Random Slope*: b_{1j}

$$b_{1j} = +1{,}20^{*)} + u_{1j}$$

2*c*)   *Fixed Slope*: b_{2j}
$$b_{2j} = +\ 3{,}76^{*)}$$

2*d*)   *Random Slope*: b_{3j}

$$b_{3j} = +\ 1{,}37^{*)} + u_{3j}$$

2*e*)   *Fixed Slope*: b_{4j}
$$b_{4j} = -\ 0{,}53^{*)}$$

Level/Ebene 1: *Within-Context Regression*

1) $$Y_{ij} = b_{0j} + b_{1j} * (HOMEWORK_{ij} - \overline{HOMEWORK}_j) + b_{2j} * (SES_{ij} - \overline{SES}_j)$$
$$+ b_{3j} * WHITE_{ij} + b_{4j} * GIRL_{ij} + e_{ij}$$

Legende:

*) *Signifikanzniveau* $\alpha \leq 0{,}05$

Schulübergreifend zahlt sich jede Überstunde im Vergleich zur jeweiligen Schul-norm für die Hausaufgaben mit einer Verbesserung des Testergebnisses um durch-schnittlich 1,2 Punkte aus. Der Effekt der sozialen Ungleichheit innerhalb der Schulen lässt sich daran ablesen, dass Schüler, deren sozioökonomischer Status denjenigen ihrer Mitschüler um eine Standardabweichung übersteigt, im Durch-schnitt ein um 3,76 Punkte höheres Testergebnis erzielen. Schulübergreifend realisieren weiße Schüler ein um 1,37 Punkte höheres Testergebnis als ihre farbi-gen Mitschüler. Hingegen erreichen die Mädchen im Vergleich zu den Jungen ein um 0,53 Punkte niedrigeres Testergebnis. Alle Effekte erweisen sich ebenfalls auf dem üblichen 5-%-Niveau als statistisch signifikant.

Im Intercept-as-Outcome-Modell erfasst der Random-Effect u_{0j} nur noch den Varianzanteil der kontextspezifischen Regressionskonstanten, der nicht durch die Kontextmerkmale erklärt wird. Daher verzichten wir an dieser Stelle auf eine tiefergehende Interpretation der geschätzten Varianzkomponenten und ihrer Kovarianzen. Hingegen vermitteln uns die von Bryk & Raudenbush vorgeschlagenen PRE-R^2e einen detaillierten Aufschluss über die Erklärungskraft der exogenen Kontext- und Individualmerkmale auf der Schul- und Schülerebene.

(65) *Berechnung des Bryk-Raudenbush-R^2 für die Ebenen 2 und 1*

$$Bryk-Raudenbush-R^2_{Level\ 2} = \frac{\hat{\sigma}^2_{u_{0j}}(M_{RIRS}) - \hat{\sigma}^2_{u_{0j}}(M_{Random\ Coefficient})}{\hat{\sigma}^2_{u_{0j}}(M_{RIRS})}$$

$$Level\ 2-PRE-R^2\ (b_{0j}) = \frac{30,47 - 8,23}{30,47} = \frac{22,24}{30,47} = 0,7299 * 100 = 72,99\%$$

$$Level\ 1-PRE-R^2 = \frac{\hat{\sigma}^2_{e_{ij}}(M_{ANOVA}) - \hat{\sigma}^2_{e_{ij}}(M_{Random\ Coefficient})}{\hat{\sigma}^2_{e_{ij}}(M_{ANOVA})}$$

$$= \frac{76,69 - 65,23}{76,69} = \frac{11,46}{76,69} = 0,1494 * 100 = 14,94\%$$

Legende:

$\hat{\sigma}^2_{u_{0j}}$:   *Geschätzte Varianz der Residuen der kontextspezifischen Regressionskonstanten b_{0j}*

$\hat{\sigma}^2_{e_{ij}}$:   *Geschätzte Varianz der Residuen der Binnenregression*

$M_{Random\ Coefficient}$: *Intercept-as-Outcome-Modell mit allen 4 Kontextvariablen*

M_{RIRS}: *Random-Intercept-Random-Slope-Modell*

Die vier betrachteten Kontextmerkmale erklären rd. 72,99 % der Varianz der kontextspezifischen Regressionskonstanten und somit der Varianz der Testergebnisse der Referenzgruppe zwischen den untersuchten Schulen. Hingegen erklären die vier betrachten Schülermerkmale im Durchschnitt rd. 14,94 % der Varianz der Testergebnisse innerhalb der untersuchten Schulen. Der Fit dieser Binnenregressi-

sion unterscheidet sich erwartungsgemäß kaum von demjenigen des bereits vorgestellten Random-Intercept-Random-Slope-Modells.

5.4.5   Schritt 5:   *Einführung von Wechselwirkungseffekten zwischen den Ebenen*

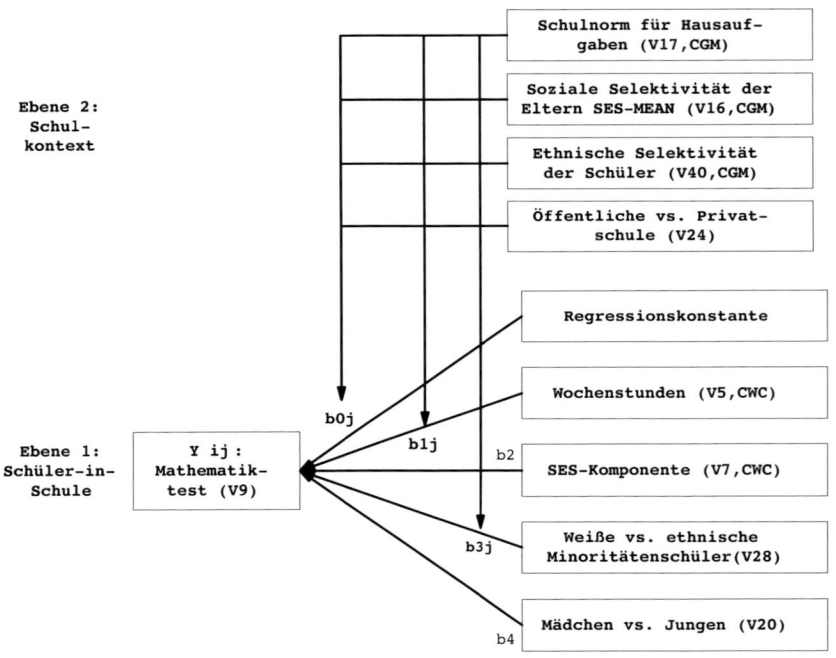

Abb. 76:   Mehrebenenmodell zur Erklärung des Mathematiktestergebnisses mit vier Cross-Level-Wechselwirkungen

Im fünften Arbeitsschritt erklären wir jeweils die Varianz der Testergebnisse der farbigen Referenzgruppe, der Testdifferenz ihrer weißen Mitschüler sowie des differentiellen Lerneffektes aus den Kontextmerkmalen ihrer Schulen. Hierfür gehen wir in mehreren Schritten vor. Zuerst berücksichtigen wir die Art der Schulträgerschaft mit der Unterscheidung zwischen den öffentlichen und Privatschulen

(V24). Danach erweitern wir unser Mehrebenenmodell jeweils schrittweise um die Kontextmerkmale Hausaufgabennorm der Schule, die soziale sowie die ethnische Selektivität der Elternschaft, die sich bereits als sehr gut geeignet für die Vorhersage der kontextspezifischen Regressionskonstanten erwiesen haben.

Aus Platzgründen beschränkt sich die Präsentation aber auf dasjenige Coefficient-as-Outcome-Modell, das alle aufgeführten Kontextmerkmale als Level-2-Prädiktoren berücksichtigt. Im Kontextmodell 2 verwenden wir zur Vorhersage der kontextspezifischen Effekte die schulspezifische Leistungsnorm, die soziale und ethnische Selektivität der Elternschaft sowie die Art des Schulträgers.

Da wir in rein weißen Schulen die Testdifferenzen zwischen den weißen und ihren farbigen Mitschülern nicht schätzen können, zentrieren wir das Kontextmerkmal relativer Minoritätenanteil am Gesamtmittelwert aller untersuchten Schulen. Die Regressionskonstante γ_{00} bezieht sich daher auf diejenigen Minderheitenschüler, die eine Privatschule mit durchschnittlichem Minoritätenanteil und durchschnittlichem sozioökonomischen Status der Elternschaft besuchen. Dem Pfaddiagramm in Abbildung 77 entspricht das folgende Gleichungssystem:

(66)   *Die Gleichungen des Kontextmodells 2*

Level / Ebene **2**: *Between–Context Regression*

2*a*)   *Intercept–as–Outcome Model*: b_{0j}

$$b_{0j} = \gamma_{00} + \gamma_{01} * PUBLIC + \gamma_{02} * (\overline{HOMEWORK}_{.j} - \overline{HOMEWORK}_{..})$$
$$+ \gamma_{03} * (\overline{SES}_{.j} - \overline{SES}_{..}) + \gamma_{04} * (\overline{\%MINORITIES}_{.j} - \overline{\%MINORITIES}_{..}) + u_{0j}$$

2*b*)   *Slope–as–Outcome Model*: b_{1j}

$$b_{1j} = \gamma_{10} + \gamma_{11} * PUBLIC + \gamma_{12} * (\overline{HOMEWORK}_{.j} - \overline{HOMEWORK}_{..})$$
$$+ \gamma_{13} * (\overline{SES}_{.j} - \overline{SES}_{..}) + \gamma_{14} * (\overline{\%MINORITIES}_{.j} - \overline{\%MINORITIES}_{..}) + u_{1j}$$

2*c*)   *Fixed Slope*: b_{2j}

$$b_{2j} = \gamma_{20}$$

2*d*)   *Slope–as–Outcome Model*: b_{3j}

$$b_{3j} = \gamma_{30} + \gamma_{31} * PUBLIC + \gamma_{32} * (\overline{HOMEWORK}_{.j} - \overline{HOMEWORK}_{..})$$
$$+ \gamma_{33} * (\overline{SES}_{.j} - \overline{SES}_{..}) + \gamma_{34} * (\overline{\%MINORITIES}_{.j} - \overline{\%MINORITIES}_{..}) + u_{3j}$$

2e) *Fixed Slope*: b_{4j}

$$b_{4j} = \gamma_{40}$$

Level / Ebene 1: *Within-Context Regression*

1) $Y_{ij} = b_{0j} + b_{1j}*(HOMEWORK_{ij} - \overline{HOMEWORK}_{\cdot j}) + b_{2j}*(SES_{ij} - \overline{SES}_{\cdot j})$
$+ b_{3j}*WHITE_{ij} + b_{4j}*GIRL_{ij} + e_{ij}$

Interpretation der Residuen der Ebene 2:

in 2a) $u_{0j} = b_{0j} - \hat{b}_{0j}$
in 2b) $u_{1j} = b_{1j} - \hat{b}_{1j}$
in 2d) $u_{3j} = b_{3j} - \hat{b}_{3j}$

Zur Schätzung des entsprechenden Zufallskoeffizientenmodells benötigen wir die folgenden MLA-Befehle:

```
/TITLE
  National Education Longitudinal Study 1988(insg.): Kontextmodell 2

/DATA
  file = nels88b.dat
  vars = 40
  id2 = 1
  cwc = v5, v7
  cgm = v17,v16,v40

/MODEL
  b0 = g0 + g1*V24 + g2*v17 + g3*v16 + g4*v40 + u0
  b1 = g10 + g11*V24 + g12*v17 + g13*v16 + g14*v40 + u1
  b2 = g20
  b3 = g30 + g31*V24 + g32*v17 + g33*v16 + g34*v40 + u3
  b4 = g40
  v9 = b0 + b1*v5 + b2*v7 + b3*v28 + b4*v20 + e

/PRINT
  olsq = yes

/END
```

Die FIML-Schätzung des Kontextmodells 2 beruht auf 20.465 Schülern in 907 Schulen. Um die Interpretation der Populationsschätzer zu erleichtern, übertragen wir anschließend die FIML-Schätzer in das Gleichungssystem des 2. Kontextmodells. Effekte, die mindestens auf dem 5-%-Niveau signifikant sind, erhalten wiederum ein Sternchen („*").

```
National Education Longitudinal Study 1988(insg.): Kontextmodell 2

Full information maximum likelihood estimates (BFGS)

Fixed parameters

    Label        Estimate            SE            T          Prob(T)

       G0       50.115884       0.451730        110.94        0.0000
       G1        0.150609       0.491898          0.31        0.7595
       G2        1.875374       0.345625          5.43        0.0000
       G3        7.629834       0.446029         17.11        0.0000
       G4       -0.015430       0.005958         -2.59        0.0096
      G10        0.515840       0.119998          4.30        0.0000
      G11        0.855598       0.135940          6.29        0.0000
      G12       -0.022461       0.098544         -0.23        0.8197
      G13        0.461782       0.124468          3.71        0.0002
      G14       -0.000499       0.001733         -0.29        0.7735
      G20        3.732534       0.094492         39.50        0.0000
      G30        1.047114       0.471051          2.22        0.0262
      G31        0.453753       0.517101          0.88        0.3802
      G32       -0.347556       0.364727         -0.95        0.3406
      G33       -0.396585       0.475589         -0.83        0.4043
      G34       -0.008441       0.007240         -1.17        0.2437
      G40       -0.532139       0.114442         -4.65        0.0000

Random parameters

    Label        Estimate            SE            T          Prob(T)

    U0*U0        8.112164       0.864811          9.38        0.0000
    U1*U0        0.211952       0.215205          0.98        0.3247
    U1*U1        0.348088       0.085082          4.09        0.0000
    U3*U0       -4.056671       0.841294         -4.82        0.0000
    U3*U1       -0.513478       0.226888         -2.26        0.0236
    U3*U3        4.886933       1.083211          4.51        0.0000

        E       65.235060       0.668293         97.61        0.0000

Conditional intra-class correlation = 8.11/(65.24+8.11) = 0.1106

# iterations = 32
-2*Log(L)     = 150738.924563
```

Für die farbigen Schüler der Referenzgruppe, die eine Privatschule mit durchschnittlicher Hausaufgabennorm, sozialer und ethnischer Selektivität besuchen, erwarten wir ein Testergebnis von rd. 50,12 Punkten im Durchschnitt. Besuchen sie hingegen eine öffentliche Schule, so verbessert sich ihr Testergebnis lediglich um 0,15 Punkte, wobei diese Zunahme nicht statistisch signifikant ausfällt.

(67)   *Die Gleichungen des Kontextmodells 2 mit den geschätzten Regressionskoeffizienten*

Level/Ebene 2: *Between–Context Regression*

2*a*)   *Intercept–as–Outcome Model:* b_{0j}

$$b_{0j} = +50{,}12^{*)} + 0{,}15 * PUBLIC + 1{,}88^{*)} * (\overline{HOMEWORK}_j - \overline{HOMEWORK}_{..})$$
$$+ 7{,}63^{*)} * (\overline{SES}_j - \overline{SES}_{..}) - 0{,}02^{*)} * (\overline{\%MINORITIES}_j - \overline{\%MINORITIES}_{..}) + u_{0j}$$

2*b*)   *Slope–as–Outcome Model:* b_{1j}

$$b_{1j} = +0{,}52^{*)} + 0{,}86^{*)} * PUBLIC - 0{,}02 * (\overline{HOMEWORK}_j - \overline{HOMEWORK}_{..})$$
$$+ 0{,}46^{*)} * (\overline{SES}_j - \overline{SES}_{..}) - 0{,}00 * (\overline{\%MINORITIES}_j - \overline{\%MINORITIES}_{..}) + u_{1j}$$

2*c*)   *Fixed Slope:* b_{2j}
$$b_{2j} = + 3{,}73^{*)}$$

2*d*)   *Slope–as–Outcome Model:* b_{3j}

$$b_{3j} = +1{,}05^{*)} + 0{,}45 * PUBLIC - 0{,}35 * (\overline{HOMEWORK}_j - \overline{HOMEWORK}_{..})$$
$$- 0{,}40 * (\overline{SES}_j - \overline{SES}_{..}) - 0{,}01 * (\overline{\%MINORITIES}_j - \overline{\%MINORITIES}_{..}) + u_{3j}$$

2*e*)   *Fixed Slope:* b_{4j}
$$b_{4j} = - 0{,}53^{*)}$$

Level / Ebene 1: *Within–Context Regression*

1) $Y_{ij} = b_{0j} + b_{1j} * (HOMEWORK_{ij} - \overline{HOMEWORK}_j) + b_{2j} * (SES_{ij} - \overline{SES}_j)$
     $+ b_{3j} * WHITE_{ij} + b_{4j} * GIRL_{ij} + e_{ij}$

Legende:

*) *Signifikanzniveau* $\alpha \leq 0{,}05$

Erhöht sich die Hausaufgabennorm ihrer Schule im Vergleich zur allgemeinen Norm um eine Wochenstunde, so erwarten wir eine Verbesserung des Testergebnisses um rd. 1,88 Punkte. Nimmt die soziale Selektivität der Schule im Vergleich zum SES-Mittelwert aller Schulen um eine Standardabweichung zu, so verbessert sich ihr Testergebnis schätzungsweise um rd. 7,63 Punkte. Erhöht sich der Anteil ethnischer Minoritäten um ein Prozent, so verschlechtert sich das Testergebnis der farbigen Schüler um rd. 0,02 Punkte. Bei einer Zunahme des Minderheitenanteils um 50 % entspricht dies einer Verschlechterung des Testergebnisses um etwa einen Punktwert. Diese Wechselwirkung zwischen den Ebenen erweist sich mit einem T-Wert von −2,59 als statistisch signifikant.

Bei den differentiellen Lerneffekten der Schulen zeigt sich folgendes Bild. Pro geleisteter Überstunde an Hausaufgaben erwarten wir bei Schülern, die eine Privatschule besuchen, eine Verbesserung des Testergebnis um rd. 0,52 Punkte. Geht der Schüler hingegen auf eine öffentliche Schule, so steigt der Ertrag seiner Bemühungen in signifikantem Maße um weitere 0,86 Punkte pro investierter Arbeitsstunde. Hingegen führt die Erhöhung der Schulnorm nicht zu einer statistisch bedeutsamen Verbesserung des individuellen Lerneffekts. Steigt die soziale Selektivität der Elternschaft im Vergleich zum Gesamtdurchschnitt aller Schulen um eine Standardabweichung, so erhöht sich der Ertrag pro investierter Hausaufgabenstunde noch einmal um rd. 0,46 Punkte. Im Gegensatz zur sozialen Selektivität übt die ethnische Segregation keinen signifikanten Einfluss auf die differentiellen Lerneffekte aus. Unabhängig vom jeweiligen Schulkontext verbessert sich das Testergebnis des Schülers um rd. 3,73 Punkte, wenn der sozioökonomische Status seiner Eltern den Schuldurchschnitt um eine Standardabweichung übersteigt.

Der geschätzte Testunterschied zwischen den weißen und ihren farbigen Mitschülern beträgt rd. 1,05 Punkte auf den Privatschulen, wobei er sich als statistisch bedeutsam erweist. Besuchen die Schüler hingegen öffentliche Schulen, so erhöht sich die Testdifferenz im Durchschnitt um rd. 0,45 Punkte. Die Zunahme fällt aber nicht statistisch signifikant aus. Hinsichtlich der drei anderen Kontextmerkmale liegen ebenfalls nur deskriptive Befunde vor, die sich aufgrund fehlender Signifikanzen nicht auf die Grundgesamtheit verallgemeinern lassen. Wenn sich die Hausaufgabennorm um jeweils eine Stunde erhöht, nimmt der geschätzte Gruppenunterschied zwischen weißen und farbigen Schülern jeweils um 0,35 Punkte ab. Erhöht sich die soziale Selektivität der Elternschaft um eine Standardabweichung im Vergleich zum Gesamtdurchschnitt, so verringert sich der Testunterschied um 0,40 Punkte. Nimmt der Anteil ethnischer Minoritäten um ein Prozent zu, so reduziert sich der Testunterschied jeweils um 0,01 Punkte.

Schulübergreifend zeigt sich beim Geschlechtseffekt, dass die Mädchen ein um rd. 0,53 Punkte schlechteres Testergebnis erzielen als ihre männlichen Mitschüler. Mit einem T-Wert von −4,65 erweist sich dieser Leistungsunterschied als statistisch signifikant.

Da wir die Nullhypothese des Likelihood-Ratio-χ^2-Tests zu verwerfen haben, dürfen wir die Ergebnisse unserer FIML-Schätzung auf die Grundgesamtheit der amerikanischen Oberschulen im Frühjahr 1988 verallgemeinern.

(68)   *Berechnung des Likelihood-Ratio-χ^2-Tests für den Vergleich*
             von Alternativ- (M_A) und Nullmodell (M_0)

$$L.R.-\chi^2-Pr\ddot{u}fgr\ddot{o}\beta e = -2 * \log L(M_0) - [-2 * \log L(M_A)]$$

$$= 159.319{,}755229 - 150.738{,}924563 = 8.580{,}83$$

$$F.G.(M_A - M_0) = F.G._{M_A} - F.G._{M_0} = 24 - 2 = 22$$

Kritischer χ^2-Wert ($\alpha = 0{,}05$; *F.G.* $= 22$) $= 33{,}9$

Testentscheidung: $\chi^2_{Pr\ddot{u}f} \geq \chi^2_{Krit.}$, *daher Nullhypothese verwerfen!*

Um die Anpassung unseres Kontextmodells 2 auf den verschiedenen Ebenen zu bestimmen, bietet es sich an, neben dem Maddala-ML-R^2 die von Bryk & Raudenbush entwickelten PRE-R^2-Koeffizienten für die Schul- und Schülerebene zu berechnen.

(69)   *Die Berechnung des Maximum-Likelihood-R^2 von Maddala (1986)*

$$R^2_{ML} = 1 - \exp\left[\frac{-(L.R.-\chi^2)}{n_{ij}}\right] = 1 - \exp\left[\frac{-(8.580{,}83)}{20.465}\right]$$

$$= 0{,}3425 \; oder \; 34{,}25\%$$

Im Vergleich zum Kontextmodell 1 verbessert sich die Gesamtanpassung auf einen Anteil von rd. 34,25 % erklärter Varianz. Mit Hilfe der vier berücksichtigten Kontextmerkmale erklären wir rd. 73,38 % der Varianz der schulspezifischen Regressionskonstanten und somit der Testergebnisse der Minderheitenschüler der Referenzgruppe. Bei den schulspezifischen Lerneffekten der Hausaufgaben erzielen wir eine Varianzaufklärung von rd. 22,22 %. Hingegen beträgt die Varianzaufklärung bei der geschätzten schulspezifischen Testdifferenz zwischen den weißen und farbigen Schülern rd. -7,71 %. Dies bedeutet formal, dass die Berücksichtigung der Kontextmerkmale zu einer Vergrößerung der Residualvarianz der kontextspezifischen b_{3j}-Regressionskoeffizienten geführt hat. Hierhinter verbirgt sich entweder eine zu hohe Multikollinearität der Level-2-Prädiktoren oder ein klassischer Suppressionseffekt, wie er bei der multiplen linearen Regression diskutiert wird. Um dies hinreichend zu klären, würden wir weitere umfangreiche Analysen benötigen, die wir an dieser Stelle aus Platzgründen nicht vornehmen können.

(70)   *Berechnung des Bryk-Raudenbush-R^2 für die Ebene 2*

$$Bryk\text{-}Raudenbush\text{-}R^2{}_{Level\,2} = \frac{\hat{\sigma}^2{}_{u_{kj}} (M_{RIRS}) - \hat{\sigma}^2{}_{u_{k}} (M_{Random\ Coefficient})}{\hat{\sigma}^2{}_{u_{kj}} (M_{RIRS})}$$

$$Level\ 2\text{-}PRE\text{-}R^2\ (b_{0j}) = \frac{30{,}47 - 8{,}11}{30{,}47} = \frac{22{,}36}{30{,}47} = 0{,}7338 * 100 = 73{,}38\%$$

$$Level\ 2\text{-}PRE\text{-}R^2\ (b_{1j}) = \frac{0{,}45 - 0{,}35}{0{,}45} = \frac{0{,}10}{0{,}45} = 0{,}2222 * 100 = 22{,}22\%$$

$$Level\ 2\text{-}PRE\text{-}R^2\ (b_{3j}) = \frac{4{,}54 - 4{,}89}{4{,}54} = \frac{-0{,}35}{4{,}54} = -0{,}0771 * 100 = -7{,}71\%$$

Legende:

$\hat{\sigma}^2{}_{u_{kj}}$:   *Geschätzte Varianz der Residuen des kontextspezifischen Regressionsparameters b_{kj}*

$\hat{\sigma}^2{}_{e_{ij}}$:   *Geschätzte Varianz der Residuen der Binnenregression*

$M_{Random\ Coefficient}$:   *Random-Coefficient-Modell mit allen 4 Kontextvariablen*

M_{RIRS} :   *Random-Intercept-Random-Slope-Modell*

(71)   *Berechnung des Bryk-Raudenbush-PRE-R^2 für die Ebene 1*

$$Level\ 1\text{-}PRE\text{-}R^2 = \frac{\hat{\sigma}^2{}_{e_{ij}} (M_{ANOVA}) - \hat{\sigma}^2{}_{e_{ij}} (M_{Random\ Coefficient})}{\hat{\sigma}^2{}_{e_{ij}} (M_{ANOVA})}$$

$$= \frac{76{,}69 - 65{,}24}{76{,}69} = \frac{11{,}45}{76{,}69} = 0{,}1493 * 100 = 14{,}69\%$$

Die vier berücksichtigten Schülermerkmale erklären im Durchschnitt rd. 14,69 % der Varianz der Testergebnisse innerhalb der untersuchten Schulen.

5.5   Resümee der praktischen Mehrebenenanalyse

Die Analysen des Kapitels 5 haben zweierlei gezeigt. Zum einen belegen sie, wie wichtig es ist, die Mehrebenenanalysen sorgfältig zu planen. Insbesondere die explorativen Analysen auf der Schüler- und der Schulebene im Abschnitt 5.3 haben die Anzahl der für die Vorhersage der Mathematiktestergebnisse bedeutsamen exogenen Individual- und Kontextmerkmale deutlich eingeschränkt und uns somit in die Lage versetzt, ein sparsames Mehrebenenmodell zu formulieren. Letzteres haben wir sukzessiv über die Abfolge der einzelnen Modellklassen entwickelt und getestet, wie dies Hox (2002) vorgeschlagen hat. Zum anderen hat sich aus inhaltlicher Sicht gezeigt, dass die vier berücksichtigten Kontextmerkmale der Schulträgerschaft, der schulischen Hausaufgabennorm sowie der sozialen und ethnischen Segregation in sehr hohem Maße die Varianz der Leistungsunterschiede unserer farbigen Durchschnittsschüler aufgeklärt haben. Diese vier Kontextmerkmale haben ebenfalls zur Erklärung der differentiellen Lerneffekte der Schulen in erheblichen Maße beigetragen. Hingegen eignen sie sich nicht dazu, die noch verbleibenden Leistungsunterschiede zwischen weißen und farbigen Schülern auf der Schulebene vorherzusagen. Dies zeigt eindeutig das von Bryk & Raudenbush entwickelte PRE-R^2 für die Schulebene.

Darüber hinaus zeigen die dargestellen Analysen der NELS-1988-Studie, dass das Freeware-Programm MLA 2.2 mit den unterschiedliche Zentrierungsoptionen sehr gut für die Bearbeitung großer Datenmengen und die Schätzung komplexer linearer Mehrebenenmodell geeignet ist. Es stellt somit im Bereich des Hierarchisch-Linearen Modells eine ernst zu nehmende Alternative zu den kommerziellen Produkten HLM und MLwiN dar.

6. Die Analyse von Paneldaten als Mehrebenenmodell

In ihrem bahnbrechenden Aufsatz haben Laird & Ware (1982) zu Beginn der 80er Jahre nachgewiesen, dass Mehrebenenmodelle zur Analyse von Messwiederholungen im Rahmen von Panelstudien besonders geeignet sind. Seitdem benutzen Biostatistiker das Hierarchisch-Lineare Mehrebenenmodell als Standardverfahren zur Analyse von Paneldaten.[24] Es ermöglicht, die Veränderung der Kriteriumsvariablen auf der Personenebene zu untersuchen. Im Gegensatz hierzu analysieren klassische Strukturgleichungsmodelle wie LISREL die Veränderung der Messwerte nur auf der Stichprobenebene, wobei sie nur die Stabilität der untersuchten Kriteriumsvariablen zwischen den Messzeitpunkten bestimmen. Beim Mehrebenenmodell hingegen gehen wir von der folgenden hierarchischen Datenstruktur aus, die es ermöglicht, die Veränderung der Kriteriumsvariablen über die Zeitachse zu bestimmen.

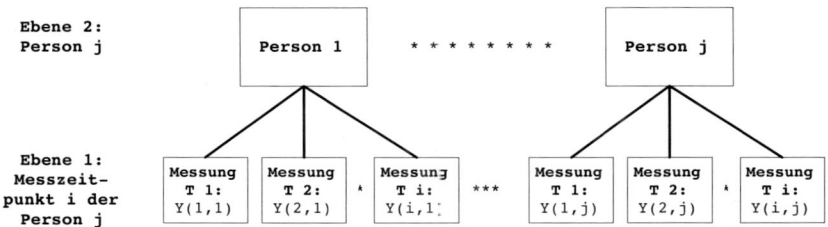

Abb. 78: *Die Datenstruktur der Wiederholungsmessung im Rahmen des hierarchisch-linearen Mehrebenenmodells*

Wiederholungsmessungen auf der Personenebene lassen sich als Zweiebenenmodell dergestalt formulieren, dass die befragten Personen die zweite Ebene und

---

24   S. Davis (2002), Singer & Willet (2003)

ihre zeitlich aufeinander folgenden Messzeitpunkte die erste Ebene bilden. Hierbei sind die Messzeitpunkte innerhalb der Person geschachtelt, wie Abbildung 78 verdeutlicht. Für jede Person schätzen wir ein eigenes Wachstumsmodell, bei dem wir die Abhängigkeit der Kriteriumsvariablen vom Erhebungszeitpunkt und von zeitabhängigen Kovariaten bestimmen. Die Varianz der personenspezifischen Regressionskonstanten bzw. Steigungskoeffizienten erklären wir mit Hilfe der auf der zweiten Ebene erhobenen Personenmerkmale, die selbst zeitlich invariant sind. Van der Leeden (1998: 282 f.) fasst diese Konzeption folgendermaßen zusammen.

> „This two-level approach implies that each individual is allowed to have his/her own growth curve or growth trajectory, just as each class of students was allowed to have its own regression equation in the cross-sectional hierarchical model. And just as the within-class regression coefficients were allowed to vary across classes, the individual growth parameters may vary across individuals. In that way the longitudinal application of a multilevel model allows for the estimation of the mean growth trajectory (for a group) and for the estimation of individual variation around the mean. Grouping, or other background variables may be used as explaining variables to account for the between-subject variation in individual growth parameters. As such, systematic variation in growth trajectories can be studied as a function of background variables and experimental treatments. In longitudinal multilevel models, differences between groups of individuals concerning initial growth status and growth rate will be modelled as different distributions of these parameters within each group, and not only by modelling the mean levels."

Auf der ersten Ebene unterscheiden wir zwei Arten von erklärenden Variablen. Zum einen führen wir die Zeit in kontinuierlicher oder diskreter Form ein, wobei wir nichtlineare Wachstumsverläufe durch die Einführung des quadrierten und kubischen Erhebungszeitpunkts im linear-additiven Regressionsmodell realisieren. Alternativ hierzu bietet sich ebenfalls die Logarithmierung der Kriteriumsvariable an, um nichtlineare Wachstumsprozesse zu modellieren. Bei einer ausreichend großen Anzahl von Messzeitpunkten können wir ebenfalls die zeitabhängige Kovariate (X_{ij}) auf der Personenebene auspartialisieren. Das Zweiebenenmodell der Wiederholungsmessung lässt sich folgendermaßen formulieren, wobei der Effekt der zeitabhängigen Kovariaten auf der ersten Ebene wegen seiner begrenzten Anwendungsmöglichkeit in Klammern gesetzt ist. Dem Pfadmodell in Abbildung 79 entspricht das nachfolgende Gleichungssystem mit seinen Fixed- und Random-Parts. Mit Hilfe der γ-Koeffizienten des Fixed-Effect-Parts schätzen wir ein personenübergreifendes Wachstumsmodell, wobei wir die Varianz der personenspezifischen Regressionskonstanten und Steigungskoeffizienten mit Hilfe der zeitunabhängigen Personenmerkmale (Z_j) erklären. Der Random-Part wiederum erfasst die Variation der individuellen Wachstumsmodelle, wobei wir die Varianz und Kovarianz des personenspezifischen Einstiegsniveaus, des linearen sowie des quadratischen Trends schätzen. Das Pfaddiagramm in Abbildung 79 veranschaulicht das Zweiebenenmodell für die Analyse von Wiederholungsmessungen.

(72)   *Das Zweiebenenmodells der Wiederholungsmessung*

    Level/Ebene 2: Between-Person Regression

    2a) *Intercept-as-Outcome Model:*
        Niveauunterschiede zum Zeitpunkt T_0

$$b_{0j} = \gamma_{00} + \gamma_{01} * Z_{.j} + u_{0j}$$

    2b) *Slope-as-Outcome Model:*
        Linearer Term der Zeit

$$b_{1j} = \gamma_{10} + \gamma_{11} * Z_{.j} + u_{1j}$$

    2c) *Slope-as-Outcome Model:*
        Quadratischer Term der Zeit

$$b_{2j} = \gamma_{20} + \gamma_{21} * Z_{.j} + u_{2j}$$

    Level/Ebene 1: Within-Person Regression:
    Wachstumskurve der Person j über ihre Messzeitpunkte i

    1) $Y_{ij} = b_{0j} + b_{1j} * T_{ij} + b_{2j} * T_{ij}^2 \{ + b_{3j} * X_{ij} \} + e_{ij}$

    Interpretation der Residuen der Ebene 2:

    in 2a) $u_{0j} = b_{0j} - [\gamma_{00} + \gamma_{01} * Z_{.j}]$

    in 2b) $u_{1j} = b_{1j} - [\gamma_{10} + \gamma_{11} * Z_{.j}]$

    in 2c) $u_{2j} = b_{2j} - [\gamma_{20} + \gamma_{21} * Z_{.j}]$

    Legende:

    T: *Diskreter oder metrischer Messzeitpunkt*
    T^2: *Quadratischer Term des Messzeitpunkts T*
    $Z_{.j}$: *Zeitunabhängiges Personenmerkmal*
    X_{ij}: *Zeitabhängiges Personenmerkmal*

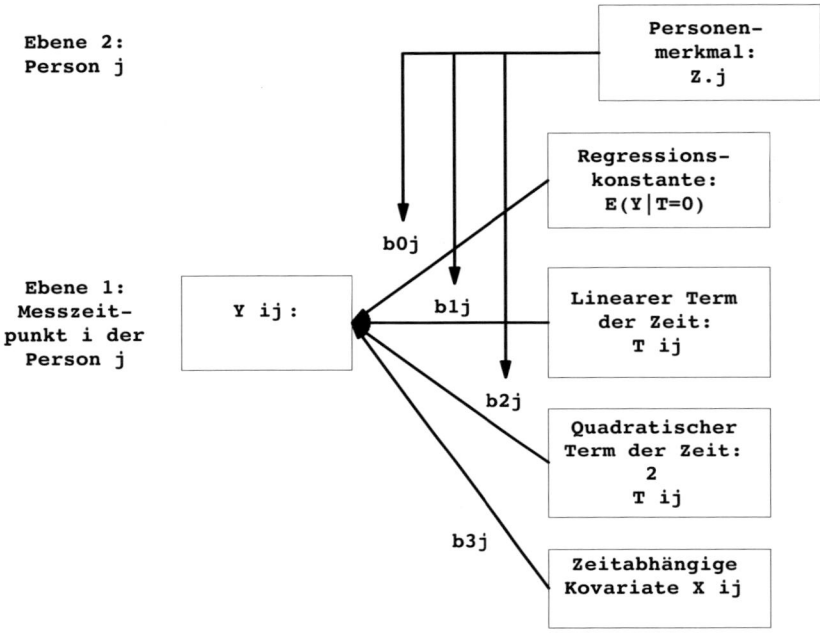

Abb. 79: *Zweiebenenmodell zur Erklärung der Veränderungsmessung mit Personenmerkmalen*
und einer zeitabhängigen Kovariaten

Im Vergleich zur klassischen Varianzanalyse mit Messwiederholungen weist das
hierarchische Mehrebenenmodell nach Ansicht von Bryk & Raudenbush (1992:
133 f.) die folgenden fünf Vorteile auf:

„In brief, five key points should be made about use of the hierarchical linear model in studying
individual growth. First, the model explicitly represents the individual growth at Level 1. In
contrast, in an MRM (Multivariate Repeated Measures, W.L.) model individual variation in
growth is not directly modeled but rather appears in the interaction of repeated occasions by
subjects. Conceptually, the hierarchical model is more in the spirit of the growth-curve analysis.
...
Second, the hierarchical model is generally more flexible in terms of its data requirements
because the repeated observations are viewed as nested within the person rather than the same
fixed set for all persons as in MRM. In an hierarchical model, both the number of observations
per person and the spacing among the observations may vary. The time or age variable may also
be continuous rather than a fixed set of points. Although missing observations can now be

handled in MRM through an application of the EM algorithm (Jennrich & Schluchter 1986), this posses no special problem in hierarchical analysis. Other Level-1 predictors beside age or time also can be incorporated. ... Their effects can be specified as fixed, nonrandomly varying, or random.

Third, the hierarchical model permits flexible specification of the covariance structure among the repeated observations and provides methods for direct hypothesis testing about possible determinants of this structure. This is accomplished through specification of both the structural features of the individual growth in Equation 6.1 and the Level-1 and Level-2 random effects. ...

Fourth, when the restrictive data requirements and assumptions of MRM apply, a hierarchical analysis produces the same point estimates for the fixed effects as in an MRM analysis. The t-ratios computed in the hierarchical analysis are also identical to those obtained using a priori contrasts in MRM. In sum, the results of a hierarchical analysis can be formally related to the MRM model when the MRM conditions apply.

Fifth, the formulation of growth models via the hierarchical approach leads naturally to the study of organizational effects on growth."

Die Überlegenheit des Mehrebenenmodells im Vergleich zur klassischen Varianzanalyse besteht darin, dass es erstens überhaupt die Schätzung von Wachstumsmodellen auf der Personen- und nicht auf der Stichprobenebene ermöglicht. Zweitens setzt es kein balanciertes Design voraus, welches vollständige Daten für alle Personen und alle Messzeitpunkte erfordert. Drittens dürfen die Abstände zwischen den einzelnen Messzeitpunkten im Gegensatz zur Varianzanalyse variieren. Viertens lässt sich im Rahmen des Mehrebenenmodells die Varianz des personenspezifischen Einstiegsniveaus der Kriteriumsvariablen, ihre lineare sowie ihre quadratische Entwicklungskomponente unmittelbar schätzen und somit auch testen. Fünftens lässt sich die Varianz dieser personenspezifischen Regressionsparameter wiederum aus den Merkmalen der Person erklären.

Bei der Wiederholungsmessung unterscheiden wir zwischen dem kontinuierlichen Zeitverlauf und den diskreten Messzeitpunkten. Bei erstem schätzen wir ein Wachstumsmodell pro Individuum, wobei wir davon ausgehen, dass die Veränderung der Kriteriumsvariablen unmittelbar davon abhängt, wie viel Zeit zwischen zwei aufeinander folgenden Messzeitpunkten verstrichen ist. Diese Veränderung ist folglich eine direkte Funktion der dazwischen liegenden Zeitdifferenz. Ein Beispiel hierfür ist die Gewichtszunahme von Säuglingen in Abhängigkeit von ihrem Lebensalter. Jeder Säugling hat eine individuelle Zeitachse, deren Nullpunkt sein Geburtstag bildet. Die Gewichtszunahme zwischen zwei aufeinander folgenden Messzeitpunkten hängt davon ab, wie viel Zeit zwischen ihnen verstrichen ist. Bei diskreten Messzeitpunkten, wie sie normalerweise in der Evaluationsforschung beim Pretest-Posttest-Design mit einer Experimental- und Kontrollgruppe vorliegen, interessiert allein die durch Intervention bewirkte Veränderung der Kriteriumsvariablen, ohne dass eine spezifische Hypothese zur zeitlichen Abhängigkeit des untersuchten Phänomens vorliegt. In diesem Fall genügt es, die Abfolge der Messzeitpunkte beginnend mit Null aufsteigend mit ganzzahligen Werten zu kodieren.

6.1   Die Schätzung von Wachstumsmodellen im Rahmen des Hierarchisch-Linearen Modells

Zu den klassischen Growth-Curve-Modellen der Biostatistik gehören Wachstumsmodelle, welche die zeitliche Abhängigkeit natürlicher Phänomene wie der Gewichtszunahme oder des Knochenwachstums untersuchen. Goldstein (1986) analysierte die Gewichtszunahme von 568 asiatischen Säuglingen in einer britischen Kommune, deren Mütter die städtische Kinderklinik bis zu fünfmal innerhalb von 27 Monaten nach der Geburt aufsuchten. Ursprünglich plante das Forscherteam die Säuglinge sechs Wochen nach der Geburt erstmalig zu wiegen. Wiederholungsmessungen waren für den 8., 12. und 27. Lebensmonat vorgesehen. Da die Mütter nur unregelmäßig zu den Untersuchungsterminen erschienen, unterscheiden sich die Kinder hinsichtlich der Anzahl ihrer Messzeitpunkte und der zwischen ihnen jeweils verstrichenen Zeitspanne. Daher eignen sich diese Daten nicht für die klassische Varianzanalyse mit Messwiederholungen, wie sie im „GLM"-Modul von SPSS implementiert ist.

Die Daten liegen nach eigener Aufbereitung im Wide- und Long-Format für SPSS vor. Als Personenvariable steht nur das Geschlecht des Säuglings zur Verfügung. Weitere Angaben zum Alter der Mutter oder zum Rauchen während der Schwangerschaft enthält der von der Multilevel Projects Group ins Internet gestellte Datensatz leider nicht. Die SPSS-Datendatei „ASIANWIDE.SAV" beinhaltet die in Tabelle 18 dokumentierten Variablen, deren Etiketten, Ausprägungen und gültigen Fallzahlen aufgeführt werden. Für die eigentliche Mehrebenenanalyse benötigen wir das so genannte Long-Format, bei dem die einzelnen Erhebungszeitpunkte unterhalb des Probanden als Level-2-Einheit in aufsteigender Reihenfolge geschachtelt werden. Tabelle 19 dokumentiert die Variablen, die in der SPSS-Datendatei „ASIANLONG.SAV" enthaltenen sind, ihre Kodierung sowie ihre Häufigkeiten. Im Gegensatz zur klassischen Varianzanalyse betrachten wir bei der Mehrebenenanalyse das Geburtsgewicht des Säuglings nicht als Kovariate, deren Effekt konstant zu halten ist, sondern wir fügen das Geburtsgewicht als separate Gewichtsmessung zum Zeitpunkt t_0 in den Datensatz ein.

Tabelle 18:	Variablendokumentation der ASIANWIDE.SAV		
Variable:	Beschreibung:	Kodierung:	n =
v1	Probandennummer	2 – 5020	568
v2t0	Alter zum Messzeitpunkt t0	in Tagen	568
v3t0	Gewicht zum Zeitpunkt t0	in Gramm	568
v2t1	Alter zum Messzeitpunkt t1	in Tagen	568
v3t1	Gewicht zum Zeitpunkt t1	in Gramm	568
v2t2	Alter zum Messzeitpunkt t2	in Tagen	477
v3t2	Gewicht zum Zeitpunkt t2	in Gramm	477
v2t3	Alter zum Messzeitpunkt t3	in Tagen	336
v3t3	Gewicht zum Zeitpunkt t3	in Gramm	336
v2t4	Alter zum Messzeitpunkt t4	in Tagen	167
v3t4	Gewicht zum Zeitpunkt t4	in Gramm	167
v2t5	Alter zum Messzeitpunkt t5	in Tagen	24
v3t5	Gewicht zum Zeitpunkt t5	in Gramm	24
v4	Geburtsgewicht	in Gramm	568
v5	Geschlecht des Säuglings	1) Jungen 2) Mädchen	568
anzmzeit	Anzahl der Messzeitpunkte nach der Geburt	1 – 5	568

Anmerkungen:

Stichprobenumfang: n = 568
Alle fehlenden Angaben sind mit „-1" kodiert worden.

Da für alle Säuglinge gleichermaßen gilt, dass ihre Altersvariable zum Zeitpunkt t_0 einen Wert von Null aufweist, schätzen wir im Zweiebenenmodell mit Hilfe der Konzeption des Random-Intercepts unmittelbar die Varianz des Geburtsgewichts und erklären letztere durch übergeordnete Personenmerkmale. Hierdurch erhöht sich die Anzahl der Wiederholungsmessungen pro Säugling auf ein Maximum von sechs Zeitpunkten.

Tabelle 19:   Variablendokumentation der ASIANLONG.SAV

Variable:	Beschreibung	Kodierung	n =
v1	Probandennummer des Kindes (Pb)	2 – 5020	2140
v2	Alter zum Messzeitpunkt t	in Tagen	2140
v3	Gewicht zum Zeitpunkt t	in Gramm	2140
v4	Geburtsgewicht (Zeitpunkt t_0)	in Gramm	2140
v5	Geschlecht des Säuglings	1) Jungen 2) Mädchen	2140
anzmzeit	Anzahl der Messzeitpunkte des Pbs insgesamt	1 – 6	2140
v2square	Quadriertes Alter zu t	in Tagen^2	2140
boy	Jungen vs. Mädchen	1) Jungen 0) Mädchen	2140
girl	Mädchen vs. Jungen	1) Mädchen 0) Jungen	2140

Anmerkungen:

Anzahl der Probanden: n = 568
Anzahl der Messungen: k = 2.140

6.1.1   Explorative Analysen der Gewichtszunahme von Säuglingen

Um einen Einblick in die Zeitabhängigkeit der Gewichtszunahme der untersuchten Säuglingen zu erhalten, führen wir zunächst explorative Analysen durch. Hierbei richtet sich unser Augenmerk sowohl auf den allgemeinen Trend der untersuchten Population als auch auf die individuelle Gewichtszunahme. Zunächst betrachten wir die Mediane des Gewichts zu allen sechs Messzeitpunkten, wobei der erste von ihnen das Geburtsgewicht erfasst. Anschließend sehen wir uns die Variabilität der Messzeitpunkte der Altersvariablen an, um einen Eindruck von deren individueller

Streuung zu erhalten. Der Verlauf der mittleren Säuglingsgewichte in Abbildung 80 legt den Schluss nahe, dass es sich bei der Gewichtszunahme um einen nicht-linearen Prozess handelt, der einen quadratischen Term als Dämpfungskomponente erfordert. Gleichzeitig zeigen die Box-Plots, dass eine erhebliche individuelle Streuung vorhanden ist. Dieser parabelförmige Prozess der Gewichtszunahme gilt gleichermaßen für Jungen und Mädchen. Zwar unterscheiden sich beide Gruppen augenscheinlich nicht im Hinblick auf ihr mittleres Geburtsgewicht, die Jungen scheinen aber schneller an Gewicht zuzunehmen als die Mädchen, wie Abbildung 80 ebenfalls verdeutlicht.

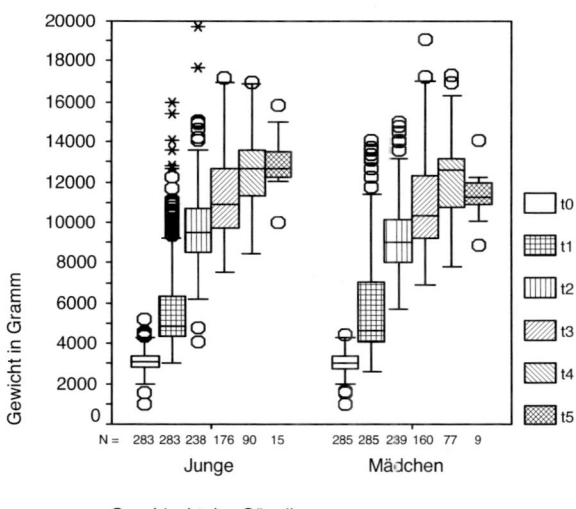

Abb. 80: Geschlechtsspezifische Wachstumskurven der Gewichtszunahme in Abhängigkeit vom Messzeitpunkt (n=568)

Die Abbildungen 80 und 81 zeigen zweierlei. Zum einen liegen nur für die beiden ersten Zeitpunkte Messungen für alle 568 Säuglinge vor. Ab dem dritten Zeitpunkt, bei dem die Gewichtsmessung im 8. Lebensmonat erfolgen sollte, verringert sich die Anzahl der untersuchten Säuglinge kontinuierlich von 477 auf 24 im 27. Lebensmonat. Zum anderen weist das Alter der untersuchten Säuglinge am vierten Messzeitpunkt (t_3) die größte Schwankungsbreite auf, wobei die beiden mittleren

Altersquartile vom ersten bis zum dritten Lebensjahr reichen. Daher eignen sich diese Daten nicht für eine am festen Design orientierte Varianzanalyse mit Messwiederholungen in konstanten Zeitabständen.

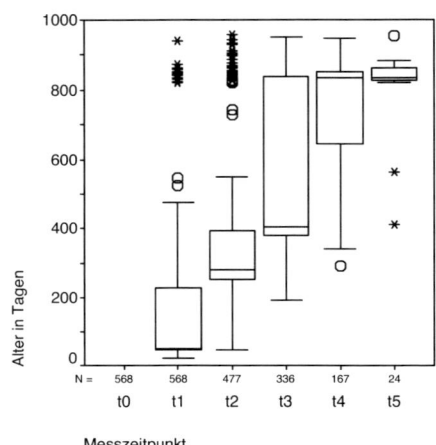

Abb. 81:   Alter in Abhängigkeit vom Messzeitpunkt
           (n=568)

Einen ersten analytischen Zugang eröffnet ein bivariates Streudiagramm, bei dem wir das Gewicht auf der Y-Achse und das Lebensalters auf der X-Achse abtragen. Hierbei ignorieren wir zunächst die hierarchische Datenstruktur der in der Person geschachtelten Messzeitpunkte, wodurch wir die personenspezifische Hetereoskedastizität deutlich unterschätzen. Im Rahmen unserer explorativen Datenanalyse tragen wir in Abbildung 82 zusätzlich die Geschlechtergruppen ein und führen eine quadratische Anpassung durch. Im Vergleich zum linearen Regressionsmodell verbessert sich die Varianzaufklärung des Säuglingsgewichts durch das Alter von rd. 84,32 % auf 92,11 %. Eine genauere Betrachtung zeigt aber, dass unser quadratisches Wachstumsmodell nur für die ersten drei Lebensjahre anwendbar ist, da nach dem Erreichen des Maximalgewichts im Alter von 3 Jahren eine Gewichtsabnahme vorhergesagt wird.

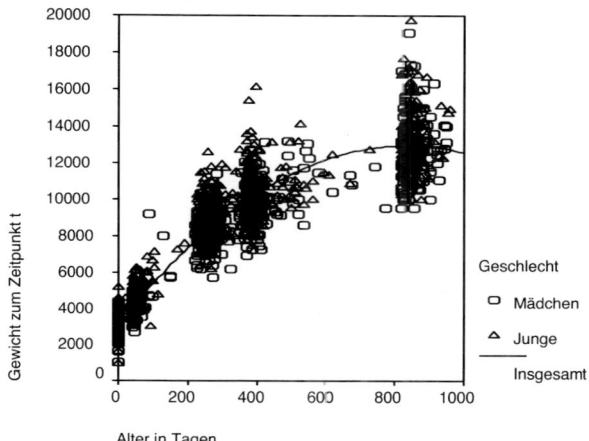

Abb. 82:   *Gepoolte Kleinste-Quadrate-Regression des Säuglingsgewichts*
             auf Lebensalter und Geschlecht mit quadratischer Anpassung
             (n = 2.140 Messungen; R^2 = 92,11 %)

6.1.2   Die Mehrebenenanalyse der Gewichtszunahme von Säuglingen

Für die Analyse der Wachstumskurve der Gewichtszunahme benötigen wir eine
hierarchische Datenstruktur, wie sie in der SPSS-Datendatei „ASIANLONG.SAV"
vorliegt. Mit Hilfe der nachfolgenden SPSS-Befehle erstellen wir aus ihr den für
MLA 2.2 benötigten ASCII-Rohdatensatz, der alle diejenigen Säuglinge enthält,
für die mindestens zwei Messwiederholungen im Sinne dreier Messzeitpunkte
vorliegen. Als Dezimaltrenner wählen wir den Punkt, da es sich bei MLA um ein
Programm in englischer Sprache handelt. Die Rohdaten schreiben wir im festen
Fortran-Format heraus, wobei wir die Variablen durch ein Leerzeichen trennen.

```
GET  FILE='D:\multilev\spss\asianlong.sav'.
SELECT IF (anzmzeit gt 2).
FREQUENCIES /VARIABLES=anzmzeit.
SET DECIMAL=DOT.
WRITE OUTFILE='d:\multilev\mla22\asianneu.dat'
 /1 v1 anzmzeit v3 v2 boy girl v2square (6(F8.2,1X),F10.2).
EXECUTE.
```

Wir erhalten dann den „ASIANNEU.DAT"-Datensatz, mit einer hierarchischen Datenstruktur, bei der die Messwiederholungen innerhalb des Probanden in aufsteigender Reihenfolge geschachtelt werden. Die sieben Spalten entsprechen von links nach rechts den Variablen, die Tabelle 20 auflistet.

Tabelle 20:	*Variablenübersicht des „ASIANNEU.DAT" Datensatzes*	
Var:	SPSS-Bezeichnung	Beschreibung:
V1	CHILDID	Probandenkennung
V2	ANZMZEIT	Anzahl der Messzeitpunkte inklusive Tag der Geburt
V3	V3	Gewicht zum Messzeitpunkt T
V4	V2	Alter zum Messzeitpunkt T (AGE)
V5	boy	Junge vs. Mädchen
V6	girl	Mädchen vs. Junge
V7	v2square	Quadrat des Alters zum Messzeitpunkt T

Anmerkungen:

Anzahl der Personen: 477
Anzahl der Messungen: 1.958

Wir schätzen zunächst mit MLA das Nullmodell, das wir für die Berechnung des Likelihood-Ratio-χ^2-Tests und des Maddala-R^2 benötigen. Danach folgen das Random-Intercept-Only-, das lineare und das Quadratische Wachstumsmodell, für das wir jeweils personenspezifische Regressionskonstanten und Steigungen zulassen. Abschließend führen wir als Level-2-Merkmal das Geschlecht des Säuglings ein, wobei wir davon ausgehen, dass das Geschlecht einen Effekt auf das Geburtsgewicht, den linearen sowie den quadratischen Term im Sinne einer Wechselwirkung zwischen den Ebenen ausübt.

Einen kurzen Einblick in die hierarchische Datenstruktur der im jeweiligen Säugling geschachtelten Messzeitpunkte vermittelt Abbildung 83, die auszugsweise die Rohdaten präsentiert.

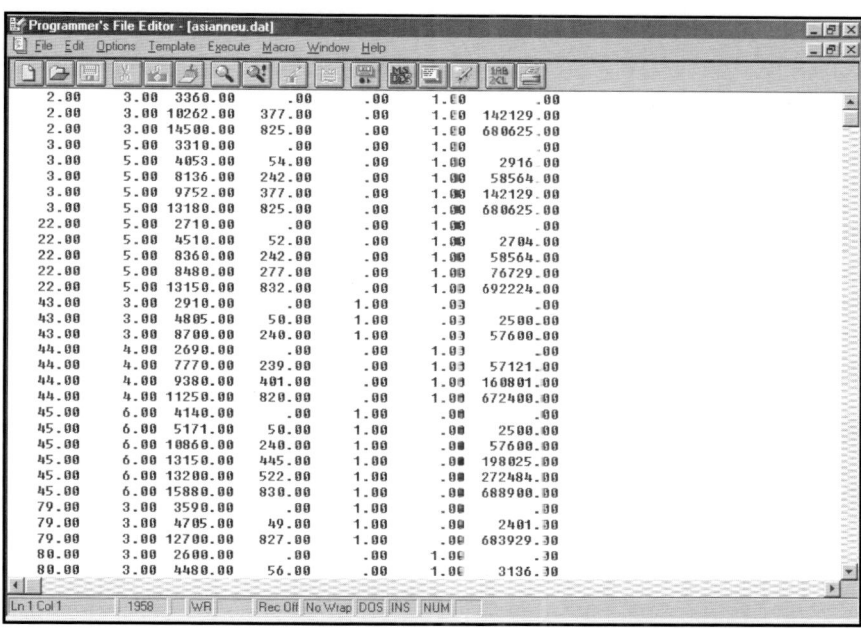

Abb. 83: Auszug aus der ASIANNEU.DAT-Rohdatendatei

6.1.2.1 Die Schätzung des Nullmodells

Für die Schätzung des Nullmodells benötigen wir die folgenden MLA-Befehle:

```
/TITLE
  Growth Curve Estimation of Asian Child weight (Birth weight=t0): M0

/DATA
  file = asianneu.dat
  vars = 7
  id2 = 1

/MODEL
  b0 = g0
  v3 = b0 + e
/END
```

Wir erhalten für das Nullmodell die folgenden FIML-Schätzer.

```
Growth Curve Estimation of Asian Child weight(Birth weight=t0): M0

  Full information maximum likelihood estimates (BFGS)

  Fixed parameters

     Label        Estimate             SE             T        Prob(T)

        G0       7501.314096      85.623404         87.61       0.0000

  Random parameters

     Label        Estimate             SE             T        Prob(T)

        E   14354817.059158   458781.942861         31.29       0.0000

  # iterations = 1
  -2*Log(L)    = 37823.612513
```

Über alle Personen und Messzeitpunkte hinweg erwarten wir im Sinne des Grand-Mean ein Durchschnittsgewicht von rd. 7501,31 Gramm. Die personenspezifischen Residuen erweisen sich mit einem T-Wert von 31,29 als statistisch signifikant.

6.1.2.2   Die Schätzung des Random-Intercept-Only-Modells

Für die Schätzung des Random-Intercept-Only-Modells benötigen wir die folgenden MLA-Befehle:

```
/TITLE
  Growth Curve Estimation of Asian Child weight (Birth weight=t0): RIOM

/DATA
  file = asianneu.dat
  vars = 7
  id2 = 1

/MODEL
  b0 = g0 + u0
  v3 = b0 + e
/END
```

Wir erhalten das folgende MLA-Ausgabeprotokoll für die FIML-Schätzer:

```
Growth Curve Estimation of Asian Child weight(Birth weight=t0): RIOM

Full information maximum likelihood estimates (BFGS)

Fixed parameters

    Label        Estimate              SE              T        Prob(T)

       G0     7501.313969        85.623403          87.61         0.0000

Random parameters

    Label        Estimate              SE              T        Prob(T)

    U0*U0        0.000000    252695.890035           0.00         1.0000

            E14354817.025545    523771.021487          27.41         0.0000

Intra-class correlation = 0.00/(14354817.03+C.00) = 0.0000

# iterations = 7
-2*Log(L)    = 37823.612513
```

Die geschätzte Intraklassenkorrelation ρ ist faktisch Null. In Kombination mit dem Likelihood-Ratio-χ^2-Test bedeutet dies, dass sich die Gewichtsmittelwerte der untersuchten Säuglinge über ihre Messzeitpunkte hinweg nicht signifikant voneinander unterscheiden. Diese Aussage bezieht sich aber nicht auf mögliche Personenunterschiede beim Geburtsgewicht und seiner Zunahme mit steigendem Alter.

(73)   *Berechnung des Likelihood-Ratio-χ^2-Tests für den Vergleich*
         von Random-Intercept-Only- (M_A) und Nullmodell (M_0)

$$L.R.-\chi^2-Pr\ddot{u}fgr\ddot{o}\beta e = -2 * \log L(M_0) - [-2 * \log L(M_A)]$$

$$= 37.823{,}612513 - 37.823{,}612513 = 0{,}0$$

$$F.G.(M_A - M_0) = F.G._{M_A} - F.G._{M_0} = 3 - 2 = 1$$

Kritischer χ^2-Wert ($\alpha = 0{,}05$; F.G.=1) = 3,84

Testentscheidung: $\chi^2_{Pr\ddot{u}f} < \chi^2_{Krit.}$, daher Nullhypothese beibehalten!

6.1.2.3 Die Schätzung des linearen Wachstumsmodells

Wir schätzen zunächst ein lineares Wachstumsmodell, bei dem wir ausdrücklich die personenspezifischen Schwankungen des Geburtsgewicht und seiner altersabhängigen Zunahme berücksichtigen. Hierfür benötigen wir die folgenden Modellgleichungen für die Messungs- und Personenebene. Über den Doppelindex ij bezeichnen wir den Messzeitpunkt i des Säuglings j. Mit der Within-Person-Regression schätzen wir für jeden Säugling ein eigenes lineares Trendmodell, während die Regressionsparameter der Population, die sogenannten Fixed-Effects mit Hilfe der Shrinkage-Estimation der Between-Person-Regression ermittelt werden. Letztere schätzt ebenfalls die Varianzen und Kovarianzen der personenspezifischen Regressionsparameter.

(74)   *Die Gleichungen des Random-Intercept-Random-Slope-Modells 1 der Wiederholungsmessung mit linearem Wachstum*

> *Level/Ebene* **2**: *Between–Person Regression*
>
> **2a)**   *Random–Intercept Model*:
>
> $$b_{0j} = \gamma_{00} + u_{0j}$$
>
> **2b)**   *Random–Slope Model*:
>
> $$b_{1j} = \gamma_{10} + u_{1j}$$
>
> *Level/Ebene* **1**: *Within–Person Regression*
>
> **1)**   *Gewicht*$_{ij} = b_{0j} + b_{1j} * Alter_{ij} + e_{ij}$
>
> *Eingleichungsform*: **(2a)** *und* **(2b)** *in* **(1)**:
>
> $Gewicht_{ij} = \gamma_{00} + \gamma_{10} * Alter_{ij} + u_{1j} * Alter_{ij} + u_{0j} + e_{ij}$
>
> *Interpretation der Residuen der Ebene* **2**:
>
> *in* **2a)** $u_{0j} = b_{0j} - \gamma_{00}$
>
> *in* **2b)** $u_{1j} = b_{1j} - \gamma_{10}$

Hierfür spezifizieren wir mit MLA das zugehörige Random-Intercept-Random-Slope-Modell 1.

```
/TITLE
  Growth Curve Estimation of Asian Child weight (Birth weight=t0): RIRS-M.1

/DATA
  file = asianneu.dat
  vars = 7
  id2 = 1

/MODEL
  b1 = g1 + u1
  b0 = g0 + u0
  v3 = b0 + b1*v4 + e

/END
```

Wir erhalten für das lineare Wachstumsmodell das folgenden MLA-Ausgabe-protokoll:

```
Growth Curve Estimation of Asian Child weight(Birth weight=t0): RIRS-M.1

  Full information maximum likelihood estimates (BFGS)

  Fixed parameters

      Label        Estimate             SE             T        Prob(T)

         G0      4121.006911      42.505863         96.95        0.0000
         G1        11.954846       0.130117         91.88        0.0000

  Random parameters

      Label        Estimate             SE             T        Prob(T)

      U0*U0     38172.070063   64215.327994          0.59        0.5522
      U1*U0       312.363072     140.000136          2.23        0.0257
      U1*U1         2.556075       0.516448          4.95        0.0000

          E   1721197.609944   73658.372231         23.37        0.0000

  Conditional
  intra-class correlation = 38172.07/(1721197.61+38172.07) = 0.0217

  # iterations = 19
  -2*Log(L)    = 34097.054698
```

Mit einer Irrtumswahrscheinlichkeit von weniger als 5 % verwerfen wir die Null-hypothese, dass alle Populationsschätzer und Varianzkomponenten in der Grund-gesamtheit Null sind. Die bedingte Intraklassenkorrelation von rd. 0,022 besagt, dass maximal 2,2 % der Varianz des Geburtsgewichts durch personenspezifische Merkmale der zweiten Ebene erklärbar sind.

(75)   *Berechnung des Likelihood-Ratio-χ^2-Tests für den Vergleich*
             von Alternativ- (M_A) und Nullmodell (M_0)

$$L.R.-\chi^2-Pr\ddot{u}fgr\ddot{o}\beta e = -2*\log L(M_0) - [-2*\log L(M_A)]$$

$$= 37.823,612513 - 34.097,054698 = 3.726,56$$

$$F.G.(M_A-M_0) = F.G._{M_A} - F.G._{M_0} = 6 - 2 = 4$$

Kritischer χ^2-Wert ($\alpha=0,05$; $F.G.=4$) = 9,49

Testentscheidung: $\chi^2_{Pr\ddot{u}f} \geq \chi^2_{Krit.}$, *daher Nullhypothese verwerfen!*

Für die Population asiatischer Säuglinge erwarten wir im linearen Wachstumsmodell ein durchschnittliches Geburtsgewichts von rd. 4121,00 Gramm. Pro Tag nehmen sie im Durchschnitt um rd. 11,95 Gramm zu. Dieser Effekt ist statistisch signifikant, wie der T-Wert von 91,88 belegt. Die Betrachtung der geschätzten Varianzkomponenten zeigt, dass erstens die Varianz der personenspezifischen Regressionskonstanten nicht signifikant von Null verschieden ist, wie der T-Wert von 0,59 zeigt. Dies bedeutet, dass sich die Geburtsgewichte der untersuchten Säuglinge ebenfalls nicht signifikant voneinander unterscheiden. Zweitens ist die Varianz der personenspezifischen Steigungskoeffizienten mit einem Wert von 2,56 signifikant von Null verschieden, wie der T-Wert von 4,95 belegt. Dies bedeutet, dass sich unter der Annahme eines linearen Wachstumsmodells die untersuchten Säuglinge im Hinblick auf ihre tägliche Gewichtszunahme signifikant voneinander unterscheiden. Da die Kovarianz der personenspezifischen Regressionskonstanten und Steigungen ebenfalls signifikant ist, empfiehlt es sich, sie in die zugehörige Korrelation r umzurechnen. Bei ihrer Interpretation haben wir aber zu beachten, dass es sich bei ihnen um die Residuen der zweiten Ebene handelt.

(76)   *Berechnung der Korrelation der personenspezifischen Schätzer b_{0j} und b_{1j}*
             über die Varianzkomponenten u_{0j} und u_{1j}

$$r_{b_{0j},b_{1j}} = \frac{\hat{\sigma}_{u1j,u0j}}{\sqrt{\hat{\sigma}^2_{u0j}}*\sqrt{\hat{\sigma}^2_{u1j}}} = \frac{+312,36}{\sqrt{38.172,07}*\sqrt{2,56}} = +0,9992$$

Liegt das Geburtsgewicht eines Säuglings um 1 Gramm über dem Durchschnitt aller Säuglinge, so wird seine tägliche Gewichtszunahme ebenfalls um 1 Gramm höher ausfallen als dies im Durchschnitt bei allen Säuglingen zu erwarten ist. Dies entspricht der geschätzten Korrelation der Level-2-Residuen u_{0j} und u_{1j} von +1,00. Nur im Random-Intercept-Random-Slope-Modell ist sie identisch mit der Korrelation der personenspezifischen Regressionsparameter b_{0j} und b_{1j}.

(77)   *Die Berechnung des Maximum-Likelihood-R^2 von Maddala (1986)*

$$R^2_{ML} = 1 - \exp\left[\frac{-(L.R.-\chi^2)}{n_{ij}}\right] = 1 - \exp\left[\frac{-(3.726,56)}{1.958}\right]$$

$$= 0,8509 \; oder \; 85,09\%$$

Gemäß dem Maddala-ML-R^2 erklären wir rd. 85,1% der Varianz des Gewichts unserer Säuglinge durch ihre Altersunterschiede und ihre personenspezifischen Wachstumsprozesse.

6.1.2.4   Die Schätzung des quadratischen Wachstumsmodells

Für die Schätzung des quadratischen Wachstumsmodells mit Hilfe des Mehrebenenansatzes benötigen wir das folgende Gleichungssystem:

(78)   *Die Gleichungen des Random-Intercept-Random-Slope-Modells 2 der Wiederholungsmessung mit quadratischem Wachstum*

Level/Ebene 2: Between-Person Regression

2a)   Random-Intercept Model:

$$b_{0j} = \gamma_{00} + u_{0j}$$

2b)   Random-Slope Model: Linearer Term

$$b_{1j} = \gamma_{10} + u_{1j}$$

2c)   Random-Slope Model: Quadratischer Term

$$b_{2j} = \gamma_{20} + u_{2j}$$

Level / Ebene 1: *Within-Person Regression*

1) $Gewicht_{ij} = b_{0j} + b_{1j} * Alter_{ij} + b_{2j} * Alter_{ij}^2 + e_{ij}$

Eingleichungsform: (2a) *und* (2b) *in* (1):

$Gewicht_{ij} = \gamma_{00} + \gamma_{10} * Alter_{ij} + \gamma_{20} * Alter_{ij}^2 + u_{1j} * Alter_{ij} + u_{2j} * Alter_{ij}^2 + u_{0j} + e_{ij}$

Interpretation der Residuen der Ebene 2:

in 2a) $u_{0j} = b_{0j} - \gamma_{00}$
in 2b) $u_{1j} = b_{1j} - \gamma_{10}$
in 2c) $u_{2j} = b_{2j} - \gamma_{20}$

Wir spezifizieren dieses quadratische Wachstumsmodell mit den folgenden MLA-Befehlen:

```
/TITLE
  Growth Curve Estimation of Asian Child weight(Birth weight=t0): RIRS-M.2

/DATA
  file = asianneu.dat
  vars = 7
  id2 = 1

/MODEL
  b2 = g2 + u2
  b1 = g1 + u1
  b0 = g0 + u0
  v3 = b0 + b1*v4 + b2*v7 + e
/END
```

Wir erhalten die folgenden FIML-Schätzer für die Populationsparameter und zugehörigen Varianzkomponenten.

```
Growth Curve Estimation of Asian Child weight(Birth weight=t0): RIRS-M.2

Full information maximum likelihood estimates (BFGS)

Fixed parameters

    Label       Estimate            SE              T          Prob(T)

       G0     3216.875510        23.370543        137.65        0.0000
       G1       23.627422         0.231740        101.96        0.0000
       G2       -0.014417         0.000265        -54.10        0.0000

Random parameters

    Label       Estimate            SE              T          Prob(T)

    U0*U0    92878.341436     18841.262867          4.93        0.0000
    U1*U0      623.929323       125.458378          4.97        0.0000
    U1*U1       15.164640         1.659348          9.14        0.0000
    U2*U0       -0.426895         0.141867         -3.01        0.0026
    U2*U1       -0.014730         0.001818         -8.10        0.0000
    U2*U2        0.000017         0.000002          8.10        0.0000

       E   249522.249135     13271.069478         18.80        0.0000

Conditional
intra-class correlation = 92878.34/(249522.25+92878.34) = 0.2713

# iterations = 25
-2*Log(L)    = 31619.542538
```

(79)   *Berechnung des Likelihood-Ratio-χ^2-Tests für den Vergleich von Alternativ- (M_A) und Nullmodell (M_0)*

$$L.R.-\chi^2-Prüfgröße = -2 * \log L(M_0) - [-2 * \log L(M_A)]$$

$$= 37.823{,}612513 - 31.619{,}542538 = 6.204{,}07$$

$$F.G.(M_A - M_0) = F.G._{M_A} - F.G._{M_0} = 10 - 2 = 8$$

Kritischer χ^2-Wert ($\alpha=0{,}05$; $F.G.=8$) = 15,5

Testentscheidung: $\chi^2_{Prüf} \geq \chi^2_{Krit.}$, daher Nullhypothese verwerfen!

Da wir die Nullhypothese des Likelihood-Ratio-χ^2 zu verwerfen haben, dürfen wir die Ergebnisse unserer Schätzung auf die Grundgesamtheit verallgemeinern.

(80)   *Die Berechnung des Maximum-Likelihood-R^2 von Maddala (1986)*

$$R^2_{ML} = 1 - \exp\left[\frac{-(L.R.-\chi^2)}{n_{ij}}\right] = 1 - \exp\left[\frac{-(6.204,07)}{1.958}\right]$$

$$= 0,9579 \text{ oder } 95,79\%$$

Mit Hilfe der Fixed-Effects und Varianzkomponenten erklären wir rd. 95,79 % der Varianz des Säuglingsgewichts. Wie der bedingten Intraklassenkorrelation zu entnehmen ist, erklärt die Personenidentität rd. 27,13 % der Varianz des Geburtsgewichts. Beide Maßzahlen weisen darauf hin, dass unser quadratisches Wachstumsmodell über eine sehr gute Anpassung verfügt. Im Vergleich zur explorativen Kleinste-Quadrate-Schätzung führt die Zulassung personenspezifischer Regressionsparameter zu einer Verbesserung des Fits um rd. 3,68 %.

Unter der Annahme eines quadratischen Wachstumsmodells beträgt das geschätzte Geburtsgewicht der Säuglinge im Durchschnitt 3.216,88 Gamm. Dieser Schätzwert ist signifikant von Null verschieden, wie der zum *G0*-Koeffizienten gehörende T-Wert von 137,65 belegt. Der zum linearen Altersterm gehörende *G1*-Steigungskoeffizient ist mit einem Wert von +0,2363 ebenfalls statistisch signifikant. Dies gilt ebenfalls für den *G2*-Schätzer des quadratischen Altersterms, der sich ebenfalls mit einer Steigung von -0,014 als statistisch signifikant erweist.

Um die Interpretation der Nichtlinearität des Alterseffekts zu vereinfachen, berechnen wir die Ableitungen der Gewichtszunahme zum Geburtszeitpunkt und jeweils im Alter von 45, 240, 360 und 810 Tagen. Die erwartete durchschnittliche Gewichtszunahme beträgt am ersten Lebenstag rd. 23,63 Gramm. Nach sechs Wochen reduziert sich die erwartete tägliche Gewichtserhöhung im Durchschnitt auf rd. 22,33 Gramm, nach 8 Monaten auf rd. 16,71 Gramm, nach einem Jahr auf rd. 13,25 Gramm sowie nach 27 Monaten auf rd. 0,27 Gramm pro Tag. Von der Kleinste-Quadrate-Schätzung der explorativen Analyse in Abschnitt 6.1.1 weichen die FIML-Schätzer der Fixed-Effects nur geringfügig ab. Ihre geschätzten Standardfehler fallen aber deutlich geringer aus als diejenigen der Kleinste-Quadrate-Schätzung, wodurch wir höhere T-Werte erhalten. Dies bedeutet, dass wir wegen der fehlenden Berücksichtigung der hierarchischen Datenstruktur die Standardfehler bei der Kleinste-Quadrate-Schätzung deutlich überschätzen und damit Gefahr laufen, die Nullhypothese des T-Test vorschnell beizubehalten anstatt sie wahrheitsgemäß zu verwerfen.

(81)   *Ableitung der Zunahme des Säuglingsgewichts nach Alter am Tage x*

$$\frac{d\ Gewicht}{d\ Alter_i} = b_1 + 2 * b_2 * Alter_i$$

$$= +23{,}627 - 2*0{,}014 * Alter_i$$

$$\frac{d\ Gewicht}{d\ Alter = 0\ T.} = +23{,}627 - 2*0{,}014 * 0 = +23{,}627$$

$$\frac{d\ Gewicht}{d\ Alter = 45\ T.} = +23{,}627 - 2*0{,}014 * 45 = +22{,}330$$

$$\frac{d\ Gewicht}{d\ Alter = 240\ T.} = +23{,}627 - 2*0{,}014 * 240 = +16{,}707$$

$$\frac{d\ Gewicht}{d\ Alter = 360\ T.} = +23{,}627 - 2*0{,}014 * 360 = +13{,}247$$

$$\frac{d\ Gewicht}{d\ Alter = 810\ T.} = +23{,}627 - 2*0{,}014 * 810 = +0{,}272$$

Im Vergleich zum linearen Wachstumsmodell zeigt sich bei den Varianzkomponenten, dass die personenspezifischen Regressionskonstanten und Steigungskoeffizienten für den linearen und quadratischen Term in signifikantem Maße von den jeweiligen Populationsschätzern abweichen. Die Varianz des geschätzten Geburtsgewichts der Säuglinge ist mit einem Wert von $U_{0j}^2 = 92.878{,}34$ signifikant von Null verschieden. Dies gilt ebenfalls für die Streuung der personenspezifischen Schätzer des linearen Terms, dessen Varianz $U_{1j}^2 = 15{,}16$ beträgt. Die Varianz der personenspezifischen Schätzer für den quadratischen Term U_{2j}^2 fällt zwar mit einem Wert von $0{,}000016$ sehr gering aus, sie erweist sich aber als statistisch signifikant.

Die geschätzten Kovarianzen der personenspezifischen Regressionskonstanten und zugehörigen Steigungen für den linearen und quadratischen Term erweisen sich ebenfalls als statistisch signifikant. Um ihre Interpretation zu vereinfachen, berechnen wir wiederum die zugehörigen Korrelationen dieser personenspezifischen Parameter.

(82)   *Berechnung der geschätzten Korrelationen der personenspezifischen Schätzer des quadratischen Wachstumsmodell mit Hilfe der zugehörigen Varianzkomponenten*

$$r_{b_{0j},b_{1j}} = \frac{\hat{\sigma}_{u1j,u0j}}{\sqrt{\hat{\sigma}^2_{u0j}} * \sqrt{\hat{\sigma}^2_{u1j}}} = \frac{+623,93}{\sqrt{92.878,34} * \sqrt{15,16}} = +0,5258$$

$$r_{b_{0j},b_{2j}} = \frac{\hat{\sigma}_{u2j,u0j}}{\sqrt{\hat{\sigma}^2_{u0j}} * \sqrt{\hat{\sigma}^2_{u2j}}} = \frac{-0,43}{\sqrt{92.878,34} * \sqrt{0,000017}} = -0,3422$$

$$r_{b_{1j},b_{2j}} = \frac{\hat{\sigma}_{u2j,u1j}}{\sqrt{\hat{\sigma}^2_{u1j}} * \sqrt{\hat{\sigma}^2_{u2j}}} = \frac{-0,015}{\sqrt{15,16} * \sqrt{0,000017}} = -0,9344$$

Da es sich bei den Termen u_{0j}, u_{1j} und u_{2j} um die Residuen der zweiten Ebene handelt, welche die personenspezifische Abweichung vom zugehörigen Populationsschätzer γ_{00}, γ_{10} bzw. γ_{20} erfassen, haben wir dies bei der Interpretation der Korrelationen dieser personenspezifischen Residuen zu berücksichtigen. Die geschätzte Korrelation von +0,53 für u_{0j} und u_{1j} besagt formal gesehen, dass der lineare Term des Alters im Durchschnitt um 0,53 Standardabweichungen ansteigt, wenn das Geburtsgewicht des Säuglings im Vergleich zum Populationsschätzer um eine Standardabweichung zunimmt. Hierbei bezieht sich die Standardabweichung auf die Streuung der personenspezifischen Regressionsparameter, die im Rahmen des Random-Parts als Zufallskoeffizienten geschätzt werden. Daher lässt sich vereinfacht feststellen: Je schwerer der Säugling bei seiner Geburt ist, desto höher fällt der Effekt seines linearen Altersterms aus. Für den personenspezifischen quadratischen Altersterm tritt genau das Gegenteil ein. Wenn sich das Geburtsgewicht des Säuglings im Vergleich zum Populationsschätzer um eine Standardabweichung erhöht, erwarten wir im Durchschnitt eine Reduzierung der personenspezifischen Steigung des quadratischen Terms um 0,34 Standardabweichungen. Inhaltlich gesehen bedeutet dies, dass der altersabhängige Dämpfungseffekt der Gewichtszunahme um so höher ist, je mehr der Säugling bei seiner Geburt gewogen hat. Die geschätzte Korrelation der personenspezifischen Steigungen des linearen und quadratischen Terms von $-0,93$ besagt, dass der Dämpfungseffekt im Durchschnitt um 0,93 Standardabweichung zunimmt, wenn die lineare altersabhängige Gewichtszunahme des Säuglings eine Standardabweichung höher ausfällt als die durch den Fixed-Effect γ_{10} geschätzte der Population.

6.1.2.5 Die Schätzung des quadratischen Wachstumsmodells mit einem Personenmerkmal als Kontextvariable

Nach der Schätzung des quadratischen Wachstumsmodells stellt sich uns die Frage, ob sich die Varianzen seiner personenspezifischen Koeffizienten durch die Merkmale der Probanden erklären lassen. In unserem Fall steht uns lediglich das Geschlecht des Säuglings als Personen- oder Kontextmerkmal zur Verfügung. Im Rahmen des Zweiebenenmodells testen wir daher, ob es geschlechtsspezifische Unterschiede beim Geburtsgewicht, beim linearen und quadratischen Term gibt. Hierbei betrachten wir die Abweichung der Jungen von den Mädchen. Die durchschnittlichen Effekte der Mädchen erfassen die festen Regressionskoeffizienten γ_{00}, γ_{10} und γ_{20}. Die durchschnittliche Abweichung der Jungen ermitteln die Populationsschätzer γ_{01}, γ_{11} und γ_{21}. Für die Spezifizierung des Mehrebenenmodells benötigen wir das folgende Gleichungssystem:

(83)   *Das Zweiebenenmodell der Wiederholungsmessung mit einer Kontextvariablen*

Level / Ebene 2: *Between–Person Regression*

2*a*)   *Intercept–as–Outcome Model: Niveauunterschiede zum Zeitpunkt* T_0

$$b_{0j} = \gamma_{00} + \gamma_{01} * Junge_j + u_{0j}$$

2*b*)   *Slope–as–Outcome Model: Linearer Term des Alters*

$$b_{1j} = \gamma_{10} + \gamma_{11} * Junge_j + u_{1j}$$

2*c*)   *Slope–as–Outcome Model: Quadratischer Term des Alters*

$$b_{2j} = \gamma_{20} + \gamma_{21} * Junge_j + u_{2j}$$

Level / Ebene 1: *Within–Person Regression*:

Wachstumskurve der Person j über ihre Messzeitpunkte i

1) $$Gewicht_{ij} = b_{0j} + b_{1j} * Alter_{ij} + b_{2j} * Alter_{ij}^2 + e_{ij}$$

Interpretation der Residuen der Ebene 2:

in 2a) $u_{0j} = b_{0j} - [\ \gamma_{00} + \gamma_{01} * Junge_j\ ]$

in 2b) $u_{1j} = b_{1j} - [\ \gamma_{10} + \gamma_{11} * Junge_j\ ]$

in 2c) $u_{2j} = b_{2j} - [\ \gamma_{20} + \gamma_{21} * Junge_j\ ]$

Für dieses Zweiebenenmodell der Panelanalyse benötigen wir die folgenden MLA-Befehle:

```
/TITLE
 Growth Curve Estimation of Asian Child weight(Birth weight=t0): RCM. 1
/DATA
 file = asianneu.dat
 vars = 7
 id2 = 1
/MODEL
 b2 = g20 + g21*v5 + u2
 b1 = g10 + g11*v5 + u1
 b0 = g0 + g1*v5 + u0
 v3 = b0 + b1*v4 + b2*v7 + e
/END
```

Wir erhalten die nachfolgenden FIML-Koeffizienten für die Populationsschätzer und die Varianzkomponenten, wobei wir zunächst die Modellanpassung aus statistischer und praktischer Sicht betrachten.

(84)   *Berechnung des Likelihood-Ratio-χ^2-Tests für den Vergleich von Alternativ- (M_A) und Nullmodell (M_0)*

$L.R.\text{-}\chi^2\text{-}Prüfgröße = -2 * \log L(M_0) - [-2 * \log L(M_A)]$

$= 37.823{,}612513 - 31.578{,}873246 = 6.244{,}74$

$F.G.(M_A - M_0) = F.G._{\cdot M_A} - F.G._{\cdot M_0} = 13 - 2 = 11$

Kritischer $\chi^2\text{-}Wert$ ($\alpha = 0{,}05$; $F.G. = 11$) $= 19{,}7$

Testentscheidung: $\chi^2_{Prüf} \geq \chi^2_{Krit.}$, *daher Nullhypothese verwerfen!*

Da wir die Nullhypothese des L.R.-χ^2-Tests verwerfen, dürfen wir den Stichprobenbefund auf die Grundgesamtheit verallgemeinern. Die Güte der Modellanpassung bestimmen wir mit Hilfe des von Maddala entwickelten Maximum-Likelihood-R^2.

(85) *Die Berechnung des Maximum-Likelihood-R^2 von Maddala (1986)*

$$R^2_{ML} = 1 - \exp\left[\frac{-(L.R.-\chi^2)}{n_{ij}}\right] = 1 - \exp\left[\frac{-(6.244,74)}{1.958}\right]$$

$$= 0,9588 \ oder \ 95,88\%$$

Mit Hilfe des quadratischen Wachstumsmodells und des Geschlechts erklären wir rd. 95,88 % der Gesamtvarianz des gemessenen Säuglingsgewichts. Gemäß dem Likelihood-Ratio-χ^2-Test ist die erzielte Varianzaufklärung signifikant von Null verschieden und gilt somit für die Grundgesamtheit.

```
Growth Curve Estimation of Asian Child weight(Birth weight=t0): RCM.1

   Full information maximum likelihood estimates (BFGS)

   Fixed parameters

      Label      Estimate           SE             T        Prob(T)

         G0    3168.894057     32.976851         96.09       0.0000
         G1      97.734248     46.508645          2.10       0.0356
        G10      22.307086      0.316082         70.57       0.0000
        G11       2.627599      0.446251          5.89       0.0000
        G20      -0.013072      0.000365        -35.79       0.0000
        G21      -0.002677      0.000516         -5.19       0.0000

   Random parameters

      Label      Estimate           SE             T        Prob(T)

      U0*U0   90103.270563  18691.434027          4.82       0.0000
      U1*U0     561.163016    121.068383          4.64       0.0000
      U1*U1      13.401544      1.543500          8.68       0.0000
      U2*U0      -0.359696      0.137491         -2.62       0.0089
      U2*U1      -0.012881      0.001694         -7.60       0.0000
      U2*U2       0.000015      0.000002          7.67       0.0000

          E  249947.461830  13282.008424         18.82       0.0000

   Conditional intra-class
   correlation        = 90103.27/(249947.46+90103.27) = 0.2650

   # iterations = 27
   -2*Log(L)    = 31578.873246
```

Die geschätzte bedingte Intraklassenkorrelation eignet sich nicht mehr zur Bestimmung des Modellfits, da es sich bei den Varianzkomponenten nunmehr um echte Residuen auf der Personenebene handelt. Sie erfassen nur noch denjenigen Teil der Varianz des personenspezifischen Effekts, der nicht durch den Geschlechtsunterschied erklärt werden kann.

Um die Interpretation der FIML-Koeffizienten zu erleichtern, übertragen wir sie in das Gleichungssystem des Zweiebenenmodells. Effekte, die mindestens auf dem 5-%-Niveau signifikant sind, kennzeichnen wir mit einem Sternchen („*").

(86)   *Das Gleichungen des Zweiebenenmodells der Wiederholungsmessung mit einer Kontextvariablen und den geschätzten „festen" Regressionskoeffizienten*

Level/Ebene **2**: *Between-Person Regression*

2a) *Intercept-as-Outcome Model: Niveauunterschiede zum Geburtszeitpunkt*

$$b_{0j} = 3.168{,}89^{*)} + 97{,}73^{*)} * Junge_j + u_{0j}$$

2b) *Slope-as-Outcome Model: Linearer Term des Alters*

$$b_{1j} = + 22{,}31^{*)} + 2{,}63^{*)} * Junge_j + u_{1j}$$

2c) *Slope-as-Outcome Model: Quadratischer Term des Alters*

$$b_{2j} = - 0{,}013^{*)} - 0{,}003^{*)} * Junge_j + u_{2j}$$

Level/Ebene **1**: *Within-Person Regression: Wachstumskurve der Person j*

1) $Gewicht_{ij} = b_{0j} + b_{1j} * Alter_{ij} + b_{2j} * Alter_{ij}^2 + e_{ij}$

Das durchschnittliche Geburtsgewicht der Mädchen beträgt rd. 3.168,89 Gramm, wobei der zugehörige $G0$-Schätzer mit einem T-Wert von 96,09 signifikant ist. Beim Geburtsgewicht beträgt die geschätzte durchschnittliche Abweichung der Jungen rd. + 97,73 Gramm. Dieser von $G1$ erfasste Geschlechtseffekt ist ebenfalls signifikant von Null verschieden. Bei den Mädchen beträgt der Effekt der Gewichtszunahme beim linearen Altersterm im Durchschnitt +22,31 Gramm pro Tag, wobei der $G10$-Schätzer ebenfalls signifikant ist. Hingegen liegt der Effekt des linearen Terms bei den Jungen um 2,63 Gramm höher als bei den Mädchen. Diese geschlechtsspezifische Abweichung, die der $G11$-Koeffizient erfasst, ist ebenfalls statistisch signifikant. Der geschätzte Dämpfungseffekt des quadratischen Altersterms beträgt bei den Mädchen rd. -0,013 Gramm pro Tag, wobei der zugehörige

G20-Schätzer ebenfalls signifikant ist. Bei den Jungen fällt der Dämpfungseffekt in signifikantem Maße sogar um $-0{,}003$ Gramm pro Tag stärker aus, wie der zugehörige *G21*-Koeffizient zeigt.

Diese geschlechtsspezifischen Unterschiede der Gewichtszunahme veranschaulichen wir uns, indem wir zunächst die vorhergesagten Körpergewichte der Mädchen und Jungen an den angestreben Erhebungszeitpunkten betrachten. Anschließend bestimmen wir mit Hilfe der Ableitung die vorhergesagte Zunahme des Körpergewichts beider Geschlechtergruppen.

Um den geschlechtsspezifischen Wachstumsprozess zu veranschaulichen, enthält Abbildung 84 zusätzlich die geschätzten quadratischen Anpassungsfunktionen für die beiden Geschlechtergruppen.

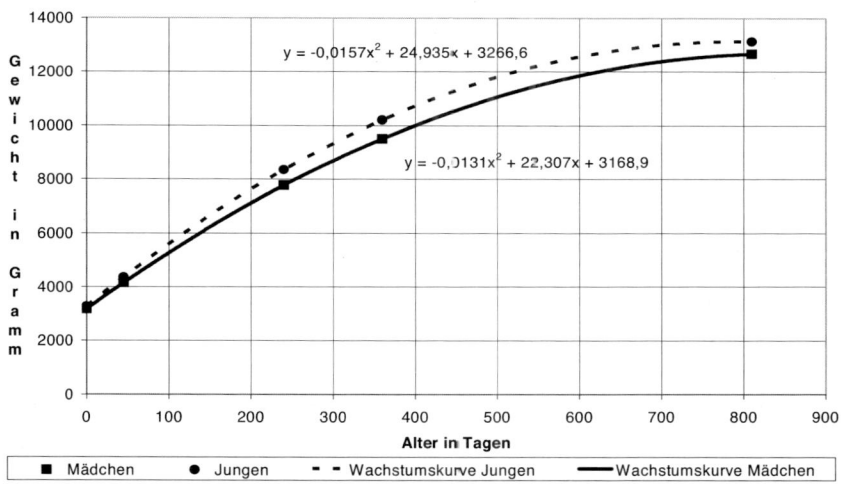

Abb. 84:   *Geschätzte quadratische Wachstumskurven der täglichen Gewichtszunahme in Gramm für Mädchen und Jungen (Fixed-Effects)*

Der Verlauf der altersabhängigen Gewichtszunahme zeigt, dass die untersuchten Jungen mit einem höheren Geburtsgewicht und einer höheren täglichen Gewichtszunahme als die Mädchen starten. Gleichzeitig wirkt bei ihnen der altersabhängige Dämpfungseffekt stärker als bei den Mädchen. Dies zeichnet sich deutlicher ab, wenn wir die Ableitungen für beide Geschlechtergruppen betrachten.

(87)   *Ableitung des Säuglingsgewichts nach Alter am Tage x für die Mädchen*

$$\frac{d\ Gewicht}{d\ Alter_i} = \gamma_{10} + 2 * \gamma_{20} * Alter_i$$

$$= +22{,}307 - 2*0{,}013 * Alter_i$$

$$\frac{d\ Gewicht}{d\ Alter= 0\ T.} = +22{,}307 - 2*0{,}013*0 = +22{,}307$$

$$\frac{d\ Gewicht}{d\ Alter=45\ T.} = +22{,}307 - 2*0{,}013*45 = +21{,}131$$

$$\frac{d\ Gewicht}{d\ Alter= 240\ T.} = +22{,}307 - 2*0{,}013*240 = +16{,}033$$

$$\frac{d\ Gewicht}{d\ Alter= 360\ T.} = +22{,}307 - 2*0{,}013*360 = +12{,}895$$

$$\frac{d\ Gewicht}{d\ Alter= 810\ T.} = +22{,}307 - 2*0{,}013*810 = +1{,}130$$

(88)   *Ableitung des Säuglingsgewichts nach Alter am Tage x für die Jungen*

$$\frac{d\ Gewicht}{d\ Alter_i} = (\gamma_{10} + \gamma_{11} * Junge_j) + 2*(\gamma_{20} + \gamma_{21} * Junge_j) * Alter_i$$

$$= (+22{,}307 + 2{,}628) + 2*(-0{,}0131 - 0{,}0027) * Alter_i$$

$$\frac{d\ Gewicht}{d\ Alter= 0\ T.} = (+22{,}307 + 2{,}628) + 2*(-0{,}0131 - 0{,}0027)*0 = +24{,}935$$

$$\frac{d\ Gewicht}{d\ Alter=45\ T.} = (+22{,}307 + 2{,}628) + 2*(-0{,}0131 - 0{,}0027)*45 = +23{,}517$$

$$\frac{d\ Gewicht}{d\ Alter= 240\ T.} = (+22{,}307 + 2{,}628) + 2*(-0{,}0131 - 0{,}0027)*240 = +17{,}375$$

$$\frac{d\ Gewicht}{d\ Alter= 360\ T.} = (+22{,}307 + 2{,}628) + 2*(-0{,}0131 - 0{,}0027)*360 = +13{,}595$$

$$\frac{d\ Gewicht}{d\ Alter= 810\ T.} = (+22{,}307 + 2{,}628) + 2*(-0{,}0131 - 0{,}0027)*810 = -0{,}578695$$

Der Vergleich der Ableitungen des Alterseffekts der beiden Geschlechtergruppen an den beabsichtigten Erhebungszeitpunkten zeigt, dass die tägliche Gewichtszunahme der Jungen im ersten Lebensjahr deutlich höher ausfällt als diejenige der Mädchen. Bis zum 27. Monat führt die Dämpfungskomponente dazu, dass die Gewichtszunahme bei den Jungen sogar im negativen Bereich verläuft, während die Mädchen schätzungsweise noch 1,23 Gramm pro Tag zunehmen. Aufgrund der prognostizierten negativen Gewichtszunahme bei den Jungen und der bereits absehbaren der Mädchen beschränkt sich der Anwendungsbereich unseres quadratischen Wachstumsmodells sinnvollerweise nur auf das erste Lebensjahr der untersuchten Säuglinge.

(89) *Berechnung des Bryk-Raudenbush-R^2 für die Personenebene (Level-2)*

$$Bryk\text{-}Raudenbush\text{-}R^2{}_{Level\ 2} = \frac{\hat{\sigma}^2_{u_{kj}}(M_{RIRS}) - \hat{\sigma}^2_{u_{kj}}(M_{Random\ Coefficient})}{\hat{\sigma}^2_{u_{kj}}(M_{PIRS})}$$

$$Level\ 2\text{-}PRE\text{-}R^2\ (b_{0j}) = \frac{92.878{,}34 - 90.103{,}27}{92.878{,}34} = \frac{2.775{,}07}{92.878{,}34} = 0{,}0299 * 100$$

$$= 2{,}99\%$$

$$Level\ 2\text{-}PRE\text{-}R^2\ (b_{1j}) = \frac{15{,}16 - 13{,}40}{15{,}16} = \frac{1{,}76}{15{,}16} = 0{,}1161 * 100$$

$$= 11{,}61\%$$

$$Level\ 2\text{-}PRE\text{-}R^2\ (b_{2j}) = \frac{0{,}000017 - 0{,}000015}{0{,}000017} = \frac{0{,}000002}{0{,}000017} = 0{,}1176 * 100$$

$$= 11{,}76\%$$

Legende:

$\hat{\sigma}^2_{u_{kj}}$:   *Geschätzte Varianz der Residuen des kontextspezifischen Regressionsparameters b_{kj}*

$M_{Random\ Coefficient}$:   *Random-Coefficient-Modell mit Junge als Personenmerkmal*

M_{RIRS}:   *Random-Intercept-Random-Slope-Modell*

Um die praktische Signifikanz des Geschlechts als Personenmerkmal für die Vorhersage der Komponenten der personenspezifischen Wachstumskurven zu ermitteln, haben wir erneut das Bryk-Raudenbush-PRE-R^2 für die drei personenspezifischen Regressionsparameter berechnet. Wir ermitteln es ebenfalls für die erste Ebene, welche die Binnenvarianz der Gewichtsmessungen i innerhalb der Person j erfasst.

(90)   *Berechnung des Bryk-&-Raudenbush-R^2 für die Ebene 1*
             (Gewichtsmessung i der Person j)

$$Level\ 1-PRE-R^2 = \frac{\hat{o}^2_{e_{ij}}(M_{ANOVA}) - \hat{o}^2_{e_{ij}}(M_{Random\ Coefficient})}{\hat{o}^2_{e_{ij}}(M_{ANOVA})}$$

$$= \frac{14.354.817,03 - 249.947,46}{14.354.817,03} = \frac{14.104.869,57}{14.354.817,03} = 0,9826 * 100$$

$$= 98,26\%$$

Legende:

$\hat{o}^2_{e_{ij}}$:	*Geschätzte Varianz der Residuen der Binnenregression*
M_{ANOVA}:	*Random-Intercept-Only-Modell*
$M_{Random\ Coefficient}$:	*Zufallskoeffizientenmodell mit Junge als Personenmerkmal*

Die Betrachtung des jeweiligen Bryk-Raudebush-PRE-R^2 für die personenspezifischen Regressionskonstanten und Steigungskoeffizienten führt zu einer deutlichen Ernüchterung. Trotz vorhandener statistischer Signifikanz erklärt der Geschlechterunterschied nur rd. 2,99 % der Varianz des geschätzten Geburtsgewichts. Bei den personenspezifischen Steigungskoeffizienten der linearen und quadratischen Alterskomponente liegt die Varianzaufklärung bei rd. 11,61 bzw. 11,76 %. Dies bedeutet, dass der Geschlechtsunterschied nur in unzureichendem Maße die Variabilität der individuellen Wachstumskurven erklärt. Wir benötigen folglich weitere personenspezifische Erklärungsfaktoren, die im Datensatz leider nicht zur Verfügung stehen. Hingegen zeichnet sich bei der Aufklärung der Binnenvarianz ein völlig konträres Bild ab. Wir erklären rd. 98,26 % der Varianz der Gewichtsmessung durch die Altersunterschiede des betrachteten Säuglings. Damit kommen wir zu dem offensichtlichen Befund, dass die individuelle Gewichtszunahme im hohen Maße vom Lebensalter des untersuchten Säuglings abhängig ist.

6.2 Die Analyse von Einstellungsänderungen im Rahmen des Mehrebenenmodells

Beim „ABORTION.SAV"-Datensatzes handelt es sich um eine Panelteilstudie des British-Social-Attitudes-(BSA)-Survey. Im ersten Erhebungsjahr 1983 wurden 1.750 Personen über 18 Jahre interviewt, die in Privathaushalten lebten. Die Stichprobenziehung erfolgte mehrstufig, wobei auf der ersten Ebene Wahlbezirke proportional zur Verteilung der Wählerschaft gezogen wurden. Innerhalb dieser Wahlbezirke wurden Stimmbezirke ausgewählt, die wiederum als Ziehungsgrundlage für die Adressen der Zielhaushalte dienten. Im Zielhaushalt selbst wählten die Interviewer die Befragten dann mit Hilfe des „Schwedenschlüssels" bzw. des „Geburtstagsprinzips" aus. Jeweils in Jahresabständen wurden 410 Probanden 1984, 1985 und 1986 erneut mit demselben Erhebungsinstrument befragt. Nur 264 Probanden haben alle Fragen zu allen vier Erhebungszeitpunkten beantwortet. Es liegen daher insgesamt 1056 Messungen vor. Im Datensatz unterscheiden wir die drei Ebenen des Wahlbezirkes ($k=54$), der befragten Person ($j=264$) sowie ihrer Messung zum Zeitpunkt t ($i=4$). Dies entspricht der folgenden Dreiebenenstruktur.

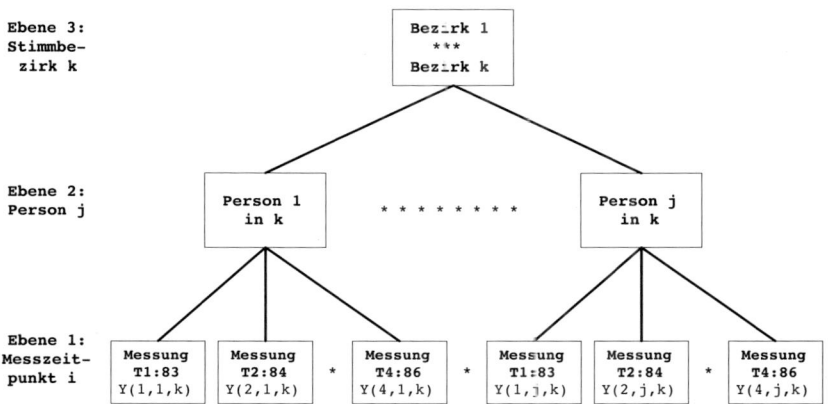

Abb. 85: Dreiebenenstruktur der Panelstudie des British-Social-Attitude-Surveys 1983-86

Als abhängige Variable erhoben die Forscher die Einstellung des Befragten zur Abtreibung. Sie operationalisierten die Einstellung zur Abtreibung über die folgende Frage:

„Here are a number of circumstances in which a woman might consider an abortion. Please say whether or not you think that law should allow an abortion in each case.
Should abortion be allowed?

(1)   The woman decides on her own she does not wish to have the child.
(2)   The couple agree they do not wish to have the child.
(3)   The woman is not married and does not wish to marry the man.
(4)   The couple cannot afford any more children.
(5)   There is a strong chance of a defect in the baby.
(6)   The woman's health is seriously endangered by the pregnancy.
(7)   The woman became pregnant as a result of rape." (Wiggins et al. 1991: 226)

Die Forscher bildeten ihre Abtreibungsskala, indem sie pro Befragten die „Ja"-Antworten über alle sieben Items addierten. Ein Punktwert von Null entspricht somit einer völligen Ablehnung der Abtreibung. Ein Punktwert von Sieben deckt sich mit der völligen Zustimmung zur Abtreibung. Für alle vier Erhebungszeitpunkte bildeten die Forscher pro Befragten die entsprechenden Skalenwerte. Hierbei setzen sie voraus, dass alle sieben Items jeweils verläßlich und gültig ihre Zieldimension zu allen vier Messzeitpunkten maßen. Ihr Hauptinteresse galt der Untersuchung der folgenden vier inhaltlichen Fragestellungen:

„Our primary aim is methodological, but our secondary aims are to discover

(i)   any systematic shifts in scores for attitude to abortion over four years;
(ii)   any associations between the score and the socio-demographic characteristics (such as age, sex and religion) of a respondent;
(iii) any associations between the score and socio-demographic characteristics (constant or variable over time) of a respondent;
(iv)   whether (after making appropriate allowances for any systematic changes) respondents' scores for attitude to abortion can be regarded as reasonably stable over time." (a.a.O.)

Die Forscher haben die folgenden exogenen Merkmale erhoben, die im Datensatz „ABORTION.SAV" im langen Format enthalten sind.

Tabelle 21: *Variablenübersicht des British Social Attitude Survey 1983-86*

Variable:	Bedeutung:	Ausprägungen:	Zeitabhängigkeit:
DISTRICT	Stimmbezirkskennung	Nr. 1 – 54	T1: 1983
PROBNR	Probandennummer	39 – 3388	T1: 1983
YEAR	Erhebungsjahr	1) 1983 3) 1985 2) 1984 4) 1986	
ABORTION	Einstellung zur Abtreibung	0) Völlige Ablehnung 7) Zustimmung bei allen 7 Gründen	T1, T2, T3, T4
PARTY	Parteipräferenz des Befragten	1) Konservative Partei 2) Labour Partei 3) Liberal/SDP 4) andere 5) keine	T1, T2, T3, T4
SOCCLASS	Subjektive Schichteinstufung	1) Mittelschicht 2) Arbeiterschicht 3) Unterschicht	T1, T2, T3, T4
GENDER	Geschlecht des Befragten	1) Mann 2) Frau	T1: 1983
AGE	Alter des Befragten	18 – 80 Jahre	T1: 1983
RELIGION	Religionszugehörigkeit	1) Katholisch 2) Church of England 3) andere 4) keine	T1: 1983
AGEGROUP	Altersgruppen	1) 18 – 30 J. 2) 31 – 40 J. 3) 41 – 55 J. 4) 56 – 80 J.	T1: 1983
TIME	Erhebungszeitpunkt: Diskret	0) 1983 2) 1985 1) 1984 3) 1986	

6.2.1   Explorative Analysen zur Einstellung gegenüber der Abtreibung

Wir betrachten zunächst die Einstellungsunterschiede der Befragten in den einzelnen Stimmbezirken. Hierzu erstellen wir einen Box-Plot, wobei wir die Einstellungsscores der Befragten jahrgangsübergreifend betrachten. In den Stimmbezirken zeichnet sich eine erhebliche Variabilität der Einstellung ab, wenn wir den Verlauf der jahrgangsübergreifenden Mediane verfolgen.

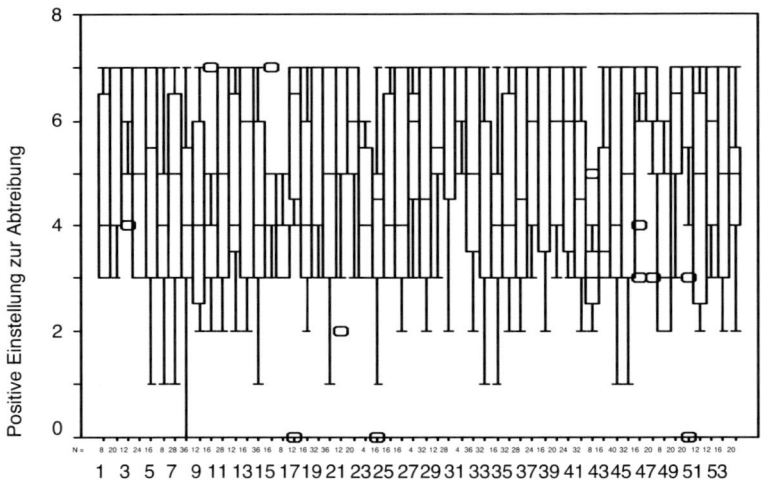

Abb. 86:   Einstellung zur Abtreibung auf Stimmbezirke 1983-86
(256 Befragte des BSA mit jeweils 4 Messungen)

Wir betrachten weiterhin die Abhängigkeit der Einstellung der Befragten zur Abtreibung von ihrer Konfessionszugehörigkeit, Parteipräferenz und subjektiven Schichteinstufung. Die explorative Analyse hat hierbei ergeben, dass am stärksten Konfessionslose und Anglikaner die Abtreibung befürworten. Hingegen lehnen sie Katholiken und Angehörige anderer Konfessionen eher ab. Die Anhänger etablierter Parteien sowie Parteilose befürworten gleichermaßen die Abtreibung. Nur die Angehörigen anderer Parteien lehnen sie eher ab. Vor allem Angehörige der Mittelschicht haben eine positive Einstellung zur Abtreibung, während Facharbeiter und Unterschichtsangehörige ihr eher skeptisch gegenüber stehen. Hingegen befürworten Männer eher die Abtreibung als Frauen. Von den betrachteten Altersgruppen weisen nur die 31- bis 40-Jährigen eine positive Einstellung zur Abtreibung auf. Entgegen üblichen Erwartungen unterscheiden sich die 18- bis 30-Jährigen nicht von den 41- bis 80-Jährigen Befragten. Betrachten wir die Geschlechterunterschiede der Altersgruppen genauer, so zeichnet sich ab, dass nur die Männer der beiden oberen Altersquartile die Abtreibung stärker befürworten als gleichaltrige Frauen.

Es drängt sich ebenfalls die Frage auf, wie stabil die beschriebenen Einstellungsunterschiede der Befragten von 1983 bis 1986 eigentlich sind. Dies überprüfen wir zunächst bivariat anhand eines Box-Plots, der jeweils die mittleren Einstellungsscores der Erhebungsjahre darstellt.

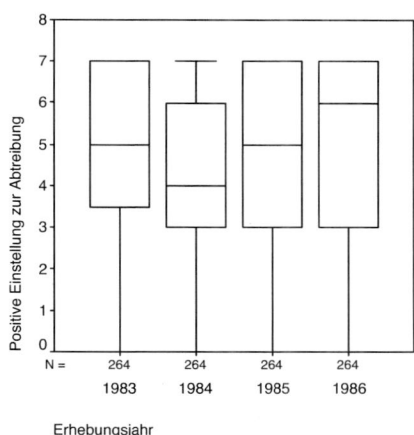

Abb. 87:   Einstellung zur Abtreibung auf
Erhebungsjahre des BSA (n=256)

Von 1983 auf 1984 nahm die Befürwortung deutlich ab, um danach über das Niveau von 1983 anzusteigen. Dies entspricht einem parabelförmigen Funktionsverlauf, der mit Hilfe eines zusätzlichen quadratischen Terms der Zeit geschätzt werden kann.

Einblick in die zeitliche Variabilität der betrachteten bivariaten Effekte erhalten wir, wenn wir die Erhebungsjahre getrennt betrachten. Hierzu benötigen wir die SPSS-Datendatei „ABORTIONWIDE.SAV", welche die Variablen der BSA-Studie im Wide-Format enthält. Wir fordern im Grafik-Hauptmenü einen Box-Plot an, bei dem die Auswertung über verschiedene Variablen gleichzeitig in gruppierter Form erfolgt.

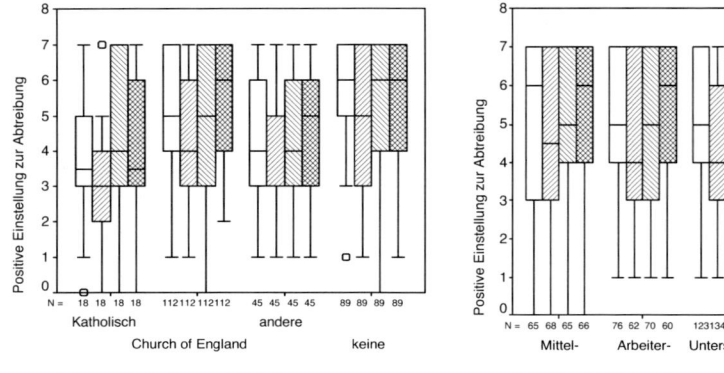

Abb. 88: Einstellung zur Abtreibung auf
Konfessionszugehörigkeit 1983

Abb. 89: Einstellung zur Abtreibung auf
subjektive Schichteinstufung 1983

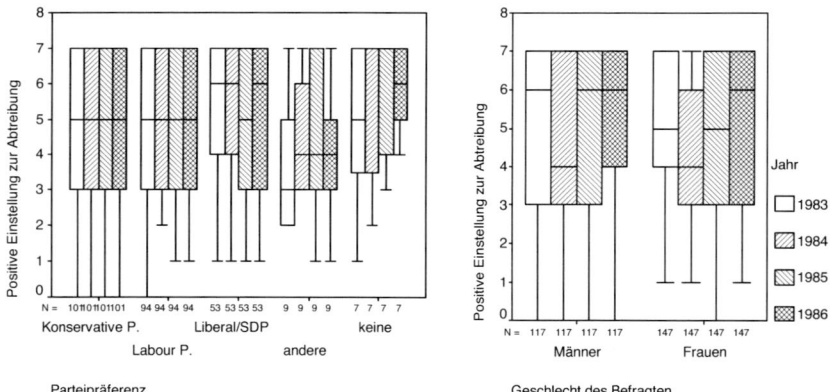

Abb. 90: Einstellung zur Abtreibung auf
Parteipräferenz 1983

Abb. 91: Einstellung zur Abtreibung
auf Geschlecht 1983

Abbildung 88 stellt die zeitliche Veränderung der Einstellung zur Abtreibung für die einzelnen Konfessionen und Religionsgemeinschaften dar. Während sich bei

den Anglikanern und den Angehörigen anderer Religionsgemeinschaften der zuvor
beobachtete zeitliche Trend auf unterschiedlichem Niveau abzeichnet, befürworten
konfessionslose Befragte über alle Erhebungsjahre hinweg die Abtreibung. Alle
vier Gruppen verzeichnen 1984 eine deutliche Abnahme bei der Befürwortung der
Abtreibung. Bei den Katholiken schwanken zwar die Jahresmediane am gering-
sten, gleichzeitig weisen sie eine erhebliche individuelle Streuung auf. In Abbildung 90 ist erkennbar, daß sich die Anhänger der Konservativen und der „old
Labour Party" in der Abtreibungsfrage weder voneinander noch über die Erhebungsjahre hinweg unterscheiden. Hingegen befürworten die Anhänger der Libera-
len bzw. der Sozialdemokraten durchgängig am stärksten die Abtreibung. Bei den
Anhängern anderer Parteien bzw. Parteilosen verbieten uns die geringen Fallzahlen
eine inhaltliche Interpretation der Einstellungsentwicklung.

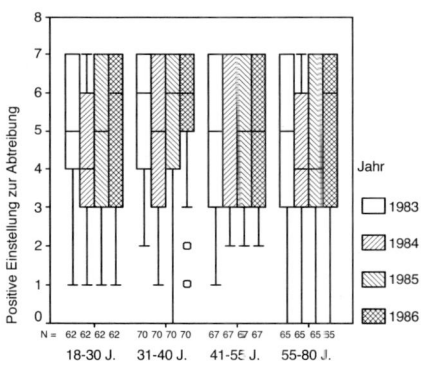

*Abb. 92:   Einstellung zur Abtreibung
            auf Altersgruppen 1983*

In Abbildung 89 zeichnet sich in allen drei Schichten derselbe zeitliche Trend bei
der Einstellung zur Abtreibung ab, wobei geringfügige Niveauunterschiede vorliegen. Bei den Frauen spiegelt sich in Abbildung 91 derselbe Entwicklungstrend
wider, während die Männer bis auf das Jahr 1984 gleichermaßen die Abtreibung
befürworten. In Abbildung 92 finden wir bei den betrachteten vier Altersgruppen
einen deutlichen Einbruch im Jahre 1984. Dem allgemeinen Trend folgen aber nur
die 18- bis 30-Jährigen. Hingegen befürworten die 31- bis 40-Jährigen durchgängig am stärksten die Abtreibung, während die Angehörigen älterer Kohorten ihr
deutlich skeptischer gegenüberstehen.

Bevor wir ein detailliertes Mehrebenenmodell entwickeln, empfiehlt es sich, zu überprüfen, wie hoch die Varianzaufklärung durch die übergeordneten Ebenen der Person (Level-2) und des Stimmbezirks (Level-3) maximal ausfällt.

Mit Hilfe der VARCOMP-Prozedur von SPSS spezifizieren wir das zugehörige Random-Intercept-Only-Modell. SPSS kann zwar keine Wechselwirkungseffekte zwischen den Ebenen schätzen, die Varianzzerlegung der Kriteriumsvariablen im Sinne der klassischen Varianzanalyse ist aber möglich. In dem zum Hauptmenü „Analysieren" gehörenden Untermenü „Allgemeines lineares Modell" befindet sich die Menüoption „Varianzkomponenten...". Nach dem Einlesen der Datendatei „ABORTION.SAV" wählen wir dort zunächst die abhängige Variable aus und definieren diejenigen Variablen als „Zufallsfaktoren", für die wir einen Random-Intercept-Term schätzen wollen.

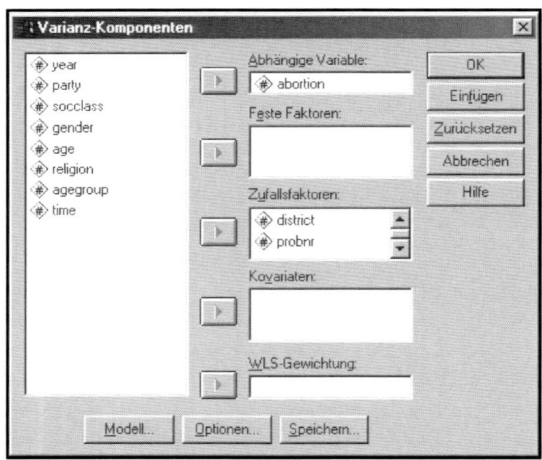

Abb. 93:   SPSS-Menü: Allgemeines-lineares Modell-Varianz-komponenten

Danach spezifizieren wir im Untermenü „Modell..." das zu schätzende Mehrebenenmodell. Da die Menüführung von SPSS stets ein vollfaktorielles Design unterstellt, bei dem alle Kombinationen der angegebenen Faktoren untereinander gebildet werden, müssen wir diese Modelloption in der SPSS-Syntax verändern, um unsere hierarchischen Effekte überhaupt schätzen zu können. Um das Random-

Intercept-Only-Modell zu erhalten, benötigen wir ausdrücklich die Regressions-konstante in der Schätzgleichung.

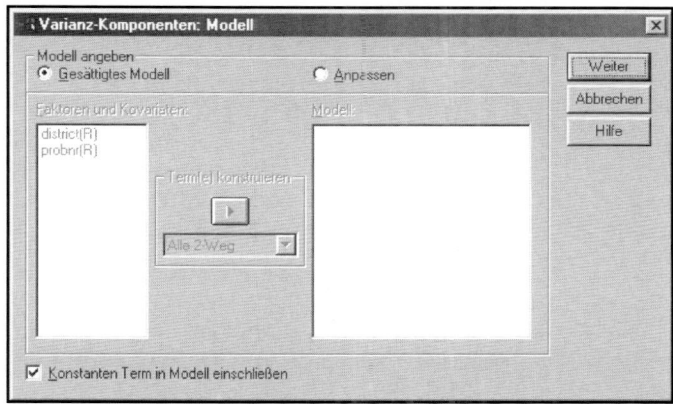

Abb. 94: SPSS-Untermenü: Varianzkomponenten – Modell...

Unter „Optionen ..." wählen wir das gewünschte Schätzverfahren aus. In unserem Fall benötigen wir die Full-Information-Maximum-Likelihood-Schätzung.

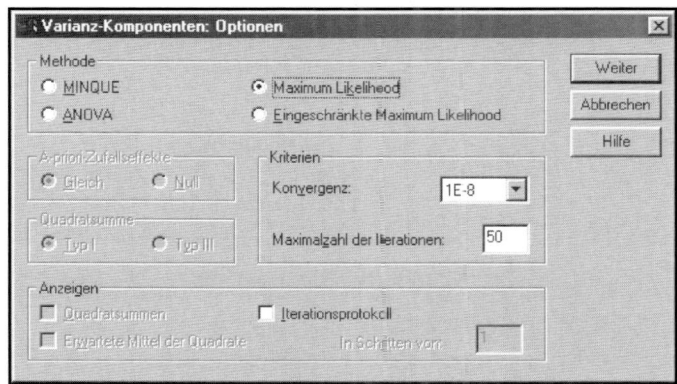

Abb. 95: SPSS-Untermenü: Varianzkomponenten – Optionen...

Der bisherigen Menüauswahl entspricht der folgende VARCOMP-Befehl von SPSS:

```
VARCOMP
  abortion  BY district probnr
  /RANDOM = district probnr
  /METHOD = ML
  /CRITERIA = ITERATE(50)
  /CRITERIA = CONVERGE(1.0E-8)
  /DESIGN
  /INTERCEPT = INCLUDE .
```

Mit Hilfe des „/DESIGN"-Unterfehls spezifizieren wir unsere hierarchische Datenstruktur, die darin besteht, dass wir die Person innerhalb des Stimmbezirks schachteln und ihre zeitliche Einstellungsveränderung als Fehlerterm der ersten Ebene betrachten. Hierfür geben wir als ersten Faktor den Bezirk (district) und als zweiten die im Bezirk geschachtelte Personenebene (probnr(district)) an.

```
VARCOMP
  abortion  BY district probnr
  /RANDOM = district probnr
  /METHOD = ML
  /CRITERIA = ITERATE(50)
  /CRITERIA = CONVERGE(1.0E-8)
  /DESIGN = district  probnr(district)
  /INTERCEPT = INCLUDE .
```

Wir erhalten dann die geschätzten Varianzkomponenten der dritten, zweiten und ersten Ebene sowie die Kovarianzmatrix ihrer Schätzer.

Varianzschätzer

Komponente	Schätzung
Var(DISTRICT)	,049
Var(PROBNR)	1,906
Var(Fehler)	1,416

Abhängige Variable: ABORTION Methode: Maximum-Likelihood-Schätzung

Die Kovarianzmatrix der FIML-Schätzer der Varianzkomponenten enthält in ihrer Hauptdiagonalen die geschätzten Varianzen der Komponentenschätzer. Ziehen wir aus dem entsprechenden Element die Quadratwurzel, so erhalten wir den geschätzten asymptotischen Standardfehler des jeweiligen Varianzkomponentenschätzers. Ihn benötigen wir, um die zugehörige Prüfgröße des T-Tests per Hand zu berechnen.

Asymptotische Kovarianz-Matrix

	Var(DISTRICT)	Var(PROBNR)	Var(Fehler)
Var(DISTRICT)	,010	-,008	,000
Var(PROBNR)	-,008	,047	-,001
Var(Fehler)	,000	-,001	0,005

Abhängige Variable: ABORTION Methode: Maximum-Likelihood-Schätzung

Mit Hilfe ihrer geschätzten Varianzkomponenten bestimmen wir den maximalen Erklärungsbeitrag des Stimmbezirks und der Personenebene jeweils getrennt voneinander. Hierzu berechnen wir die Intraklassenkorrelation ρ der Bezirks- und Personenebenen.

(91)   *Berechnung des Intra-Class-Correlation-Koeffizienten ρ als PRE-Maß*

Ebene 3: Stimmbezirke

$$\rho_{Level\,3} = \frac{\hat{\sigma}_{v0}^2}{(\hat{\sigma}_{v0}^2 + \hat{\sigma}_{u0}^2 + \hat{\sigma}_{e0}^2)} = \frac{0,05}{0,05 + 1,91 + 1,42}$$

$$= 0,0145 \ oder \ 1,45\%$$

Ebene 2: Personenebene

$$\rho_{Level\,2} = \frac{\hat{\sigma}_{u0}^2}{(\hat{\sigma}_{v0}^2 + \hat{\sigma}_{u0}^2 + \hat{\sigma}_{e0}^2)} = \frac{1,91}{0,05 + 1,91 + 1,42}$$

$$= 0,5651 \ oder \ 56,51\%$$

Die Zugehörigkeit des Befragten zu seinem Stimmbezirk erklärt nur rd. 1,45 % der Gesamtvarianz der Einstellung zur Abtreibung. Hingegen bietet die Personenidentität einen maximalen Erklärungsbeitrag von rd. 56,51 %. Angesichts dieser Relation bietet es sich an, auf die Stimmbezirkszugehörigkeit als dritte Ebene zu verzichten. Hierdurch vereinfacht sich die Modellstruktur dergestalt, dass wir die Einstellungsveränderung des Befragten nur noch durch seine Personenmerkmale erklären.

Für die noch durchzuführende Mehrebenenanalyse benötigen wir die folgenden SPSS-Befehle zur Datenaufbereitung und zur Erstellung eines ASCII-Datensatzes für MLA. Um den Rohdatensatz „ABORTION.DAT" für die Mehrebenenanalyse mit SPSS zu erstellen, benötigen wir nach der Vereinbarung, den Punkt als Dezimaltrenner zu benutzen, den folgenden „WRITE"-Befehl, der mit der „EXEUTE"- Anweisung direkt ausgeführt wird.

```
GET
  FILE='D:\multilev\spss\abortion.sav'.

* Zenterierung des Erhebungsjahrs auf 1983.
COMPUTE time=year-1.
FREQUENCIES /VARIABLES=time.

*Dummyzerlegung der exogenen Merkmale.
RECODE party (1=1) (ELSE=0) INTO conservp.
RECODE party (2=1) (ELSE=0) INTO labourp.
RECODE party (3=1) (ELSE=0) INTO liberalp.
RECODE party (4=1) (ELSE=0) INTO otherp.
RECODE socclass (1=1) (ELSE=0) INTO middlecl.
RECODE socclass (2=1) (ELSE=0) INTO workercl.
RECODE socclass (3=1) (ELSE=0) INTO undercl.
RECODE gender (1=1) (ELSE=0) INTO man.
RECODE gender (2=1) (ELSE=0) INTO woman.
RECODE religion (1=1) (ELSE=0) INTO catholic.
RECODE religion (2=1) (ELSE=0) INTO protestc.
RECODE religion (3=1) (ELSE=0) INTO otherrel.
RECODE religion (4=1) (ELSE=0) INTO nonrelig.
COMPUTE time2=time**2.
RECODE time (0=1) (ELSE=0) INTO d83.
RECODE time (1=1) (ELSE=0) INTO d84.
RECODE time (2=1) (ELSE=0) INTO d85.
RECODE time (3=1) (ELSE=0) INTO d86.
RECODE agegroup (1=1) (ELSE=0) INTO d1830j.
RECODE agegroup (2=1) (ELSE=0) INTO d3140j.
```

```
RECODE agegroup (3=1) (ELSE=0) INTO d4155j.
RECODE agegroup (4=1) (ELSE=0) INTO d5680j.

FREQUENCIES /VARIABLES=conservp to d5680j.

SET decimal=dot.
 WRITE OUTFILE='d:\multilev\mla\abortion.dat'
 /1 probnr time time2 abortion conservp labourp liberalp otherp middlecl workercl
undercl man woman catholic protestc otherrel nonrelig age d83 d84 d85 d86 d1830j
d3140j d4155j d5680j  (F8.0,1X,25(F8.2,1X)).
EXECUTE.
```

Die ASCII-Rohdatendatei „ABORTION.DAT" enthält die folgenden Variablen, deren Ordnungsziffer ihrer Spaltennummer im Datensatz entspricht.

Tabelle 22:   *Variablenübersicht des „ABORTION.DAT"-Rohdatensatzes*

Variable / Spalte	SPSS-Name:	Beschreibung:	Erhebungszeitpunkt:
V1	PROBNR	Probandennummer / Level-2-Kennung	T1:1983
V2	TIME	Erhebungszeitpunkt: 0) 1983 1) 1984 2) 1985 3) 1986	
V3	TIME2	Quadrierter Erhebungszeitpunkt	
V4	ABORTION	Einstellung zur Abtreibung: 0) Völlige Ablehung 7) Zustimmung zu allen 7 Gründen	T1 – T4
V5	CONSERVP	Parteipräferenz: Konservative Partei vs. andere	T1: 1983
V6	LABOURP	Parteipräferenz: Labour Party vs. andere	T1: 1983
V7	LIBERALP	Parteipräferenz: Liberale/SDP vs. andere	T1: 1983
V8	OTHERP	Parteipräferenz: Sonstige Partei vs. andere	T1: 1983
V9	MIDDLECL	Mittelschicht vs. andere	T1: 1983
V10	WORKERCL	Arbeiterschicht vs. andere	T1: 1983
V11	UNDERCL	Unterschicht vs. andere	T1: 1983

Variable / Spalte	SPSS-Name:	Beschreibung:	Erhebungs- zeitpunkt:
V12	MAN	Mann vs. Frau	T1: 1983
V13	WOMAN	Frau vs. Mann	T1: 1983
V14	CATHOLIC	Katholiken vs. andere	T1: 1983
V15	PROTESTC	Protestanten/Anglikaner vs. andere	T1: 1983
V16	OTHERREL	Sonstige Religionsgemeinschaft vs. andere	T1: 1983
V17	NONRELIG	Konfessionslos vs. andere	T1: 1983
V18	AGE	Alter in Jahren	T1: 1983
V19	D83	Erhebungsjahr 1983 vs. andere	
V20	D84	Erhebungsjahr 1984 vs. andere	
V21	D85	Erhebungsjahr 1985 vs. andere	
V22	D86	Erhebungsjahr 1986 vs. andere	
V23	D1830J	Altersgruppe 18-30 Jahre vs. andere	T1: 1983
V24	D3140J	Altersgruppe 31-40 Jahre vs. andere	T1: 1983
V25	D4155J	Altersgruppe 41-55 Jahre vs. andere	T1: 1983
V26	D5680J	Altersgruppe 56-80 Jahre vs. andere	T1: 1983

Der „ABORTION.DAT"-Datensatz weist die folgende hierarchische Datenstruktur im Long-Format auf, bei der die Messwiederholungen innerhalb der Person geschachtelt sind:

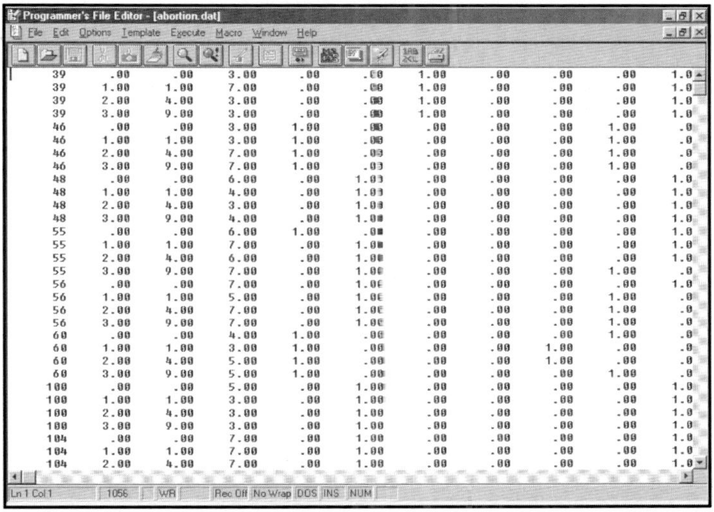

```
Programmer's File Editor - [abortion.dat]
File  Edit  Options  Template  Execute  Macro  Window  Help

     39    .00    .00   3.00    .00    .00   1.00    .00    .00    .00   1.0
     39   1.00   1.00   7.00    .00    .00   1.00    .00    .00    .00   1.0
     39   2.00   4.00   3.00    .00    .00   1.00    .00    .00    .00   1.0
     39   3.00   9.00   3.00    .00    .00   1.00    .00    .00    .00   1.0
     46    .00    .00   3.00   1.00    .00    .00    .00    .00   1.00    .0
     46   1.00   1.00   3.00   1.00    .00    .00    .00    .00   1.00    .0
     46   2.00   4.00   7.00   1.00    .03    .00    .00    .00   1.00    .0
     46   3.00   9.00   7.00   1.00    .03    .00    .00    .00   1.00    .0
     48    .00    .00   6.00    .00   1.03    .00    .00    .00    .00   1.0
     48   1.00   1.00   4.00    .00   1.03    .00    .00    .00    .00   1.0
     48   2.00   4.00   3.00    .00   1.04    .00    .00    .00    .00   1.0
     48   3.00   9.00   4.00    .00   1.04    .00    .00    .00    .00   1.0
     55    .00    .00   6.00   1.00    .04    .00    .00    .00    .00   1.0
     55   1.00   1.00   7.00    .00   1.04    .00    .00    .00    .00   1.0
     55   2.00   4.00   6.00    .00   1.04    .00    .00    .00    .00   1.0
     55   3.00   9.00   7.00    .00   1.04    .00    .00   1.00    .00    .0
     56    .00    .00   7.00    .00   1.04    .00    .00    .00    .00   1.0
     56   1.00   1.00   5.00    .00   1.04    .00    .00   1.00    .00    .0
     56   2.00   4.00   7.00    .00   1.04    .00    .00   1.00    .00    .0
     56   3.00   9.00   7.00    .00   1.04    .00    .00   1.00    .00    .0
     60    .00    .00   4.00   1.00    .04    .00    .00    .00   1.00    .0
     60   1.00   1.00   3.00   1.00    .04    .00    .00   1.00    .00    .0
     60   2.00   4.00   5.00   1.00    .04    .00    .00   1.00    .00    .0
     60   3.00   9.00   5.00   1.00    .04    .00    .00    .00   1.00    .0
    100    .00    .00   5.00    .00   1.00    .00    .00    .00    .00   1.0
    100   1.00   1.00   3.00    .00   1.00    .00    .00    .00    .00   1.0
    100   2.00   4.00   3.00    .00   1.00    .00    .00    .00    .00   1.0
    100   3.00   9.00   3.00    .00   1.00    .00    .00    .00    .00   1.0
    104    .00    .00   7.00    .00   1.00    .00    .00    .00    .00   1.0
    104   1.00   1.00   7.00    .00   1.00    .00    .00    .00    .00   1.0
    104   2.00   4.00   7.00    .00   1.00    .00    .00    .00    .00   1.0

Ln 1 Col 1        1056    WR       Rec Off  No Wrap  DOS  INS  NUM
```

Abb. 96:   Hierarchische Datenstruktur des „ABORTION.DAT"-Datensatzes

6.2.2 Die Schätzung der Einstellungsänderung im Rahmen des Zweiebenenmodells

Das zu schätzende Zweiebenenmodell für die Messwiederholung weist die Kausalstruktur der Abbildung 97 auf. Unsere Strategie der Modellentwicklung gliedert sich folgendermaßen. Zunächst schätzen wir das zugehörige Nullmodell, dessen Deviance wir für die Berechnung des Likelihood-Ratio-χ^2-Tests und des Maximum-Likelihood-R^2 benötigen. Anschließend spezifizieren wir ein quadratisches Wachstumsmodell, dessen Konstante, linearer und quadratischer Term über die Personen variieren dürfen. Danach erklären wir die Varianz der geschätzten personenspezifischen Parameter aus den in Abbildung 97 dargestellten Personenmerkmalen.

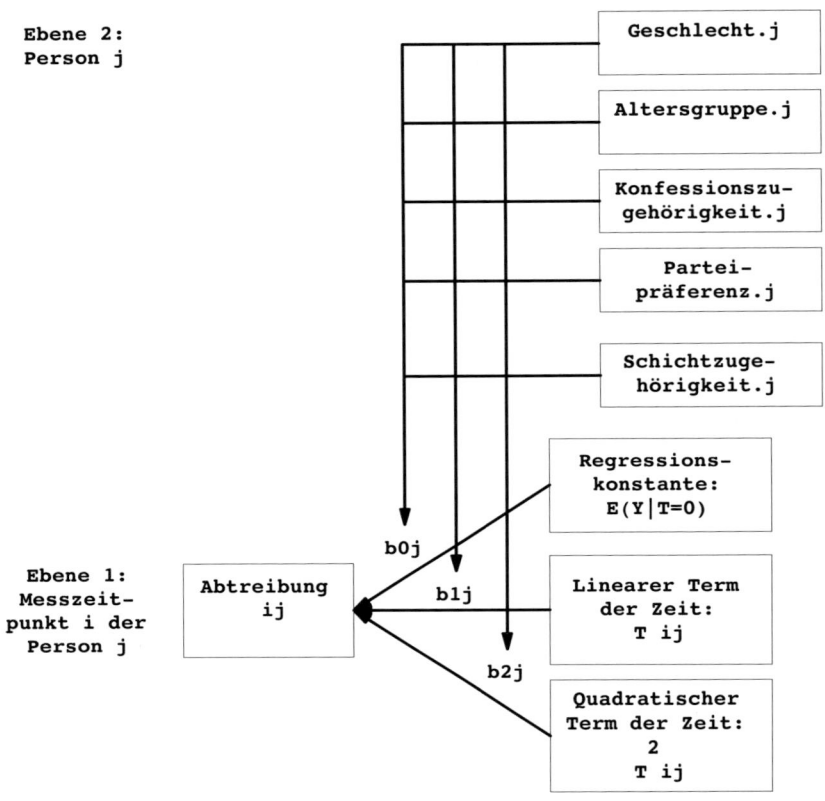

Abb. 97: Zweiebenenmodell zur Erklärung der Veränderung der Einstellung zur Abtreibung in England 1983-86

6.2.2.1 Die Schätzung des zugehörigen Nullmodells

Für die Schätzung des Nullmodells benötigen wir die folgenden MLA-Befehle:

```
/TITLE
  British Social Attitude Panel Survey: Attitude to abortion: M.0

/DATA
  file = abortion.dat
  vars = 26
  id2 = 1

/MODEL
  b0 = g0
  v4 = b0 + e

/PRINT
  olsq = yes

/END
```

Für die FIML-Schätzung erhalten wir die folgenden Koeffizienten für den Erwartungswert der Grundgesamtheit sowie die Fehlervarianz der ersten Ebene.

```
British Social Attitude Panel Survey: Attitude to abortion: M.0

   Full information maximum likelihood estimates (BFGS)

   Fixed parameters

      Label       Estimate           SE            T        Prob(T)

         G0       4.927083      0.056497        87.21        0.0000

   Random parameters

      Label       Estimate           SE            T        Prob(T)

          E       3.370630      0.146688        22.98        0.0000

   # iterations = 1
   -2*Log(L)    = 4279.943475
```

Über alle Personen und Messzeitpunkte hinweg beträgt der Erwartungswert für die Einstellung zur Abtreibung rd. 4,93 Punkte auf der Siebenerskala der vorgegebenen Abtreibungsgründe.

6.2.2.2 Die Schätzung des Random-Intercept-Only-Modells im Zweiebenenansatz

Für die Schätzung des Random-Intercept-Only-Modells sind die folgenden MLA-Befehle erforderlich:

```
/TITLE
  British Social Attitude Panel Survey-Attitude to abortion: RIOM
/DATA
  file = abortion.dat
  vars = 26
  id2 = 1
/MODEL
  b0 = g0 + u0
  v4 = b0 + e
/PRINT
  olsq = yes
/END
```

Wir erhalten das folgende Ausgabeprotokoll für die FIML-Schätzung:

```
British Social Attitude Panel Survey-Attitude to abortion: RIOM
  Full information maximum likelihood estimates (BFGS)

  Fixed parameters

      Label        Estimate           SE            T          Prob(T)

        G0        4.927083        0.093518        52.69        0.0000

  Random parameters

      Label        Estimate           SE            T          Prob(T)

      U0*U0       1.954910        0.201744         9.69        0.0000

        E         1.415720        0.071143        19.90        0.0000

  Intra-class correlation = 1.95/(1.42+1.95) = 0.5800
  # iterations = 4
  -2*Log(L)    = 3859.009989
```

Die geschätzte Intraklassenkorrelation ρ von 0,58 bedeutet, dass wir maximal rd. 58,0 % der Varianz der Einstellung zur Abtreibung durch den Personenfaktor erklären können. Dieser Wert entspricht exakt der Summe der Varianzaufklärungen durch die Personen- und Stimmbezirksebene bei den explorativen SPSS-

Analysen mit der VARCOMP-Prozedur. Die geschätzte Varianz der personen-spezifischen Regressionskonstanten beträgt 1,95 Einheiten und ist signifikant von Null verschieden, wie dem T-Wert von 9,59 zu entnehmen ist. Dies belegt eben-falls der zugehörige Likelihood-Ratio-χ^2-Test.

(92)   *Berechnung des Likelihood-Ratio-χ^2-Tests für den Vergleich*
        von Alternativ- (M_A) und Nullmodell (M_0)

$$L.R.-\chi^2-Pr\ddot{u}fgr\ddot{o}\beta e = -2 * \log L(M_0) - [-2 * \log L(M_A)]$$

$$= 4.279,943475 - 3.859,009989 = 429,93$$

$$F.G.(M_A - M_0) = F.G._{M_A} - F.G._{M_0} = 3 - 2 = 1$$

Kritischer χ^2-Wert ($\alpha=0,05$; $F.G.=1$) $= 3,84$

Testentscheidung: $\chi^2_{Pr\ddot{u}f} \geq \chi^2_{Krit.}$, *daher Nullhypothese verwerfen!*

6.2.2.3 Die Schätzung des quadratischen Wachstummodells

Wir schätzen zunächst ein quadratisches Wachstumsmodell mit Zufallskoeffizien-ten für die Regressionskonstante sowie die Steigungen des linearen und quadrati-schen Terms. Hierzu benötigen wir die folgenden MLA-Befehle:

```
/TITLE
  British Social Attitude Panel Survey-Attitude to abortion: RIRS-M.
/DATA
  file = abortion.dat
  vars = 26
  id2 = 1
/MODEL
  b0 = g0 + u0
  b1 = g1 + u1
  b2 = g2 + u2
  v4 = b0 + b1*v2 + b2*v3 + e
/PRINT
  olsq = yes
/END
```

Wir erhalten für die FIML-Schätzung folgendes Ausgabeprotokoll:

```
British Social Attitude Panel Survey-Attitude to abortion: RIRS-M.

   Full information maximum likelihood estimates (BFGS)

   Fixed parameters

      Label        Estimate          SE            T         Prob(T)

         G0        5.002462       0.107353       46.60       0.0000
         G1       -0.582765       0.112374       -5.19       0.0000
         G2        0.228220       0.035762        6.38       0.0000

   Random parameters

      Label        Estimate          SE            T         Prob(T)

      U0*U0        1.797694       0.286124        6.28       0.0000
      U1*U0        0.082337       0.243102        0.34       0.7348
      U1*U1        0.123436       0.402830        0.31       0.7593
      U2*U0       -0.013635       0.071256       -0.19       0.8482
      U2*U1       -0.035129       0.124518       -0.28       0.7779
      U2*U2        0.010052       0.040946        0.25       0.8061

         E         1.310329       0.114049       11.49       0.0000

   Conditional intra-class correlation = 1.80/(1.31+1.80) = 0.5784

   # iterations = 18
   -2*Log(L)    = 3807.350433
```

Da wir die Nullhypothese des Likelihood-Ratio-χ^2-Tests verwerfen dürfen, verallgemeinern wir den Stichprobenbefund auf die Grundgesamtheit der British-Social-Attitude-Panelstudie.

(93)   *Berechnung des Likelihood-Ratio-χ^2-Tests für den Vergleich von Alternativ- (M_A) und Nullmodell (M_0)*

$$L.R.\text{-}\chi^2\text{-}Prüfgröße = -2 * \log L(M_0) - [-2 * \log L(M_A)]$$

$$= 4.279{,}943475 - 3.807{,}350433 = 472{,}59$$

$$F.G.(M_A - M_0) = F.G._{M_A} - F.G._{M_0} = 10 - 2 = 8$$

Kritischer χ^2-Wert ($\alpha=0{,}05$; $F.G.=8$) = 15,5

Testentscheidung: $\chi^2_{Prüf} \geq \chi^2_{Krit.}$, daher Nullhypothese verwerfen!

Um die Modellanpassung im Sinne der praktischen Signifikanz zu bestimmen, berechnen wir das von Maddala vorgeschlagene Maximum-Likelihood-R^2. Durch die Berücksichtigung der festen Populationsschätzer und der personenspezifischen Wachstumskurven erklären wir rd. 36,97 % der Varianz der Einstellung zur Abtreibung.

(94)   *Die Berechnung des Maximum-Likelihood-R^2 von Maddala (1986)*

$$R^2_{ML} = 1 - \exp\left[\frac{-(L.R.-\chi^2)}{n_{ij}}\right] = 1 - \exp\left[\frac{-(472,59)}{1.024}\right]$$

$$= 0,3697 \; oder \; 36,97\%$$

Für die Population im Jahre 1983 erwarten wir auf unserer 7er Skala einen geschätzten Punktwert von 5,00. Dies bedeutet, dass die Befragten von den vorgelegten sieben Gründen fünf als legitim für eine Abtreibung ansehen. Sowohl die Steigung des linearen Terms der diskreten Zeit als auch diejenige des quadratischen Terms sind signifikant von Null verschieden. Um die Interpretation auf der Populationsebene zu vereinfachen, berechnen wir die Ableitungen für die einzelnen Erhebungsjahre.

(95)   *Ableitung der Einstellungsscores zur Abtreibung nach Erhebungszeitpunkt t*

$$\frac{d \; Abortion}{d \; Zeit_i} = b_1 + 2 * b_2 * Zeit_i$$

$$= -0,583 + 2 * 0,228 * Zeit_i$$

$$\frac{d \; Abortion}{d \; Zeit_{T=0(1983)}} = -0,583 + 2 * 0,228 * 0 = -0,583$$

$$\frac{d \; Abortion}{d \; Zeit_{T=1(1984)}} = -0,583 + 2 * 0,228 * 1 = -0,126$$

$$\frac{d \; Abortion}{d \; Zeit_{T=2(1985)}} = -0,583 + 2 * 0,228 * 2 = +0,330$$

$$\frac{d \; Abortion}{d \; Zeit_{T=3(1986)}} = -0,583 + 2 * 0,228 * 3 = +0,787$$

Von 1983 auf 1984 nimmt die Akzeptanz der Abtreibung in Großbritannien um etwas mehr als einen halben Punktwert ab, um nach 1985 wieder deutlich anzusteigen. Dieser Populationstrend tritt noch deutlicher zu Tage, wenn wir direkt die vorhergesagten Werte für die Einstellung zur Abtreibung von 1983 bis 1986 betrachten. 1983 fungiert in der Abbildung 98 als der diskrete Erhebungszeitpunkt t_0.

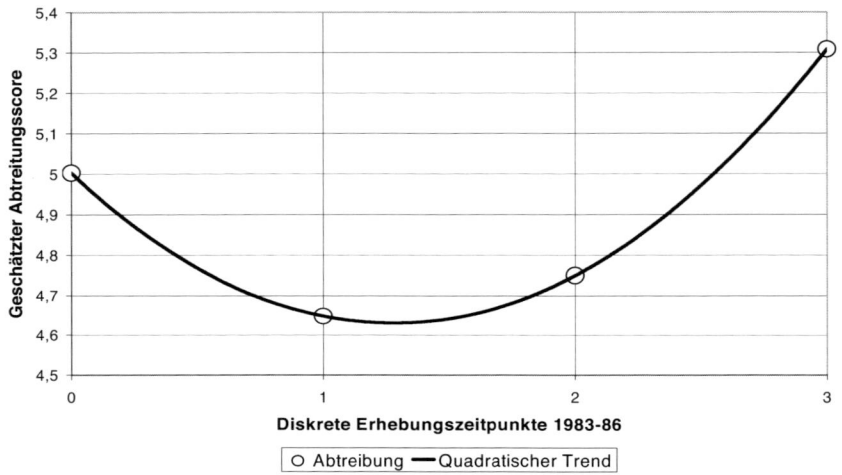

Abb. 98:   *Geschätzte Veränderung der Einstellung zur Abtreibung 1983-86 als quadratisches Wachstumsmodell (Fixed-Effects des Zweiebenenmodells)*

Eine genaue Betrachtung der geschätzten Varianzkomponenten ergibt, dass nur die geschätzte Varianz der personenspezifischen Regressionskonstanten signifikant von Null verschieden ist. Bei allen anderen Varianzen und Kovarianzen müssen wir die Nullhypothese des T-Test beibehalten. Dies bedeutet, dass das geschätzte quadratische Wachstumsmodell für die Population der 256 Befragten gilt, wobei letztere sich lediglich im Einstellungsscore für das erste Erhebungsjahr unterscheiden.

6.2.2.4   Die Schätzung des Random-Intercept-Modells der Einstellungsänderung

Für den weiteren Modellvergleich schätzen wir zunächst im Rahmen des Random-Intercept-Modells die Varianz der personenspezifischen Regressionskonstanten.

Wir benötigen sie für die Berechnung des Bryk-Raudenbush-PRE-R^2 für die zweite Ebene des Intercept-as-Outcome-Modells.

```
/TITLE
 British Social Attitude Panel Survey-Attitude to abortion: R-I-M
/DATA
 file = abortion.dat
 vars = 26
 id2 = 1
/MODEL
 b0 = g0 + u0
 b1 = g10
 b2 = g20
 v4 = b0 + b1*v2 + b2*v3 + e
/PRINT
 olsq = yes
/END
```

```
British Social Attitude Panel Survey-Attitude to abortion: RIM
Random-Intercept-Model

  Full information maximum likelihood estimates (BFGS)

  Fixed parameters

    Label        Estimate           SE              T        Prob(T)

       G0        5.002462        0.110767         45.16       0.0000
      G10       -0.582765        0.111055         -5.25       0.0000
      G20        0.228220        0.035475          6.43       0.0000

  Random parameters

    Label        Estimate           SE              T        Prob(T)

    U0*U0        1.976597        0.201651          9.80       0.0000

        E        1.328970        0.066783         19.90       0.0000

  Intra-class correlation = 1.98/(1.33+1.98) = 0.5980

  # iterations = 4
  -2*Log(L)    = 3808.928866
```

Die geschätzte Varianz der personenspezifischen Regresssionskonstanten beträgt rd. 1,98 Einheiten. Sie bildet die Baseline für die Berechnung des Bryk-Raudenbush-PRE-R^2 im Intercept-as-Outcome-Modell.

6.2.2.5 Die Schätzung des Intercept-as-Outcome-Modells der Einstellungsänderung

Aufgrund der Ergebnisse der explorativen Analysen schätzen wir ein Intercept-as-Outcome-Modell mit den genannten Personenmerkmalen, das sich als Pfaddiagramm folgendermaßen darstellen lässt:

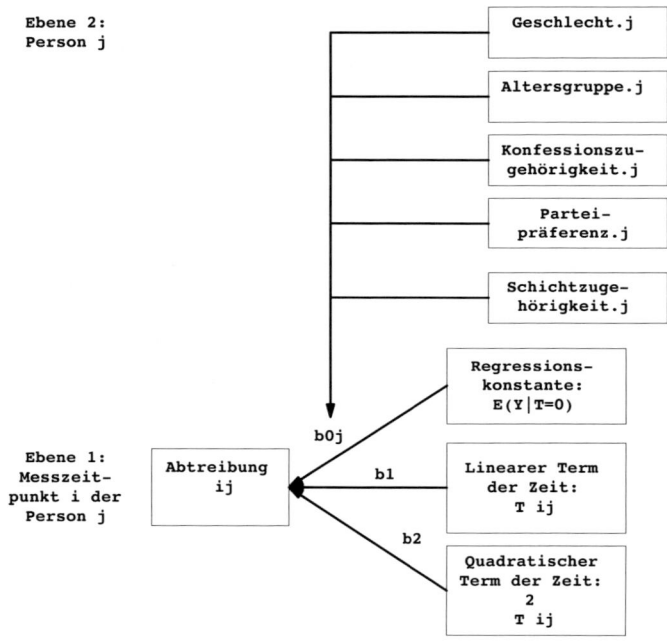

Abb. 99:   Das Intercept-as-Outcome-Modell zur Erklärung der Einstellungsänderung zur Abtreibung (BSA 1983-86)

Wir erklären lediglich die Varianz der personenspezifischen Regressionskonstanten b_{0j} aus den erhobenen Personenmerkmalen. Da die Steigungen des linearen und quadratischen Terms der Zeit keine personenspezifische Varianz aufweisen, schätzen wir sie personenübergreifend als feste Parameter. Dies entspricht dem folgenden Gleichungssystem, das wir anschließend für die Schätzung mit MLA spezifizieren:

(96)   *Das Zweiebenenmodell der Veränderungsmessung der Einstellung*
             zur Abtreibung

Level / Ebene 2: *Between-Person Regression*

2a) *Intercept-as-Outcome Model:*
     Niveauunterschiede zum Zeitpunkt T_c (1983)

$$b_{0j} = \gamma_{00} + \gamma_{01} * D1830J_j + \gamma_{02} * D3140J_j + \gamma_{03} * D4155J_j + \gamma_{04} * WOMAN_j$$
$$+ \gamma_{05} * CATHOLIC_j + \gamma_{06} * PROTESTC_j + \gamma_{07} * CONSERVP_j$$
$$+ \gamma_{08} * LABOURP_j + \gamma_{09} * LIBERALP_j + \gamma_{0\,10} * MIDDLECL_j$$
$$+ \gamma_{0\,11} * WORKERCL_j + u_{0j}$$

2b) *Fixed-Slope Model: Linearer Term der Zeit*

$$b_{1j} = \gamma_{10}$$

2c) *Fixed-Slope Model: Quadratischer Term der Zeit*

$$b_{2j} = \gamma_{20}$$

Level / Ebene 1: *Within-Person Regression:*

Wachstumskurve der Person j über ihre Messzeitpunkte i

1)   *Abtreibung*$_{ij} = b_{0j} + b_{1j} * Zeit_{ij} + b_{2j} * Zeit_{ij}^2 + e_{ij}$

Interpretation der Residuen Ebene 2:

in 2a) $u_{0j} = b_{0j} - \hat{b}_{0j}$

Für die Schätzung dieses Intercept-as-Outcome-Modells benötigen wir die folgenden MLA-Befehle, wobei wir die Fixed-Effects des linearen und quadratischen
Terms der Zeit mit den Parameterschätzern *G20* und *G30* erfassen. Da die Schätzgleichung für die Varianz der personenspezifischen Regressionskonstanten die
Einzeilengrenze von MLA sprengt, fordern wir mit Hilfe des doppelten Backslashes („\\") eine Fortsetzungszeile für die Spezifikation der Gleichung an.

```
/TITLE
  British Social Attitude Panel Survey-Attitude to abortion: I-as-O-M.

/DATA
  file = abortion.dat
  vars = 26
  id2 = 1

/MODEL
  b0 = g0 + g1*v23 + g2*v24 + g3*v25 + g4*v13 + g5*v14 + g6*v15 + g7*v5 + g8*v6 \\
       + g9*v7 + g10*v9 + g11*v10 + u0
  b1 = g20
  b2 = g30
  v4 = b0 + b1*v2 + b2*v3 + e

/PRINT
  olsq = yes
/END
```

Für die FIML-Schätzung erhalten wir das Ausgabeprotokoll mit den geschätzten Fixed-Effects, Random-Effects sowie der Deviance des Intercept-as-Outcome-Modells, wobei wir uns zunächst mit der Modellanpassung im Sinne der statistischen und praktischen Signifikanz beschäftigen.

(97)   *Berechnung des Likelihood-Ratio-χ^2-Tests für den Vergleich von Alternativ- (M_A) und Nullmodell (M_0)*

$$L.R.\text{-}\chi^2\text{-}Prüfgröße = -2 * \log L(M_0) - [-2 * \log L(M_A)]$$

$$+$$

$$= 4.279{,}943475 - 3.787{,}913443 = 492{,}03$$

$$F.G.(M_A - M_0) = F.G._{M_A} - F.G._{M_0} = 16 - 2 = 14$$

Kritischer χ^2-Wert ($\alpha = 0{,}05$; $F.G. = 14$) = 23,7

Testentscheidung: $\chi^2_{Prüf} \geq \chi^2_{Krit.}$, daher Nullhypothese verwerfen!

Da wir die Nullhypothese des Likelihood-Ratio-χ^2-Tests zu verwerfen haben, ist die Varianzaufklärung unseres Zweiebenenmodells der Einstellungsänderung signifikant von Null verschieden. Daher dürfen wir den ermittelten Stichprobenbefund auf die Grundgesamtheit verallgemeinern. Mit Hilfe der von uns spezifizierten quadratischen Anpassung sowie den berücksichtigten Personenmerkmalen erklären wir rd. 38,15 % der Gesamtvarianz der Einstellung zur Abtreibung.

(98)   *Die Berechnung des Maximum-Likelihood-R^2 von Maddala (1986)*

$$R^2_{ML} = 1 - \exp\left[\frac{-(L.R.-\chi^2)}{n_y}\right] = 1 - \exp\left[\frac{-(492,03)}{1.024}\right]$$

$$= 0,3815 \ oder \ 38,15\%$$

Wir erhalten die folgenden FIML-Schätzer für die Fixed-Effects und Varianz-komponenten:

```
British Social Attitude Panel Survey-Attitude to abortion: I-as-O-M.

Full information maximum likelihood estimates (BFGS)

Fixed parameters

    Label      Estimate          SE             T        Prob(T)

       G0      4.904494      0.324119         15.13       0.0000
       G1      0.227154      0.266808          0.85       0.3946
       G2      0.642860      0.255980          2.51       0.0120
       G3      0.107274      0.258059          0.42       0.6776
       G4     -0.196433      0.185429         -1.06       0.2894
       G5     -1.161167      0.373113         -3.11       0.0019
       G6     -0.003751      0.198368         -0.02       0.9849
       G7      0.079759      0.254480          0.31       0.7540
       G8      0.156918      0.238552          0.66       0.5107
       G9     -0.010848      0.246740         -0.04       0.9649
      G10     -0.029034      0.160229         -0.18       0.8562
      G11     -0.134444      0.129144         -1.04       0.2979
      G20     -0.594893      0.111375         -5.34       0.0000
      G30      0.232105      0.035579          6.52       0.0000

Random parameters

    Label      Estimate          SE             T        Prob(T)

    U0*U0      1.823504      0.188270          9.69       0.0000

        E      1.324344      0.066551         19.90       0.0000

Intra-class correlation = 1.82/(1.32+1.82) = 0.5793

# iterations = 5
-2*Log(L)    = 3787.913443
```

Um die Interpretation der geschätzten Fixed-Effects zu erleichtern, übertragen wir erneut die FIML-Schätzer in das zugehörige Gleichungssystem und kennzeichnen die signifikanten Effekte jeweils mit einem Sternchen („*").

(99)   *Das Zweiebenenmodell der Veränderungsmessung der Einstellung*
           zur Abtreibung mit geschätzten Fixed-Effects

Level / Ebene 2: **Between–Person Regression**

2a)   *Intercept–as–Outcome Model*:
        Niveauunterschiede zum Zeitpunkt T_0 (1983)

$$b_{0j} = 4{,}90^{*)} + 0{,}23 * D1830J_j + 0{,}64^{*)} * D3140J_j + 0{,}11 * D4155J_j$$

$$- 0{,}20 * WOMAN_j$$

$$- 1{,}16^{*)} * CATHOLIC_j - 0{,}00 * PROTESTC_j$$

$$+ 0{,}08 * CONSERVP_j + 0{,}16 * LABOURP_j - 0{,}01 * LIBERALP_j$$

$$- 0{,}03 * MIDDLECL_j - 0{,}13 * WORKERCL_j + u_{0j}$$

2b)   *Fixed–Slope Model: Linearer Term der Zeit*

$$b_{1j} = -0{,}59^{*)}$$

2c)   *Fixed–Slope Model: Quadratischer Term der Zeit*

$$b_{2j} = +0{,}23^{*)}$$

Level / Ebene 1: *Within–Person Regression*:

Wachstumskurve der Person j über ihre Messzeitpunkte i

1) $Abtreibung_{ij} = b_{0j} + b_{1j} * Zeit_{ij} + b_{2j} * Zeit_{ij}^2 + e_{ij}$

Für die über 55-jährigen Unterschichtsmänner der Referenzgruppe erwarten wir im Jahre 1983 einen Punktwert von 4,90 Einheiten auf unserer Abtreibungskala, der signifikant von Null verschieden ist. Von dieser Referenzgruppe weichen nur die 31- bis 40-Jährigen und die Katholiken in statistisch signifikantem Maße ab. Erstere weisen mit einem um 0,65 höheren Punktwert eine deutlich positivere Einstellung zur Abtreibung auf. Letztere befürworten mit einem um 1,16 Punkte niedrigeren Einstellungswert die Abtreibung in signifikant geringerem Maße. Alle anderen exogenen Merkmale tragen nichts zur Erklärung der Varianz der personenspezifischen Regressionskonstanten bei, welche die Einstellung des Befragten im Jahre 1983 erfassen. Die geschätzten Steigungskoeffizienten für den linearen und quadratischen Term der Zeit entsprechen denjenigen des Random-Intercept-Random-Slope-Modells in Abschnitt 6.2.2.3.

Abschließend bleibt noch die Frage zu klären, wie viel Prozent der Varianz der personenspezifischen Regressionskonstanten durch die berücksichtigten Personenmerkmale wirklich gebunden wird. Hierzu berechnen wir das zugehörige Bryk-Raudenbush-PRE-R^2 für den Random-Intercept b_{0j}.

(100)   *Berechnung des Bryk-Raudenbush-R^2 für die Personenebene (Ebene 2)*

$$Bryk-Raudenbush-R^2_{Level\ 2} = \frac{\hat{\sigma}^2_{u_{0j}}(M_{Random\ Intercept}) - \hat{\sigma}^2_{u_{0j}}(M_{Random\ Coefficient})}{\hat{\sigma}^2_{u_{0j}}(M_{Random\ Intercept})}$$

$$Level\ 2-PRE-R^2\ (b_{0j}) = \frac{1,98 - 1,82}{1,98} = \frac{0,16}{1,98} = 0,0808 * 100$$

$$= 8,08\%$$

Legende:

$\hat{\sigma}^2_{u_{0j}}$:   *Geschätzte Varianz der Residuen der personenspezifischen*
                                   Regressionskonstanten b_{0j}

$M_{Random\ Coefficient}$:   *Random-Coefficient-Modell mit den Personenmerkmalen*

$M_{Random\ Intercept}$:   *Random-Intercept-Modell*

Die berücksichtigten Personenmerkmale erklären lediglich rd. 8,1 % der Varianz der personenspezifischen Regressionskonstanten, die den Einstellungswert des Befragten im ersten Erhebungsjahr erfassen. Dies bedeutet, dass wir theoriegeleitet nach weiteren Personenmerkmalen zu suchen haben, die zur Erklärung der Einstellung zur Abtreibung im Jahre 1983 geeignet sind.

Auf der Personenebene bleibt ebenfalls die Frage zu klären, wie gut unser Mehrebenenmodell zur Vorhersage der Einstellungsänderung geeignet ist. Hierbei haben wir aber zu beachten, dass wir die Veränderung über die Zeit lediglich im Rahmen des Fixed-Parts unseres Zweiebenenmodells geschätzt haben. Dies bedeutet, dass wir von einer gleichförmigen Einstellungsänderung bei allen 256 Befragten ausgegangen sind. Um die Anpassungsgüte für die Einstellungsänderung im

Sinne der Binnenregression der Personen zu bestimmen, berechnen wir das Bryk-Raudenbush-PRE-R^2 für die erste Ebene.

(101)   *Berechnung des Bryk-Raudenbush-R^2 für die Ebene 1*
         (Einstellungsmessung i der Person j)

$$Level\ 1\text{-}PRE\text{-}R^2 = \frac{\hat{\sigma}^2_{e_{ij}}(M_{ANOVA}) - \hat{\sigma}^2_{e_{ij}}(M_{Random\ Coefficient})}{\hat{\sigma}^2_{e_{ij}}(M_{ANOVA})}$$

$$= \frac{1,42 - 1,32}{1,42} = \frac{0,10}{1,42} = 0,0704 * 100 = 7,04\%$$

Legende:

$\hat{\sigma}^2_{e_{ij}}$:   *Geschätzte Varianz der Residuen der Binnenregression*

M_{ANOVA}:   *Random-Intercept-Only-Modell*

$M_{Random\ Coefficient}$:   *Zufallskoeffizientenmodell mit den Personenmerkmalen*

Eine genaue Betrachtung zeigt, dass unser quadratisches Wachstumsmodell nur rd. 7,04 % der Binnenvarianz und damit der Einstellungsänderung auf der Personenebene erklärt. Dies bedeutet, dass wir mit der Annahme einer universellen parabelförmigen Einstellungsänderung diesen Prozess nur unzureichend beschreiben können.

6.3   Der Einsatz von Mehrebenenmodellen in der Evaluationsforschung

Mit Hilfe des Mehrebenenmodells haben Hedecker, Gibbons & Flay (1994) die Wirksamkeit eines Antiraucherprogramms mit drei verschiedenen Treatmentarten für Schüler der 7. Klasse in Kalifornien untersucht. Bei ihrem zwischen April 1986 und April 1987 durchgeführten Quasi-Experiment des „Television School and Family Smoking Prevention and Cessation Project" (TVSFP) unterscheiden sie die drei ineinander geschachtelte Analyseebenen des Schülers – in seiner Klasse – in seiner Schule.

Der Datensatz erweist sich in hohem Maße als unbalanciert, da die Spannbreite für die Klassen pro Schule von 1 bis 13 reicht und die Klassengröße ebenfalls zwischen 2 und 28 Schülern variiert.

Tabelle 23:	Analyseebenen des Antiraucherprogramms (TVSFP)
Level 3:	28 Schulen in Los Angeles
Level 2:	135 Klassen in den 28 Schulen
Level 1:	1.600 Schüler in 135 Klassen in 28 Schulen

Das von ihnen untersuchte Quasiexperiment basiert auf einem 2×2 Gruppendesign mit den beiden folgenden Treatment- bzw. Interventionsarten. Beim ersten Treatment handelt es sich eine spezielle Unterrichtseinheit zur Raucherprävention (Social Resistence Class-Room-Curriculum), die wir mit „CC" abkürzen. Das zweite experimentelle Treatment bestand aus Aufklärungsspots über die gesundheitlichen Gefahren des Rauchens, die im Schulfernsehen gezeigt worden sind. Diese Intervention kürzen wir mit „TV" ab. Im Sinne des idealtypischen quasi-experimentiellen Designs ist die Zuordnung der Schulen auf die vier Gruppen des Untersuchungsdesigns nach dem Zufallsverfahren erfolgt, wobei jeweils nur eine Treatmentart in der jeweiligen Schule implementiert worden ist.

Tabelle 24:	Untersuchungsdesign der TVSFP-Studie für Schüler der 7. Klasse	
	Massmedien: TV	
Social-Resistence-Class-Room-Curriculum: CC	Nein (0)	Ja (1)
Nein (0)	Kontrollgruppe	Experimentalgruppe 1
Ja (1)	Experimentalgruppe 2	Experimentalgruppe 3

Als abhängige Variable verwendeten sie die Tobacco-and-Health-Knowledge-Scale mit 7 dichotomen Items, die sie zu einem gemeinsamen Punktwert aufaddierten. Ihre Spannbreite reichte von Null bis Sieben. Die Messung der Kriteriumsvariable erfolgte mit Hilfe eines standardisierten Fragebogens jeweils im April 1986 vor der Intervention (PRETHKS) und ein Jahr danach im April 1987 (POST-THKS) mit denselben Zeitabständen in allen drei Experimentalgruppen und der unbehandelten Kontrollgruppe. Hierbei gehen die Forscher davon aus, dass sie zu beiden Erhebungszeitpunkten gleichermaßen reliabel und valide den Kenntnisstand der Schüler zu den gesundheitlichen Risiken des Rauchens gemessen haben. Sie schließen daher eine Reaktanz der Befragten aufgrund der wiederholten Verwendung desselben Erhebungsinstruments aus.[25] Mit Hilfe der beiden getrennten Messzeitpunkte kontrollieren die Forscher den Reifungseffekt der Befragten und das zwischenzeitliche Geschehen als Hauptgefahren, welche die Gültigkeit ihrer Befunde potentiell in Frage stellen.

Tabelle 25:		Verteilung der Befragten auf die Experimental- und Kontrollgruppen		
			Social-Resistance-Class-Room-Curriculum (CC)		Gesamt
			nein	ja	
Massen-medien-intervention (TV)	nein	Anzahl	421	380	801
		% insg.	26,3%	23,8%	50,1%
	ja	Anzahl	416	383	799
		% insg.	26,0%	23,9%	49,9%
Gesamt		Anzahl	837	763	1600
		% insg.	52,3%	47,7%	100,0%

Die Rohdatendatei „THKSMLA2.DAT" enthält die folgende Datenstruktur, deren Darstellung sich auf den Auszug einer Schule mit zwei Klassen beschränkt:

```
403  403101 3  1 2  1 0  0
403  403101 4  1 4  1 0  0
403  403101 3  1 4  1 0  0
403  403101 4  1 3  1 0  0
403  403101 4  1 3  1 0  0
403  403101 3  1 4  1 0  0
......................
......................
403  403102 2  1 0  1 0  0
403  403102 5  1 1  1 0  0
403  403102 3  1 5  1 0  0
```

Einen ersten Einblick in die Effekte der beiden Einzeltreatments sowie deren Kombination auf den Wissensstand der Schüler über die gesundheitlichen Gefahren des Rauchens vermittelt der Box-Plot in Abbildung 100. Er stellt die Verteilungen der Pretest- und Posttestmessungen jeweils für die Kontrollgruppe und die drei Treatmentgruppen dar.

---

25 Zu den Ursachen für mangelnde Validität bei quasi-experimentiellen Versuchsanordnungen: S. Schwarz (1973: 149 ff.); Rossi, Freeman & Lipsey (1999: 280 ff.)

Tabelle 26:	Variablen der TVSFP-Evaluationsstudie (THKSMLA2.DAT)	
Variablennr.:	Abkürzung:	Variablenbeschreibung:
1	SCHOOLID	Identifikationsnummer der Schule k
2	CLASSID	Identifikationsnummer der Klasse j in Schule k
3	POSTTHKS	Postintervention Score der Tobacco-&-Health-Knowledge-Scale
4	INTRCPT	Vektor von Einsen für die Regressionskonstante b_0
5	PRETHKS	Preintervention Score der Tobacco-&-Health-Knowledge-Scale
6	CC	Social-Resistance-Class-Room-Curriculum: 1) Ja 0) Nein
7	TV	Massmedien-Intervention: 1) Ja 0) Nein
8	CC*TV	Gleichzeitige Exposition von CC und TV (Interaktionsterm CC*TV): 1) Ja 0) Nein

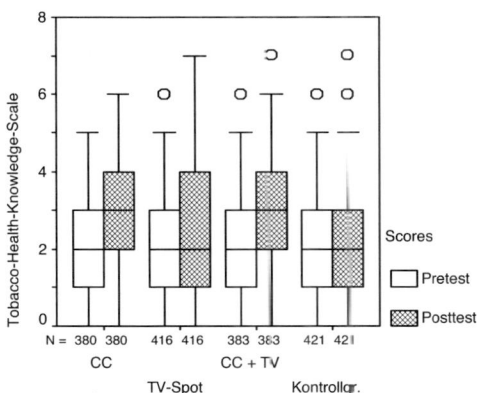

Abb. 100: Vergleich von Vorher-und Nachhermessung der TVSPF-Studie 1986/87

Der Vergleich der Mediane von Pretest- und Postmessung in Abbildung 100 zeigt mehreres. Erstens unterscheiden sich alle vier Gruppen im Hinblick auf den Median ihrer Pretests nicht voneinander. Dies belegt die erfolgreiche Randomisierung auf der Klassenebene. Zweitens führen lediglich das spezielle Antirauchercurriculum und seine Kombination mit den Antirauscherspots im Schulfernsehen zu einer mittleren Verbesserung des Wissensstands über die Gefahren des Rauchens um einen vollen Punktwert. Drittens unterscheiden sich weder in der unbehandelten Kontrollgruppe noch der Einzeltreatmentgruppe „TV-Spot" die Mediane der beiden Vorher- und Nachhermessungen. Ob diese festgestellten Medianunterschiede statistisch und praktisch bedeutsam sind, lässt sich erst mit Hilfe der multivariaten Datenanalyse klären.

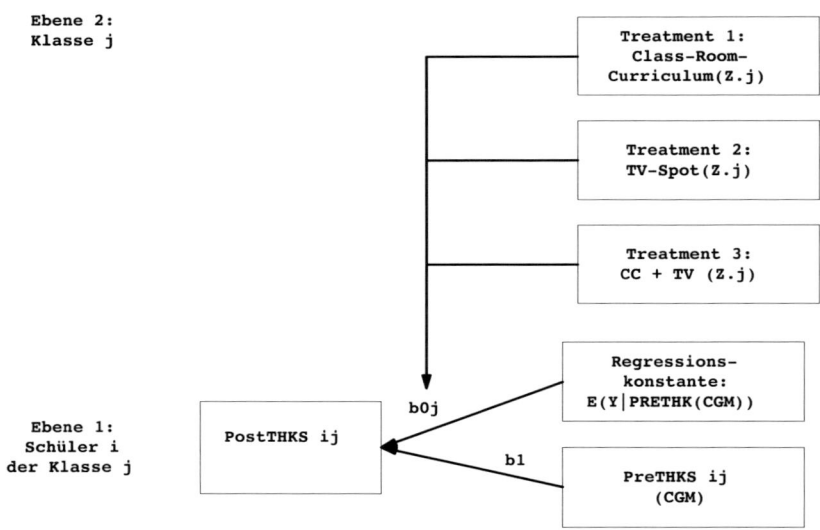

Abb. 101: Zweiebenenmodell zur Bestimmung der Treatmenteffekte auf die Nachhermessung PostTHKS der TVSFP-Evaluationsstudie

Angesichts der sich in Tabelle 25 abzeichnenden Ungleichbesetzung der Gruppen können wir die Treatmenteffekte nicht mit Hilfe der multivariaten Varianzanalyse mit Messwiederholungen (MANOVA) analysieren. Da sowohl das experimentielle Treatment als auch die Befragung im Klassenkontext erfolgte, liegen geklumpte Substichproben im Sinne einer hierarchischen Datenstruktur vor. Die MANOVA berücksichtigt als statistisches Verfahren nicht unsere hierarchische Datenstruktur, so dass wir bei der Verwendung der MANOVA verzerrte Standardfehler der Effektschätzer erhalten. Diese beiden statistischen Probleme lösen wir mit Hilfe des Zweiebenenmodells, wobei wir die Messwiederholung (Pretest, Posttest) als erste Ebene betrachten, die innerhalb der befragten Schüler als zweiter Ebene geschachtelt ist. Dieses spezifische Zweiebenenmodell erlaubt uns, zum einen die allgemeinen Effekte der einzelnen Treatmentarten sowie ihrer Kombination auf den Posttest bei einem durchschnittlichen Kenntnisstand des Pretest zu bestimmen. Zum anderen kontrollieren wir im statistischen Sinne den Reifungseffekt und das zwischenzeitliche Geschehen, wobei wir für ersteren annehmen, dass er für alle befragten Schüler gleichermaßen gilt. Dieses Design entspricht dem Intercept-as-Outcome-Modell mit einem als Fixed-Effect geschätzten Reifungseffekt. Diesem speziellen Zweiebenenmodell der Abbildung 101 entspricht das nachfolgende Gleichungssystem, das wir in Abschnitt 6.3.2 mit MLA 2.2 schätzen.

(102) *Die Gleichungen des Mehrebenenmodells zur Bestimmung der Treatmenteffekte*

Level/Ebene 2: Between-Context Regression

2a) Intercept-as-Outcome Model:

$$b_{0j} = \gamma_{00} + \gamma_{01}*CC + \gamma_{02}*TV + \gamma_{03}*(CC*TV) + u_{0j}$$

2b) Fixed-Slope: Reifungseffekt

$$b_{1j} = \gamma_{10}$$

Level/Ebene 1: Within-Context Regression

1) $PostTHKS = b_{0j} + b_{1j}*(PreTHKS_{ij} - \overline{PreTHKS}_{..}) + e_{ij}$

Eingleichungsform: (2) in (1):

$$PostTHKS_{ij} = \gamma_{00} + \gamma_{01}*CC + \gamma_{02}*TV + \gamma_{03}*(CC*TV)$$
$$+ \gamma_{10}*(PreTHKS_{ij} - \overline{PreTHKS}_{..}) + u_{0j} + e_{ij}$$

Interpretation des Residuums u_{0j} *der Ebene 2:*

in 2a) $u_{0j} = b_{0j} - [\gamma_{00} + \gamma_{01}*CC + \gamma_{02}*TV + \gamma_{03}*(CC*TV)]$

6.3.1   Schätzung der Null- und Random-Intercept-Modelle

Wir berücksichtigen im weiteren Verlauf der Analyse nur Klassen mit mindestens drei Schülern. Zunächst schätzen wir das Nullmodell, dessen Deviance wir zur Berechnung des Likelihood-Ratio-χ^2-Tests sowie des Maddala-ML-R^2 benötigen. Wir verwenden hierfür die folgenden MLA 2.2-Befehle:

```
/TITLE
    Hedeker (1996): Evaluation der Antirauchertreatments: M0

/DATA
    file = thksmla2.dat
    vars = 8
    id2 = 2

/MODEL
    b0 = g0
    v3 = b0 + e

/PRINT
    olsq = yes
/END
```

Wir erhalten das folgende Ausgabeprotokoll für die FIML-Schätzung:

```
Hedecker(1996): Evaluation der Antirauchertreatments: M0

    Full information maximum likelihood estimates (BFGS)

    Fixed parameters

        Label      Estimate          SE            T        Prob(T)

           G0      2.668557      0.034580        77.17       0.0000

    Random parameters

        Label      Estimate          SE            T        Prob(T)

            E      1.897707      0.067368        28.17       0.0000

    # iterations = 1
    -2*Log(L)    = 5520.416600
```

Unabhängig von ihrer Klassen- und Gruppenzugehörigkeit des Quasiexperiments liegt der durchschnittliche Kenntnisstand der befragten Schüler auf der 7-stufigen THK-Skala bei einem Punktwert von rd. 2,67.

Für die Schätzung des Random-Intercept-Only-Modells, mit dessen Hilfe wir die Obergrenze der Varianzaufklärung durch die Klassenzugehörigkeit bestimmen, benötigen wir die folgende MLA-Befehle, um das nachfolgende Protokoll zu erhalten:

```
/TITLE
   Hedeker (1996): Evaluation der Antirauchertreatmens: RIOM

/DATA
   file = thksmla2.dat
   vars = 8
   id2 = 2

/MODEL
   b0 = g0 + u0
   v3 = b0 + e

/PRINT
   olsq = yes
/END
```

```
Hedeker (1996): Evaluation der Antirauchertreatmens: RIOM

Full information maximum likelihood estimates (BFGS)

Fixed parameters

     Label     Estimate          SE            T        Prob(T)

        G0     2.632190     0.051705        50.91        0.0000

Random parameters

     Label     Estimate          SE            T        Prob(T)

     U0*U0     0.184841     0.041994         4.40        0.0000

         E     1.718273     0.063477        27.07        0.0000

Intra-class correlation = 0.18/(1.72+0.18) = 0.0971

# iterations = 5
-2*Log(L)    = 5466.797574
```

Die Klassenzugehörigkeit der untersuchten Schüler erklärt maximal rd. 9,71 % der Varianz der Posttest-Messung. Unter Berücksichtigung der Klassenzugehörigkeit erwarten wir im Durchschnitt einen Kenntnisstand von rd. 2,63 Punkten auf unserer 7er THK-Skala. Wie wir dem T-Wert von 4,40 entnehmen, ist die Varianz der klassenspezifischen Regressionskonstanten signifikant von Null verschieden und gilt somit für die Grundgesamtheit der kalifornischen Schüler.

6.3.2   Schätzung des Intercept-as-Outcome-Modells zur Bestimmung der Wirksamkeit der beiden Treatmentarten

Zur Berechnung des Bryk-Raudenbush-PRE-R^2 für die klassenabhängigen Regressionskonstanten benötigen wir zunächst ein Random-Intercept-Modell, mit dessen Hilfe wir das Ausmaß der Variabilität der kontextabhängigen Regressionskonstanten b_{0j} bestimmen. Hierzu benötigen wir die folgenden MLA 2.2 Befehle:

```
/TITLE
    Hedeker (1996): Evaluation der Antirauchertraining: Random-Intercept-Modell

/DATA
    file = thksmla2.dat
    vars = 8
    id2 = 2
    cgm = v5

/MODEL
    b0 = g0 + u0
    b1 = g10
    v3 = b0 + b1*v5 + e

/PRINT
    olsq = yes
/END
```

Für die FIML-Schätzung erhalten wir das folgende Ausgabeprotokoll:

```
Hedeker(1996): Evaluation der Antirauchertraining:Random-Intercept-Modell

Full information maximum likelihood estimates (BFGS)

Fixed parameters

    Label        Estimate            SE             T         Prob(T)

       G0        2.644317        0.047946         55.15        0.0000
      G10        0.303405        0.026064         11.64        0.0000

Random parameters

    Label        Estimate            SE             T         Prob(T)

    U0*U0        0.149551        0.036027          4.15        0.0000

        E        1.592537        0.058817         27.08        0.0000

Intra-class correlation = 0.15/(1.59+0.15) = 0.0858

# iterations = 6
-2*Log(L)    = 5337.076360
```

Für die Schätzung des in Abbildung 101 dargestellten Mehrebenenmodells zur Identifizierung der Treatmenteffekte benötigen wir die folgenden MLA-Befehle:

```
/TITLE
  Hedecker(1994): Evaluation der Antirauchertraining: I-as-O-Modell

/DATA
  file = thksmla2.dat
  vars = 8
  id2 = 2
  cgm = v5

/MODEL
  b0 = g0 + g1*v6 + g2*v7+g3*v8+u0
  b1 = g10
  v3 = b0 + b1*v5 + e

/PRINT
  olsq = yes
/END
```

In diesem Intercept-as-Outcome-Modell erklären wir die Variabilität der kontext-spezifischen Regressionskonstanten durch die experimentellen Treatmentfaktoren. Hierbei zerlegen wir die Varianz der Erwartungswerte des Posttests bei durchschnittlichen Pretestwerten in denjenigen Teil, der durch die Treatments erklärt werden kann, und den verbleibenden Residualanteil. Wir erhalten die folgenden FIML-Schätzer für die Fixed- und Random-Effects sowie den anschließenden Likelihood-Ratio-χ^2-Test.

```
Hedecker(1996): Evaluation der Antirauchertraining: I-as-O-Modell

  Full information maximum likelihood estimates (BFGS)

  Fixed parameters

     Label      Estimate          SE             T          Prob(T)

        G0      2.311316      0.080875         28.58         0.0000
        G1      0.661555      0.117331          5.64         0.0000
        G2      0.204129      0.115693          1.76         0.0777
        G3     -0.334802      0.165995         -2.02         0.0437
       G10      0.314085      0.025849         12.15         0.0000

  Random parameters

     Label      Estimate          SE             T          Prob(T)

     U0*U0      0.080661      0.026703          3.02         0.0025

         E      1.592367      0.058739         27.11         0.0000

  Intra-class correlation = 0.08/(1.59+0.08) = 0.0482

  # iterations = 7
  -2*Log(L)    = 5302.407172
```

(103)   *Berechnung des Likelihood-Ratio-χ^2-Tests für den Vergleich von Alternativ- (M_A) und Nullmodell (M_0)*

$$L.R.-\chi^2-Prüfgröße = -2 * \log L(M_0) - [-2 * \log L(M_A)]$$

$$= 5.520{,}42 - 5.302{,}41 = 218{,}01$$

$$F.G.(M_A - M_0) = F.G._{\cdot M_A} - F.G._{\cdot M_0} = 7 - 2 = 5$$

Kritischer χ^2-Wert ($\alpha=0{,}05$; F.G.=5) = 11,07

Testentscheidung: $\chi^2_{Prüf} \geq \chi^2_{Krit.}$, *daher Nullhypothese verwerfen!*

Wie dem Likelihood-Ratio-χ^2-Test zu entnehmen ist, verwerfen wir seine Null-hypothese mit einer Irrtumswahrscheinlichkeit von weniger als 5 %. Mindestens einer der geschätzten Fixed-Effect-Parameter und Varianzkomponenten ist in der Grundgesamtheit signifikant von Null verschieden. Zur Beurteilung der Modell-anpassung im Sinne der praktischen Signifikanz betrachten wir zunächst das von Maddala entwickelte Maximum-Likelihood-R^2 und anschließend die Bryk-Raudenbush-PRE-R^2-Maße für die einzelnen Ebenen.

(104)   *Die Berechnung des Maximum-Likelihood-R^2 von Maddala (1986)*

$$R^2_{ML} = 1 - \exp\left[\frac{-(L.R.-\chi^2)}{n_{ij}}\right] = 1 - \exp\left[\frac{-(218,01)}{1.600}\right]$$

$$= 0,1274 \; oder \; 12,74\%$$

Insgesamt erklären die drei Treatmentfaktoren, die Pretest-Messung sowie die geschätzten Varianzkomponenten rd. 12,74 % der Gesamtvarianz des Posttests. Betrachten wir hingegen nur die Streuung der Erwartungswerte des Posttests für diejenigen Schüler, die beim Pretest einen durchschnittlichen Kenntnisstand aufgewiesen haben, so binden die beiden Einzeltreatments und ihre Kombination rd. 46,1 % dieser speziellen Varianz.

(105)   *Berechnung des Bryk-Raudenbush PRE-R^2 für die Ebene 2*

$$Bryk-Raudenbush-R^2_{Level\,2} = \frac{\hat{\sigma}^2_{u_{0j}}(M_{Random\,Intercept}) - \hat{\sigma}^2_{u_{0j}}(M_{Random\,Coefficient})}{\hat{\sigma}^2_{u_{0j}}(M_{Random\,Intercept})}$$

$$Level\,2-PRE-R^2\,(b_{0j}) = \frac{0,149551 - 0,080661}{0,149551} = \frac{0,068890}{0,149551} = 0,4606 * 100$$

$$= 46,06\%$$

Legende:

$\hat{\sigma}^2_{u_{0j}}$:   *Geschätzte Varianz der Residuen der kontextspezifischen*
                   Regressionskonstanten b_{0j}

$M_{Random\,Coefficient}$:   *Random-Coefficient-Modell*

$M_{Random\,Intercept}$:   *Random-Intercept-Modell*

Hingegen gibt uns das Bryk-Raudenbush-PRE-R^2 für die erste Ebene darüber Auskunft, wie viel Prozent der Varianz des Posttests innerhalb der Klassen durch die klasseninterne Varianz des Pretests erklärt wird. Die Vorhermessung bindet innerhalb der Klassen lediglich 7,33 % der Varianz der Nachhermessung. Somit lassen sich die gefundenen Unterschiede der Treatment- und Kontrollgruppen nicht durch den zwischenzeitlichen Reifungsprozess erklären.

(106)   *Berechnung des Bryk-Raudenbush-R^2 für die Ebene 1 zur Bestimmung des Reifungseffekts innerhalb der Schulklassen*

$$Level\ 1\text{-}PRE\text{-}R^2 = \frac{\hat{\sigma}^2_{e_{ij}}(M_{ANOVA}) - \hat{\sigma}^2_{e_{ij}}(M_{Random\ Coefficient})}{\hat{\sigma}^2_{e_{ij}}(M_{ANOVA})}$$

$$= \frac{1{,}718273 - 1{,}592367}{1{,}718273} = \frac{0{,}125906}{1{,}718273} = 0{,}0733 * 100$$

$$= 7{,}33\%$$

Legende:

$\hat{\sigma}^2_{e_{ij}}$:	*Geschätzte Varianz der Residuen der Binnenregression*
M_{ANOVA}:	*Random-Intercept-Only-Modell*
$M_{Random\ Coefficient}$:	*Intercept-as-Outcome-Modell*

Um die inhaltliche Interpretation der geschätzten Fixed-Effects zu erleichtern, tragen wir ihre Schätzer in unsere Strukturgleichungen ein und kennzeichnen diejenigen Effekte, die mindestens auf dem 5-%-Niveau statistisch signifikant sind, erneut mit einem Sternchen („*").

Zwischen den beiden Erhebungszeitpunkten des Pretest und Posttest verbessert sich gruppenübergreifend der Kenntnisstand der Schüler zu den Gefahren des Rauchens in signifikantem Maße um 0,31 Punkte. Für die Schüler der unbehandelten Kontrollgruppe mit durchschnittlichem Kenntnisstand im Pretest erwarten wir beim Posttest einen Punktwert von 2,31, der signifikant von Null verschieden ist. Das Antiraucher-Curriculum führt zu einer signifikanten Erhöhung des Kenntnisstand beim Posttest um durchschnittlich 0,66 Punkte. Hingegen fällt der Effekt des Einzeltreatment Antiraucherspot im Schulfernsehen mit einer durchschnittlichen Erhöhung um 0,20 Punkte nicht signifikant aus. Die Kombination beider Treatmentarten führt im Vergleich zu den beiden Einzeleffekten zu einer relativen Verschlechterung des Kenntnisstand um 0,33 Punkte. Dieser Interaktionseffekt erweist sich auf dem 5-%-Niveau als statistisch signifikant.

(107) *Die Gleichungen des Mehrebenenmodells mit den geschätzten Fixed-Effects der Treatmentgruppen*

Level / Ebene 2: *Between–Context Regression*

2a) Intercept–as–Outcome Model:

$$b_{0j} = +2,31^{*)} + 0,66^{*)} * CC + 0,20 * TV - 0,33^{*)} * (CC * TV) + u_{0j}$$

2b) Fixed Slope: Reifungseffekt

$$b_{1j} = +0,31^{*)}$$

Level / Ebene 1: *Within–Context Regression*

1) $PostTHKS = b_{0j} + b_{1j} * (PreTHKS_{ij} - \overline{PreTHKS}_{..}) + e_{ij}$

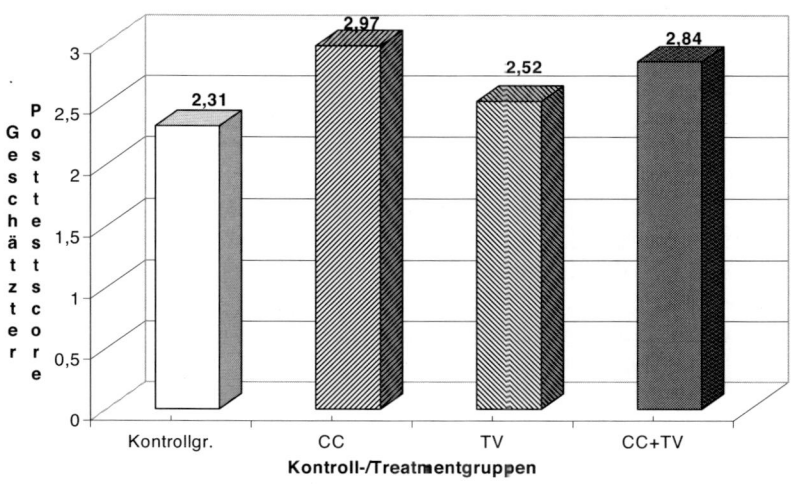

Abb. 102: Geschätzte Posttest-Scores der Kontroll- und Treatmentgruppen des Zweiebenenmodells der TVSFP-Evaluationsstudie

Um die Abweichung der Kombinations- von der Kontrollgruppe zu bestimmen, addieren wir die in Formel 2a) aufgeführten Haupt- und Interaktionseffekte auf und stellen sie als Balkendiagramm in Abbildung 102 dar.

Die Kombinationsgruppe verfügt über einen im Durchschnitt 0,54 Punkte höheren Kenntnisstand als den der Kontrollgruppe. Dieser Gruppenunterschied dürfte ebenfalls signifikant sein. Dieser Kenntnisstand fällt aber um 0,13 Punkte niedriger aus als derjenige des Einzeltreatments Antirauchercurriculum. Daher eignen sich für eine flächendeckende Umsetzung des Antiraucherprogramms nur die speziellen Unterrichtseinheiten zu den Gefahren des Rauchens. Aufklärungs-spots im Schulfernsehen erweisen sich als ungeeignet, den Kenntnisstand der Schüler zu verbessen. Ihre Kombination mit dem Antirauchercurriculum reduziert sogar den intendierten positiven Effekt der Unterrichtseinheiten, so dass wir gestützt auf unsere Evaluationsergebnisse einen Verzicht auf die Aufklärungsspots im Schulfernsehen empfehlen.

6.4   Resümee der Panelmodelle

Im Vergleich zu den bisherigen Möglichkeiten der LISREL-Modelle und der Varianzanalyse mit Wiederholungsmessungen hat der Einsatz von Mehrebenenmo-delle zu einem Quantensprung geführt. Erstmalig ist es jetzt möglich, die Ver-änderung von Einstellungen oder Verhaltensweisen auf der Ebene der befragten Person zu untersuchen und zu modellieren. Hierbei untersuchen wir zunächst die Variabilität des Veränderungsprozesses auf der Personenebene. Anschließend prüfen wir, welche zeitabhängigen bzw. zeitunabhängigen Personen- und Kon-textmerkmale zur Erklärung dieser differentiellen Veränderungsprozesse geeignet sind. Wir haben dies ausführlich an den Beispielen der altersabhängigen Gewichts-zunahme bei Säuglingen, der Einstellung zur Abtreibung in England sowie der Evaluationsstudie des Antiraucherprogramms für kalifornische Schüler demon-striert. Anhand der Bestimmtheitsmaße von Maddala und Bryk & Raudenbush haben wir jeweils die Anpassung des Gesamtsystems sowie der einzelnen Analy-seebenen bestimmt, wobei dies oftmals zu einer gewissen Ernüchterung geführt hat. Im Bereich der Evaluationsforschung eignet sich das Mehrebenenmodell für die Effektbestimmung sozialer Interventionen, wie Kreft (1998) sowie Osgood & Smith (1995) anhand ihrer eigenen Studien nachgewiesen haben. Da im Rahmen des quasi-experimentellen Designs die Vorher- und Nachhermessungen jeweils in der Experimental- und Kontrollgruppe erfolgen und das Treatment gruppenweise implementiert wird, liegt wiederum eine hierarchische Datenstruktur vor, die wir im Rahmen des Mehrebenenmdoells adäquat analysieren können. Diese besondere Leistungsfähigkeit des Mehrebenenmodells im Bereich der Evaluationsforschung haben wir im Abschnitt 6.3 eindeutig nachgewiesen. Daher sollte das Mehrebenenmodell in den Kreis der Standardverfahren der Evaluationsforschung aufgenommen werden.

7.   Ausblick auf neuere Entwicklungen

Seit Mitte der 90er Jahre erfuhren die Mehrebenenmodelle weitere Entwicklungs-schübe, die mittlerweile ihr Experimentalstadium überwunden haben und jetzt dem interessierten Anwender in Form von Statistikprogrammen zur Verfügung stehen. Erstens haben Raudenbush & Bryk (2002) ihr Hierarchisch-Lineares Modell auf Kriteriumsvariablen mit nominalem oder ordinalem Messniveau sowie Zähl-variablen verallgemeinert. Hierzu greifen sie den Ansatz Verallgemeinerter Linea-rer Modelle auf, den McCullagh & Nelder (1989) bereits Ende der 70er Jahre ent-wickelten. Hierdurch eröffnet sich dem interessierten Nutzer ein weites Anwen-dungsfeld für die Modellierung der Kontextabhängigkeit diskreter Entscheidungs-prozesse und Phänomene, die in der Forschungspraxis auf niedrigem Messniveau erhoben werden. Dies reicht vom Vorhandensein von Erfahrungen als Kriminali-tätsopfer in der Viktimologie über die Verwendung von Verhütungsmitteln in der Demographie bis hin zur Analyse der Parteipräferenzen in der Wahlforschung. Raudenbush & Bryk verwenden hierfür logistische Regressionsmodelle für dicho-tome, ordinale oder multinominale Kriteriumsvariablen. Langer (2005) führt detailliert in die verschiedenen Modellklassen der logistischen Regression ein und diskutiert ausführlich die Problematiken der Modellanpassung sowie der Effekt-stärkenbestimmung. Eine sinnvolle Verwendung Hierarchisch-Verallgemeinerter Linearer Modelle setzt aber profunde Kenntnisse der logistischen Regression voraus, da ansonsten Fehlinterpretationen Tür und Tor geöffnet sind.

Zweitens hat Muthén (1997) die theoretischen Grundlagen gelegt, um lineare Strukturgleichungsmodelle im Zweiebenenansatz zu schätzen. Zum einen hat er die Möglichkeit eröffnet, konfirmatorische Faktoren- und Pfadmodelle dergestalt zu formulieren, dass ihre Gültigkeit sowohl innerhalb als auch zwischen den Kontext-einheiten der zweiten Ebene getestet werden kann. Hierbei überprüft er beispiels-weise, ob ein konfirmatorisches Faktorenmodell zur Messung von Ausländer-feindlichkeit sowohl innerhalb der Gemeinden als Erhebungseinheiten als auch zwischen ihnen Gültigkeit beanspruchen kann. Er realisiert dieses Mehrebenen-Strukturgleichungsmodell mit Hilfe des multiplen Gruppenvergleichs auf der Basis gepoolter Within- und Between-Context-Kovarianzmatrizen. Des Weiteren hat Muthén (2001) ein spezielles Wachstumsmodell für latente Variablen entwickelt, das auf einem konfirmatorischen Faktorenmodell beruht. Hierdurch eröffnet er die Möglichkeit, Mess- und Vorhersagefehler bei der Modellierung von Wachstumsprozessen oder Veränderungsmessungen voneinander zu trennen. Diese speziellen Strukturgleichungsmodelle haben Muthén & Muthén (2001) und Jöreskog et al. (1999) in ihren Programmen MPLUS 2 sowie LISREL 8.5 bereits implementiert. Da diese speziellen Modelle profunde Kenntnisse linearer Strukturgleichungsmodelle voraussetzen, sei dem interessierten Leser die LISREL-Einführung von Langer (2006) empfohlen. Ansonsten kann der Anwender diese Modelle weder korrekt spezifizieren noch deren Schätzer sinnvoll interpretieren.

Drittens haben Vermunt & Magidson (2001) sowie Rabe-Hesketh, Pickles & Skrondal (2001) spezielle Mischverteilungsmodelle entwickelt, welche das Hierarchisch-Verallgemeinerte-Lineare Modell mit dem Ansatz latenter Klassen verbinden. Ausführliche Einführungen in die Modelle Latenter Klassen (LCA) haben McCutcheon (1987) und Hagenaars (1990) geschrieben, so dass hier nur kurz deren Grundprinzip skizziert wird. Bei den latenten Klassen handelt es sich um latente nominale Variablen oder Typen, welche die Kontingenzstruktur ihrer diskreten Indikatoren erklären. Mischverteilungsmodelle prüfen, ob es für die untersuchte Stichprobe mehrere latente Klassen gibt, die sich im Hinblick auf die geschätzten Parameter des Hierarchisch-Verallgemeinerten Linearen Modells maximal unterscheiden. Findet der Forscher nur eine Klasse, so kann sein Kausalmodell universelle Gültigkeit für die zugehörige Grundgesamtheit beanspruchen. Vermunt & Magidson (2003) haben diesen Ansatz in ihrem Programm Latent Gold implementiert, das bereits in der 3. Version vorliegt und SPSS-Datendateien direkt lesen kann. Hingegen haben Rabe-Hesketh, Pickles & Skrondal (2004) mit ihrem Generalized-Linear-Latent-and-Mixed-Models (GLLAMM) einen sehr viel allgemeineren Modellansatz entwickelt, den sie als Ado-Programm für Stata im Internet zur Verfügung stellen. GLLAMM gestattet es, für jede Ebene eine eigene Verknüpfungsfunktion zu definieren und somit beliebige Messniveaus in einem einzigen Modell zu integrieren. Der Nutzer kann hierbei alle Möglichkeiten für die Generierung komplexer Datenstrukturen und die Transformation von Variablen nutzen, die Stata beinhaltet. Hierdurch bietet sich ihm eine Flexibilität, die Programme zur Mehrebenenanalyse ansonsten vermissen lassen. GLLAMM bildet zwar zur Zeit die Speerspitze der Entwicklung, aber seine Implementierung befindet sich zur Zeit noch in der Erprobungsphase. Insbesondere seine Rechengeschwindigkeit genügt noch nicht den Anforderungen der praktischen Datenanalyse. Viertens haben Jöreskog et al. (1999), Rabash et al. (2000), Muthén & Muthén (2001) sowie Raudenbush et al. (2001) in ihren Programmen das von Schafer (1997) entwickelte Verfahren der multiplen Imputation fehlender Werte implementiert. Es erlaubt dem Nutzer, fehlende Werte (Missings), die weder modell-intern noch modell-extern vorhersagbar sind, dergestalt zu ersetzen, dass die vorhandene Kontingenzstruktur der Variablen hiervon nicht beeinflusst wird. Dieses stochastische Imputationsverfahren basiert wesentlich auf dem Markov-Chain-Monte-Carlo-Algorithmus. Seit 1997 stellt Schafer sein Windows-Programm NORM im Internet kostenlos zur Verfügung, mit dem der Nutzer unabhängig von kommerziellen Produkten seine fehlenden Angaben ersetzen kann.[26]

Tabelle 27 bietet einen Überblick der verfügbaren kommerziellen und kostenlosen Mehrebenensoftware, wobei die Programmsteuerung, die Anzahl der Ebenen und Variablen, die Art der Modellspezifikation sowie die anvisierte Nutzergruppe als primäre Vergleichsdimensionen dienen.

Tabelle 27:   Übersicht der kommerziellen und kostenlosen Mehrebenenprogramme[27]

	Kommerzielle Programme			Kostenlose Programme	
Vergleichs-dimension	MLwiN 1.10	HLM 5	PRELIS2.5 LISREL8.5	MLA 2.2 / 3.2	Hedekers[5] RRM-Suite
Programmsteuerung	GUI / Syntax	GUI / Syntax	GUI / Syntax[4]	Syntax	GUI / Syntax
Gleichungen für Cross-Level-Effekte	ja	ja	nein	ja	nein
Anzahl der Ebenen	5	3	3	2	2
Anzahl der Variablen	400	unbe-grenzt [1]	unbe-grenzt [1]	256	40
Zentrierung im Programm selbst	ja	ja	nein (extern)	ja	nein (extern)
1-Vektor für Konstante automatisch	nein	ja	nein	ja	nein
Datenimport	ASCII-Rohdaten	DMBS-COPY[6]	DMBS-COPY	ASCII-Rohdaten	ASCII-Rohdaten

---

26   NORM ist über die folgende Internetadresse beziehbar:
http://www.stat.psu.edu/~jls/misoftwa.html

27   Die Anmerkungen der Tabelle 27 werden auf der nachfolgenden Seite erläutert.

Vergleichs-dimension	MLwiN 1.10	HLM 5	PRELIS2.5 LISREL8.5	MLA 2.2 / 3.2	Hedekers[5] RRM-Suite
Programmierbarkeit	ja	nein	nein	nein	nein
Verallgemeinerte Lineare Modelle	ja	ja	ja	nein	ja
Preis (Akademisch)	€ 900,-	US$ 395,-	US$ 445,-	kostenlos	kostenlos
Kostenlose Studentenversion	ja, aber nur Beispiel-daten[2]	ja, aber nur 25 Effekte schätzbar[3]	ja, aber nur 12 Varia-blen[3]	-	-
Nutzergruppe	Profis	Anfänger	Profis	Anfänger	Profis

Anmerkungen:

1) 32-Bit-Programme mit dynamischer Speicherverwaltung. Anzahl der Variablen und Parameter hängt nur von der Größe des PC-Hauptspeichers ab
2) Beziehbar über: http://tramss.data-archive.ac.uk/Software
3) Beziehbar über: http://www.ssicentral.com
4) Grafische Bedienungsoberfläche / Menüsteuerung (Graphical User Interface)
5) Beziehbar über: http://tigger.uic.edu/~hedeker/mixwin.html
6) Kommerzielles Programm für die Portierung von Daten

PRELIS und HLM verfügen mit der DMBSCOPY-Unterstützung über die komfortabelste Möglichkeit des Datenimports, da DMBSCOPY alle kommerziellen Statistikprogramme, Datenbanken und Tabellenkalkulationsprogramme unterstützt. Hingegen lesen MLwiN, MLA sowie Hedekers RRM-Suite nur ASCII-Rohdaten im freien Format ein. MLwiN bietet zwar eine komfortable graphische Nutzeroberfläche (Graphical User Interface), es erlaubt aber nur den Export der Ergebnisse über die Windows-Zwischenablage. Da es den Vektor mit Einsen für die Schätzung der Regressionskonstante nicht automatisch generiert, hat dies der Nutzer selbst zu leisten. Hierbei hat er zu beachten, dass er bei der Generierung neuer Variablen stets deren Vektorlänge anzugeben hat. Im Vergleich zu MLwiN eignet sich HLM besser für die praktische Datenanalyse, da es neben einer nutzerfreundlichen Menüführung und graphischen Gleichungsspezifikation automatisch die benötigten Befehlsdateien erstellt und extern speichert. Ebenfalls legt HLM automatisch eine Protokolldatei für die Ergebnisse an, die sich leicht in die gängigen Textverarbeitungsprogramme importieren lässt. Die kostenlose Studentenversion von HLM bietet denselben Leistungsumfang sowie ein ausführliches Online-Handbuch. Sie liest ebenfalls SPSS-Datendateien ein. Lediglich ihre Parameteranzahl ist auf 25 begrenzt, wobei pro Ebene maximal fünf Parameter geschätzt werden können. Dies reicht für die Schätzung der in diesem Buch vorgestellten Modelle völlig aus. Die Studentenversion bietet ebenfalls die Möglichkeit, Hierarchisch-Verallgemeinerte-Lineare Modelle mit der genannten maximalen Anzahl von Parametern zu schätzen. Die von Hedeker entwickelte Random-Regression-Models-Suite verfügt zwar mittlerweile über eine graphische Oberflä-che für die Befehlseingabe und Modellspezifikation, aber der Nutzer hat zuvor alle exogenen Merkmale in einem anderen Statistikprogramm zu zentrieren sowie die Hilfsvariablen für die Wechselwirkungen zwischen den Ebenen zu bilden. Daher eignet sich diese Programmgruppe nur für den erfahrenen Nutzer.

Seit der Version 11.5 bietet SPSS (2003a,b) die Möglichkeit, im Rahmen seines „MIXED"-Moduls Hierarchisch-Lineare-Regressionsmodelle für geklumpte Quer- und Längsschnittsdaten im Long-Format zu schätzen. Hierbei ist aber zu beachten, dass alle Varianten des Mehrebenenmodells in ihrer jeweiligen Einglei-chungsform zu spezifizieren sind. Des Weiteren hat der Nutzer die exogenen Individual- und Kontextmerkmale eigenhändig zu zentrieren und die für die Schätzung der Cross-Level-Effekte benötigten Interaktionsterme mit Hilfe der COMPUTE-Anweisung selbst zu bilden. Die hierarchische Datenstruktur definiert er mit Hilfe der durch das Schlüsselwort „BY" eingeleiteten Faktorenliste (factor list), welche die Variablen mit den Ebenenkennungen enthalten muss. Bei der Spezifikation der Random-Effects hat der Nutzer noch einmal mit Hilfe der „SUBJECT"-Option diejenige Kennungsvariable anzugeben, auf deren Ebene sich die kontextabhängigen Regressionsparameter beziehen. Ebenfalls obliegt es ihm, den Typ der Kovarianzmatrix der zu dieser Ebene gehörenden Zufallskoeffizienten zu spezifizieren. Daher sollten nur erfahrene Nutzer ihre Mehrebenenmodelle mit dem MIXED-Module von SPSS schätzen.

Jede Übersicht bleibt natürlich unvollständig, da sie zum einen nicht alle denk-baren Vergleichsaspekte berücksichtigt und zum anderen die Entwicklung der Statistikprogramme immer weiter voranschreitet.

Der Autor stellt dem geneigten Leser alle in diesem Buch verwendeten Daten-sätze, SPSS- und MLA-Befehlsdateien sowie die verwendeten Freeware-Program-me unter der folgenden Internetadresse zur Verfügung, die ebenfalls Links zu den kommerziellen Programmanbietern enthält. Letztere bieten ebenfalls Studenten-versionen kostenlos an, mit denen sich die empirischen Beispiele dieses Buches analysieren lassen. Zusätzlich findet der Leser dort ebenfalls diejenigen SPSS-Befehlsdateien, die er/sie für die Schätzung der MIXED-Regressionsmodelle mit den Anwendungsbeispielen benötigt.

http://www.soziologie.uni-halle.de/langer/buecher/mehrebenen

Der interessierte Leser findet auf den folgenden Internetseiten eine Reihe von Hinweisen auf aktuelle Entwicklungen im Bereich der Mehrebenenanalyse:

Centre for Multilevel Modelling, Institute of Education, London University:

http://multilevel.ioe.ac.uk

Multilevel Modeling Resources at University of California Los Angeles Academic Technology Services:

http://statcomp.ats.ucla.edu/mlm/

Generalized-Linear-Latent-and-Mixed-Models: Rabe-Heskeths GLLAMM.ado für Stata:

http://www.gllamm.org

Dem Leser sei zum Schluss für seine eigene Arbeit das folgende Motto von John Tukey (1988) mit auf den Weg gegeben:

> „It's better to have an approximate solution to the right problem than to have an exact solution to the wrong one."

Literaturverzeichnis

Adorno, T. W., Frenkel-Brunswik, E., Levinson, D. J. & Sanford, N. R. (1950): The authoritarian personality. New York, NY: Norton Library

Alkers, H. R. (1969): A typology of ecological fallacies. In M. Dogan & S. Rokkon (Eds.), Quantitative ecological analysis in the social sciences (S. 69–86). Cambridge, Mass: MIT Press.

Baumert, J., Klieme, E., Neubrand, M., Prenzel, M., Schiefele, U., Schneider, W., Stanat, P., Tillmann, K.-J. & Weiß, M. (2001). PISA 2000. Basiskompetenzen von Schülerinnen und Schülern im internationalen Vergleich. Opladen: Leske & Budrich.

Blau, P. M. (1961): Structural effects. American Sociological Review, 25, S. 178–193.

Boyd, L. H. & Iversen, G. R. (1979): Contextual analysis: concepts and statistical techniques. Belmont, CA: Wadsworth.

Braun, H. I., Jones, D. H., Rubin, D. B.& Thayer, D. T. (1983): Empirical Bayes estimation of coefficients in the general linear model with data of deficient rank. Psychometrika 48 [2], S. 171–181.

Bryk, A. S. & Raudenbush, S. W. (1992): Hierarchical linear models. Applications and data analysis methods. Newbury Park, London, New Delhi: SAGE.

Bryk, A. S., Raudenbush, S. W., Seltzer, M. & Congdon, R. T. (1989): An introduction to HLM: computer program and users' guide. Chicago, IL: Scientific Software International Inc.

Burstein, L., Kim, K. S. & Delandshere, G. (1989): Multilevel investigations of systematic varying slopes: issues, alternatives, and consequences. In R.D.Bock (Ed.), Multilevel analysis of educational data (S. 233–276). San Diego, CA: Academic Press.

Burstein, L., Linn, R. & Cappell, I.(1978): Analyzing multi-level data in the presence of heterogeneous within-class regressions. Journal of Educational Statistics 4, S. 18–43.

Busing, F. M. T. A., Meijer, E. & Van der Leeden, R. (1994): MLA. Sofware for multilevel analysis of data with two levels. User's guide for version 1.0b. Leiden: Leiden University, Department of Psychometrics and Research Methodology.

Cronbach, L. J. (1976). Research in classrooms and schools: Formulation of questions, designs and analysis. Stanford, CA: Stanford Evaluation Consortium.

Cronbach, L. J. & Webb, N. (1975): Between class and within class effects in a reported aptitude × treatment interaction: A reanalysis of a study by G. L. Anderson. Journal of Educational Psychology 67, S. 717–724.

Davis, C. S. (2002): Statistical methods for the analysis of repeated measurements. New York, NY: Springer.

Davis, J. A., Spaeth, J. L. & Huson, C. (1961): A technique for analyzing the effects of group composition. American Sociological Review, 26, S. 215–225.

De Leeuw, J. & Kreft, I. (1986): Random coefficient models for multilevel analysis. Journal of Educational Statistics, 11, S. 57–85.

Dempster, A. P., Laird, N. M. & Rubin, D. B. (1977): Maximum likelihood from incomplete data via the EM algorithm. Journal of the Royal Statistical Society, Series B, 39, S. 1–8.

Dempster, A. P., Rubin, D. B. & Tsutakawa, R. D. (1981): Estimation in covariance components models. Journal of the American Statistical Association 76, S. 341–353.

Ditton, H. (1998): Mehrebenenanalyse. Grundlagen und Anwendungen des Hierarchisch Linearen Modells. Weinheim u. München: Juventa.

Du Toit, S. & du Toit, M. (2001): Interactive LISREL. User's guide. Chicago, Ill.: Scientific Software.

Durkheim, E. (1983): Der Selbstmord. Frankfurt a.M. Suhrkamp.

Efron, B. & Tibshirani, R. J. (1993): An introduction to the bootstrap. London: Chapman & Hall

Engel, U. (1998): Einführung in die Mehrebenenanalyse. Grundlagen, Auswertungsverfahren und praktische Beispiele. Opladen, Wiesbaden: Westdeutscher Verlag.

Gibbons, R. D. & Hedeker, D. (1998): Applications of mixed-effect models in Biostatistics. Chicago, Ill.: University of Illinois at Chicago, Division of Epidemiology & Biostatistics, School of Public Health.

Glöckner-Rist, A. (Ed.) (2004): ZUMA-Informationssystem (ZIS). Elektronisches Handbuch sozialwissenschaftlicher Erhebungsinstrumente, Version 8. Mannheim: ZUMA (http://www.gesis.org/Methodenberatung/ZIS/index.htm)

Goldstein, H. (1986): Multilevel mixed linear model analysis using Iterative Generalized Least Squares. Biometrika 73, S. 43–56.

Goldstein, H. (1987): Multilevel models in educational and social research. London: Griffin.

Goldstein, H. (1999): Multilevel statistical models. (3. Internetedition) London: University of London, Institute of Education.

Hagenaars, J.A. (1990): Categorical longitudinal data. Log-linear panel, trend and cohort analysis. Newbury Park, Ca: Sage

Harville, D. A. (1976): Extension of the Gauss-Markov theorem to include the estimation of random effects. Annals of Statistics 4, S. 384–395.

Hedeker, D. (1999): MIXOR (version 2): a program for 2-level cumulative link models. Some enhancements, extensions, and examples. Chicago, IL.: University of Illinois at Chicago, Division of Epidemiology & Biostatistics, School of Public Health.

Hedeker, D. & Gibbons, R. D. (1996): MIXREG: A computer program for mixed-effects regression analysis with autocorrelated errors. Computer Methods and Programs in Biomedicine, 49, S. 229–252.

Hedeker, D., Gibbons, R. D., & Flay, B. R. (1994): Random-effects regression models for clustered data with an example from smoking prevention research. Journal of Consulting and Clinical Psychology, 62, S. 757–765.

Hox, J. J. (1995): Applied multilevel analysis. Amsterdam: TT-Publikaties.

Hox, J. J. (2002): Multilevel analysis. Techniques and applications. Mahwah, N.J.: Lawrence Erlbaum.

Hummell, H. J. (1972): Probleme der Mehrebenenanalyse. Stuttgart: Teubner.

Iversen, G. R. (1991): Contextual analysis. Newbury Park, CA: Sage.

Jaccard, J., Turrisi, R. & Wan, C. K. (1990): Interaction effects in multiple regression. London, New Delhi: Sage.

Jöreskog, K. G., Sörbom, D., du Toit, S. & du Toit, M. (1999): LISREL 8: New statistical features. Chicago,IL: Scientific Software International Inc.

Kreft, I. 1991): Using hierarchically linear models to analyze multilevel data. ZUMA-Nachrichten 29, S. 44–56.

Kreft, I. (1996): Are multilevel techniques necessary? An overview, including simulation studies. London: Institute of Education, Multilevel Models Project, University of London.

Kreft, I. (1998): An illustration of item homogeneity scaling and multilevel analysis techniques in the evaluation of drug prevention programs. Evaluation Review, 22, 1, S. 46-77

Kreft, I., De Leeuw, J. & Aiken,W. (1995): The effect of different forms of centering in hierarchical linear models. Multivariate Behaviorial Research, 30, 1, S. 1-21

Kreft, I. & De Leeuw, J. (1998): Introducing multilevel modeling. Newbury Park, CA: Sage.

Küchler, M. (1979): Multivariate Analyseverfahren. Stuttgart: Teubner.

Laird, N. M. & Ware, J. H. (1982): Random-effects models for longitudinal data. Biometrics 38, S. 963–974.

Langer, W. (2005): Logitmodelle. Eine Einführung für die Anwendungspraxis. Wiesbaden: VS-Verlag (im Erscheinen)

Langer, W. (2006): LISREL. Eine Einführung für die Anwendungspraxis. Wiesbaden: VS-Verlag (im Erscheinen)

Lazarsfeld, P. F. & Menzel, H. (1961): On the relation between individual and collective properties. In A. Etzioni (Ed.), Complex organizations: a sociological reader. (S. 422 ff.). New York: Holdt, Rhinehart & Winston.

Lederer, G. (1995): Die „Autoritäre Persönlichkeit": Geschichte einer Theorie. In G. Lederer & P. Schmidt (Eds.), Autoritarismus und Gesellschaft. Trendanalysen und vergleichende Jugendforschung 1945-1993 (S. 25–51). Opladen: Leske+Budrich

Lindley, D. V. & Smith, A. F. M. (1972): Bayes estimates for the linear model. Journal of the Royal Statistical Society, Series B 34, S. 1–41.

Long, J. S. (1997): Regression models for categorical and limited dependent variables. Thousand Oaks, CA: Sage

Long, J. S. & Freese, J. (2003): Regression models for categorical dependent variables using Stata. College Station, TX: Stata Press.

Longford, N. T. (1985): A fast scoring algorithm for maximum likelihood estimation in unbalanced mixed models with nested effects. Unpublished paper Lancaster: Lancaster University, Institute for Applied Statistics.

Longford, N. T. (1990): VARCL. Software for variance component analysis of data with nested random effects (Maximum Likelihood). Princeton, N.J.: Educational Testing Service.

Longford, N. T. (1993): Random coefficient models. New York, N.Y.: Oxford University Press.

Maas, C. J. M. & Hox, J. J. (2004): Robustness issues in multilevel regression analysis. Statistica Neerlandica, 58, S. 127–137.

Maddala, G. S. (1986): Limited-dependent and qualitative variables in econometrics. Cambridge: Cambridge University Press.

McCutheon, A. L. (1987): Latent class analysis. Beverly Hills, CA: Sage

McCullagh, P. (1980): Regression models for ordinal data. Journal of Royal Statistical Society, Series B, 42, S. 109–142.

McCullagh, P. & Nelder, J. A. (1989): Generalized linear models. (2 ed.) London: Chapman & Hall.

McFadden, D. (1979): Quantitative methods for analysing travel behavior of individuals: Some recent developments. In D. Hensher & P. Stopher (Eds.), Behavioral travel modelling (S. 279–318). London: Croom Helm.

Meijer, E., Van der Leeden, R. & Busing, F. M. T A. (1995): Implementing the bootstrap for multilevel models. Multilevel Modelling Newsletters 7[2], S. 7–11.

Morris, C. N. (1983): Parametric empirical Bayes inference: theory and applications. Journal of the American Statistical Association 78, S. 47–65.

Muthén, B. (1997): Latent variable modeling of longitudinal and multilevel data. In A. Raftery (Ed.), Sociological Methodology 1997 (S. 453–480). Boston: Blackwell.

Muthén, B. (2001): Latent variable mixture modeling. In A. Marcoulides & R. E. Schumacker (Eds.), Advanced structural equation modeling: new developments and techniques (S. 1–33). Mahwah, NJ: Lawrence Erlbaum Associates.

Muthén, L. K. & Muthén, B. (2001): Mplus user's guide. Version 2. Los Angeles, CA: Muthén & Muthén.

Osgood, D. W. & Smith, G. L. (1995): Applying hierarchical linear modeling to extended longitudinal evaluations. The Boys Town Follow-Up Study. Evaluation Review, 19, 1, 3-38

Prosser, R., Rasbash, J. & Goldstein, H. (1991): ML3 software for three-level analysis. London: Institute of Education, University of London.

Rabash, J., Browne, W., Goldstein, H., Yang, M., Plewis, I., Healy, M., Woodhouse, G., Draper, D., Langford, I. & Lewis, T. (2000): A user's guide to MLwiN version 2.1. London: University of London, Institute of Education.

Rabe-Hesketh, S. & Everitt, B. S. (2004): Handbook of statistical analyses using Stata. (3 ed.) Boca Raton, FL: Chapman & Hall/CRC.

Rabe-Hesketh, S., Pickles, A. & Skrondal, A. (2004): Multilevel and Structural Equation Modeling for Continuous, Categorical, and Event Data. College Station, TX: Stata Press. (im Erscheinen)

Rabe-Hesketh, S., Pickles, A. & Skrondal, A. (2001): GLLAMM: a class of models and a Stata program. Multilevel Modelling Newsletter, 13, S. 17–23.

Raudenbush, S. W. (1988): Educational applications of hierarchical linear models: a review. Journal of Educational Statistics 13, S. 85–116.

Raudenbush, S. W. & Bryk, A. S. (2002): Hierarchical linear models. Applications and data analysis methods. (2 ed.) Thousand Oaks, London, New Delhi: SAGE.

Raudenbush, S. W., Bryk, A. S., Cheong, Y. F. & Congdon, C. (2001): HLM 5. Hierarchical Linear and Nonlinear Modeling. Lincolnwood, IL: Scientific Software International Inc.

Raudenbush, S. W., Yang, M.L. & Yosef, M. (2000): Maximum Likelihood for hierarchical models via high-order, multivariate LaPlace approximation. Journal of Computational and Graphical Statistics, 9, S. 141–157.

Raudenbush, S. W. & Yang, M. L. (1998): Numerical integration via high-order, multivariate La-Place-approximation with application to multilevel models. Multilevel Modelling Newsletter, 10, ohne Seitenzahlen.

Robinson, W. S. (1950): Ecological correlations and the behavior of individuals. American Sociological Review 15, S. 351–357.

Rossi, P. H., Freeman, H. E. & Lipsey, M. W. (1999): Evaluation: a systematic approach. (6 ed.) Thousand Oaks,CA: Sage.

Schafer, J. L. (1997): Analysis of incomplete multivariate data. London: Chapman & Hall

Schwarz, E. (1973): Experimentielle und quasi-experimentielle Anordnungen in der Unterrichtsforschung. In K. Ingenkamp (Ed.), Strategien der Unterrichtsforschung (S. 101–193). Weinheim u. Basel: Beltz.

Singer, J.D. & Willett, J.B. (2003): Applied longitudinal data analysis: modeling change adn event occurrence. New York, NY: Oxford University Press

Skrondal, A. & Rabe-Hesketh, S. (2004): Generalized latent variable modeling: multilevel, longitudinal and structural equation models. Boca Ration, FL: Chapman & Hall / CRC.

Smith, A. F. M. (1973): A general Bayesian linear model. Journal of the Royal Statistical Society, Series B 35, S. 61–75.

Snijders, T. A. B. & Bosker, R. J. (1994a): Explained variance in two-level models. Multilevel Modelling Newsletter 6[1], S. 15.

Snijders, T. A. B. & Bosker, R. J. (1994b): Modeled variance in two-level models. Sociological Methods & Research 22, S. 342–363.

Snijders, T. A. B. & Bosker, R. J. (1999): Multilevel analysis. An introduction to basic and advanced multilevel modeling. London, Thousand Oaks, New Delhi: Sage.

SPSS (2003a): SPSS 12.0. Command syntax reference. Chicago, IL: SPSS Inc.

SPSS (2003b): SPSS Advanced models 12.0. München: SPSS GmbH Software

Stiratelli, R., Laird, N. & Ware, J. H. (1984): Random effects models for serial observations with binary response. Biometrics 40, S. 961–971.

Strenio, J. L. F. (1981): Empirical Bayes estimation for a hierarchical linear model. PhD Havard University, Department of Statistics.

Tukey, J. W. (1977): Exploratory data analysis. Reading, Mass: Addison-Wesley.

Urban, D. (1982): Regressionstheorie und Regressionstechnik. Stuttgart: Teubner.

Van den Eeden, P. (1988): A two-step procedure for analysing multi-level structured data. In W. E. Saris & J. N. Gallhofer (Eds.), Sociometric research, Vol.2: Data Analysis (S. 180–199). London: Macmillan Press.

Van der Leeden, R. (1998): Multilevel analysis of longitudinal data. In C. C. J. H. Bijleveld & L. J. T. Van der Kamp (Eds.), Longitudinal data analysis: designs models and methods. (S. 267–317). London, Thousand Oaks, New Delhi: Sage.

Vermunt, J. K. & Magidson, J. (2000): Latent GOLD 2.0. User's guide. Belmont,MA: Statistical Innovations Inc.

Vermunt, J. K. & Magidson, J. (2003): Addendum to Latent GOLD user's guide: upgrade manual for version 3.0. Belmont,MA: Statistical Innovations Inc. l

Vermunt, J. K. & Van Dijk, L. (2001): A nonparametric random-coefficients approach: the latent class regression model. Multilevel Modelling Newsletter, 13, S. 6–13.

Weltz, R. (1974): Probleme der Mehrebenenanalyse. Soziale Welt, 25, S. 169–187.

Wiggins, R. D., Ashworth, K., O'Muircheartaigh, C. A. & Galbraith, J. I. (1991): Multilevel analysis of attitudes to abortion. The Statistician, 40, S. 225–234.

Wilkinson, L. (1990). SYGRAPH: The System of Graphics. Evanston, Ill: SYSTAT Inc.

Wong, G. Y. & Mason, W. M. (1985): The hierarchical logistic regression model for multilevel analysis. Journal of the American Statistical Association, 80, S. 513–524.

Autorenregister

Sachregister